华东地区大学优秀教材奖
高等职业教育旅游与酒店管理类专业"十四五"系列教材

前厅数字化运营实务

主　编　毛江海　周桂兰
副主编　孙　丽　朱若郁

东南大学出版社
SOUTHEAST UNIVERSITY PRESS
·南京·

内容简介

本教材是一本在近年"三教改革"和数字化酒店"技术赋能＋运营变革＋营销升级＋管理转型"背景之下新编的双元共建、德技并修、校企通用、岗课赛证融通的新型教材。其内容分为服务篇和管理篇，共7个项目、19个模块、69个任务（另含56个子任务）。

服务篇，通过酒店前厅及职业认知（数字化前厅＋前厅职业形象认知）、前厅服务专项操作（PMS与PSB操作＋术语与表格认知＋委托代办服务）、前厅对客服务（待客准备工作＋宾客入店/在店/离店服务＋其他对客服务）的架构，旨在使学习者能够适应服务行业，是酒店岗位对从业人员的基础性要求。管理篇，通过前厅管理专项技能实操（文案编制＋会议管理）、前厅运行管理（日常运行＋内外沟通＋安全管控）、前厅质量管理（服务质量管控＋客户关系管理）、前厅创收管理（数字营销＋前台增销）的架构，旨在使学习者具备酒店前厅基层管理的知识与技能。

本教材主要是高职高专酒店管理专业与旅游管理专业教学、竞赛用书，也是酒店前厅部基层员工及中层管理者岗位的培训用书，同时适合在校生和社会人员参加国家1＋X职业技能等级（初/中级）认证考核的复习备用。

图书在版编目(CIP)数据

前厅数字化运营实务 / 毛江海，周桂兰主编．
南京：东南大学出版社，2025.4．-- ISBN 978-7-5766-2053-5

Ⅰ．F719.2

中国国家版本馆 CIP 数据核字第 2025QD9866 号

策划编辑：张丽萍　责任编辑：陈　佳　责任校对：子雪莲　封面设计：余武莉　责任印制：周荣虎

前厅数字化运营实务　Qianting Shuzihua Yunying Shiwu

主　　编	毛江海　周桂兰
出版发行	东南大学出版社
出 版 人	白云飞
社　　址	南京市四牌楼2号（邮编：210096）
经　　销	全国各地新华书店
印　　刷	常州市武进第三印刷有限公司
开　　本	787 mm×1092 mm　1/16
印　　张	15.75
字　　数	563千字
版　　次	2025年4月第1版
印　　次	2025年4月第1次印刷
书　　号	ISBN 978-7-5766-2053-5
定　　价	49.00元

本社图书若有印装质量问题，请直接与营销部联系，电话：025-83791830。

前言 PREFACE

本教材为旧作再造成果,是一本"有组织"的校企联姻之作,更是一部德技并修、双元共建、岗课赛证融通的 SOP(Standard Operating Procedure,即标准操作程序)式高职院校通用型专业教材。本次修订,在保留原教材精华与特色的基础上,引进酒店企业培训 SOP 的理念和模式,紧密结合数字化酒店"技术赋能+运营变革+营销升级+管理转型"背景,以及新时代职业院校师生的教与学的任务目标、职业素养要求和一般规律,以任务导入、基础知识、实践操作凸显了酒店前厅运营及 1+X 职业技能等级(初/中级)认证考核所需的前厅对客服务和前厅部管理的知识与技能。

一、本教材的首创特征和意义

1. 确立了"立德树人+德技并修"的主导地位

立德树人、德技并修是职业教育的首要任务。在《关于深化现代职业教育体系建设改革的意见》(中办发〔2022〕65号)和《职业教育产融合赋能提升行动实施方案(2023—2025年)》(发改社会〔2023〕699号)等文件精神的指导下,本教材将职业院校课程思政教育与酒店企业职业素养培育有机融合,研发首创出德技并修的具体目标(学做职业人),设置了职业素养的学习任务,使得每个学习项目自始至终贯穿了立德树人、德技并修的主导思想,旨在帮助院校师生和企业员工树立高品质的价值观和职业观,提升对酒店的行业认同感和职业自觉性——这是目前国内外同类教材"三教改革"的一次鲜明倡导。

2. 落实了"三教改革+(1+X)"的政策与制度

本教材采用"院校教师+企业精英"双主编制,无论主编或副主编,均为"校企搭配"。本教材框架体例及主体内容,以毛江海主编、东南大学出版社出版并荣获"华东地区大学优秀教材奖"的《前厅服务与管理实务(第2版)》和国家授权单位——北京首都旅游集团有限公司开发的 1+X 职业技能等级认证培训教材《前厅运营管理(初/中级)》为蓝本,以"三教(教师、教材、教法)"改革成果为导向,以《国务院关于印发国家职业教育改革实施方案的通知》(国发〔2019〕4号)和《教育部等四部门印发〈关于在院校实施"学历证书+若干职业技能等级证书"制度试点方案〉》(教职成〔2019〕6号)相关要求为基本遵循,以职业院校师生教与学行为为指针、酒店企业前厅服务与管理行动为指南,吸收了近年来酒店行业在5G信息化、数字化革新背景下研发的新理念、新技术以及学界、教育界课程思政、思政课程研究的新知识、新成果,实现了"双元共建""岗课赛证融通"的糅合建构——这是目前国内同类教材"三教改革"的一次超前试验。

3. 稳定了"教与学+训与做"的行为互动关系

本教材早在2007年的第1版和2013年的第2版就已采用了高职院校近年来十分流行的项目模块、任务导入等编写模式。本次修订编著进一步注入了"先学后教""先行后知"职教科研新理论,单列、前置前厅对客服务和前厅管理专项技能实训项目,落实了"先行后知、知行合一"的职业教育课程改革要求。另外,强化了学生(员工)学习小组化、教师(培训师)角色导师化的职业教材新特质,以"德技并修—任务导入—任务实施—项目小结—应用与提高"作为教与学、训与做的过程总纲目。每个模块均设置旨在促进小组自主学习的任务驱动和学力评价,每项任务中又以基础知识、小资料、特别提示、实践操作和学生实训作为教与学、训与做的递进、延展内容,并将1+X职业技能(初/中级)的技能考核要求在任务分析中特别列出,在一定程度上稳定了教(训)与学(做)两方面行为互动的关系,也进一步体现了建构主义的新主张,这是目前国内同类教材"三教改革"的一次成功实践。

二、本教材的教学和培训建议

1. 关于课时的分配安排

本教材建议酒店管理专业教学周为32周,教学课时为"128+"课时;旅游管理专业教学周为16周,教学课时为"64+"课时;酒店企业前厅岗位培训时长为"64+"课时或以上。其中,"+"是指任课教师在做教学进度安排时,要给学生组织、落实每个项目的"任务驱动""课外拓展"的活动计划出一定的课时(包括学生课外自修)。

2. 关于教与学的顺序确定

任课教师应重视落实"先行后知、知行合一"的职业教育课程(培训教材)改革要求,在认知项目—酒店前厅及职业认知之后、学习项目三前厅对客服务之前,首先带领学生进入相关实训室先后集训PMS/PSB系统的操作、术语和表格的认读以及委托代办的演练,以便为前厅对客服务和前厅部运营管理的教与学、训与做打牢基本功。对于"先行后知""先练后学",一部分任课"老教师"一开始肯定会有些不适应,但这是一项"三教改革"的政策倾向及其理论研究的成果要求,应坚持实践,逐步过渡。

3. 关于岗课赛证兼顾学习

无论是院校师生还是酒店企业训导师和员工,每次教学(培训)或学习一个新任务前,应事先对照附录1中有关1+X前厅运营管理职业技能等级认证(初/中/高级)内容的"前厅运营管理职业技能等级框架设计",以及正文任务导入、学生实训和项目应用与提高中的有关学、教、训的活动内容,以把控"岗课赛证融通"尺度,满足能通过国家前厅中级或高级职业证书考核的需要。另外,在日常教学(培训)备课过程中,院校教师和酒店训导师均应重视每个模块开学之前的"任务导入"、每项任务之后的"学生实训",以及每个项目小结之后的"应用与提高",及时设计一些相关竞赛活动,逐步培养在校生和企业员工的酒店服务技能大赛的适应能力。

当然，由教育部指定、北京首都旅游集团开发的前厅1+X职业技能等级认证考核的部分相关标准，在引入本教材之时一些资料已过时，在现实中也不被酒店业内认可。需要院校教师和酒店培训师在实践教学培训中加以修正，并实时地将酒店行业最新相关信息引入课堂。

三、关于本教材的修编分工

本次修编工作，打破了一般专业教材编写或修订时传统的章节分工模式，采取了"一人策划，全员共谋"的方式，即主编架构教材编写要件并输出主体内容，全员参与所有项目和任务的谋定及具体内容标准的研判；但每位参与者可根据自己的研究所长或关注较多的领域有所侧重。具体为：

毛江海负责全书的架构设计、主体内容输出和最后的统稿校对工作，具体包括教材体例设计以及德技并修和任务导入的设计与编写，任务前言中与1+X职业技能（初/中级）考核有关的认定及所有项目小结的撰写，并侧重于项目一、项目二、项目四、项目六的撰写与修订。

周桂兰主要负责服务篇的核心内容项目三的模块二的编写以及模块三至模块五的补充修改和管理篇项目五模块二的编写，并对全书任务表达的准确性进行把控。

孙丽主要负责项目五模块一、项目七的撰写，以及对项目三的操作流程及其规范标准进行新技术背景下的修正工作，并对全书项目及任务（含子任务）设置的内在逻辑性进行把控。

朱若郁主要负责项目六的统校和服务篇大部分应会要务操作标准的审定，对项目二模块三以及项目三模块一、模块三、模块五的任务中有关最新概念的准确性和技能操作的标准性进行把控。

本教材虽有多方面的创新贡献，但因修编者能力和水平所限，一定还存在诸多不当之处，敬请使用者不吝赐教，以期不断完善；并再次感谢东南大学出版社对本教材持续不断的厚爱，尤其是该社高级编辑张丽萍女士；感谢南京旅游职业学院汝勇健教授的悉心指导。

编者

2025年1月

目录 contents

服务篇

项目一　酒店前厅及职业认知 ·········· 003
 模块一　数字化前厅认知 ·········· 003
  任务一　前厅部作用及职责 ·········· 003
  任务二　前厅大堂氛围与设备用品 ·········· 006
  任务三　前台及数字化服务场景 ·········· 007
 模块二　前厅职业形象认知 ·········· 010
  任务一　职业角色与岗位职责 ·········· 010
  任务二　服务语言与礼仪表现 ·········· 014
  任务三　国家1+X职业能力认证 ·········· 017

项目二　前厅服务专项操作 ·········· 021
 模块一　PMS/PSB操作 ·········· 021
  任务一　PMS查询业务操作 ·········· 021
  任务二　PMS散客预订操作 ·········· 027
  任务三　PMS入住/在店/离店操作 ·········· 029
  任务四　PMS夜审与房管操作 ·········· 033
  任务五　PSB操作 ·········· 035
 模块二　术语与表格认知 ·········· 039
  任务一　常用术语认知 ·········· 039
  任务二　前厅常用表格 ·········· 042
 模块三　委托代办服务 ·········· 043
  任务一　订票与快递服务 ·········· 044
  任务二　其他委托代办服务 ·········· 045

项目三　前厅对客服务 049

模块一　待客准备工作 049
　　任务一　预订员预订准备 049
　　任务二　预订员预订处理 054
　　任务三　前台 Walk-in 处理 063
　　任务四　前台接待准备 064

模块二　宾客入店服务 075
　　任务一　酒店代表服务 075
　　任务二　门前应接服务 077
　　任务三　抵店行李服务 079
　　任务四　前台入住接待 082

模块三　宾客在店服务 086
　　任务一　电话应接服务 086
　　任务二　商务活动服务 095
　　任务三　物品保管服务 097
　　任务四　问讯服务 102
　　任务五　访客接待 105
　　任务六　换房/续住服务 107

模块四　宾客离店服务 111
　　任务一　宾客退房接待 111
　　任务二　遗留物品处理 115

模块五　其他对客服务 117
　　任务一　值班经理服务 117
　　任务二　酒店 VIP 接待 120
　　任务三　行政楼层服务 122
　　任务四　贴身管家服务 129
　　任务五　金钥匙服务 130
　　任务六　会员管理服务 132

管理篇

项目四 前厅管理专项技能实操 139
  模块一 文案编制 139
    任务一 常用文书编写 139
    任务二 客户意见征询表设计 141
    任务三 安防预案制定 144
  模块二 会议管理 145
    任务一 常规会议管理 145
    任务二 经营分析会管理 150

项目五 前厅运行管理 154
  模块一 前厅日常管理 154
    任务一 每日例会管理 154
    任务二 工作班次安排 156
    任务三 班组工作交接 158
    任务四 员工适岗培训 160
    任务五 工作现场督导 162
    任务六 运营易耗品盘点及申购 164
  模块二 前厅部业务沟通 165
    任务一 前厅部业务沟通认知 166
    任务二 前厅部内部沟通 168
    任务三 前厅部外部沟通 169
  模块三 前厅安全管理 171
    任务一 公共场所安全管控 171
    任务二 对客服务安全管控 173
    任务三 信息安全管理 179

项目六 前厅质量管理 189
  模块一 前厅服务质量管理 189
    任务一 质量管理标准认知 189

任务二　全面质量管理量化 ………………………………………………… 194
  任务三　质量管理过程控制 ………………………………………………… 196
  任务四　质量检查工作分析 ………………………………………………… 197
 模块二　前厅客户关系管理 …………………………………………………… 198
  任务一　客户资料建立 ……………………………………………………… 199
  任务二　客户意见征询 ……………………………………………………… 200
  任务三　客户消费心理分析 ………………………………………………… 202
  任务四　客户投诉处理 ……………………………………………………… 204

项目七　前厅创收管理 …………………………………………………………… 208
 模块一　前厅数字营销 ………………………………………………………… 208
  任务一　数字营销渠道选择 ………………………………………………… 208
  任务二　网络点评管理 ……………………………………………………… 213
  任务三　流量获取与转化 …………………………………………………… 215
  任务四　市场信息收集 ……………………………………………………… 218
 模块二　前台增销管理 ………………………………………………………… 220
  任务一　酒店收益管理认知 ………………………………………………… 220
  任务二　前台增销管控 ……………………………………………………… 222
  任务三　房间状态管控 ……………………………………………………… 228

附录1：前厅运营管理职业技能等级框架设计 …………………………………… 237
附录2：教材修编团队简介 ……………………………………………………… 238
参考文献 ………………………………………………………………………… 239
后　记 …………………………………………………………………………… 240

服务篇

项目一 酒店前厅及职业认知

◆ 德技并修

【立德树人】树立中国特色社会主义爱岗敬业的职业态度,强化公民基本道德规范,做一个品行端正、守正创新、具有高品质道德水准和职业自觉的"大我"之人。

【应知理论】了解前厅部的作用、职责、任务以及前厅设备用品、前厅氛围、前台管理方式、前台数字化服务场景等相关知识。

【应会技能】掌握前厅部员工职业角色、对客服务用语使用要求和服务礼仪表现规范;能够掌握1+X国家职业技能等级(初/中级)认证考核的工作领域和考核点。

酒店前厅,是给宾客留下第一印象和最后印象的所在地,是展现酒店服务与管理形象的窗口,也是一个展示酒店服务与管理品质的空间。现代酒店前厅部,是酒店对客服务的核心部门。本项目分为数字化前厅认知和前厅职业形象认知两大模块内容,是在校生学习掌握酒店前厅数字化运营管理知识与技能的基础。

模块一 数字化前厅认知

任务导入 ▶

资料演示——依托智能终端设备熟悉酒店大堂工作环境

依托校内外实训基地智能终端设备,利用互联网、大数据、人工智能(Artificial Intelligence,AI)等技术手段,了解数字化酒店的最新知识,包括早在2010年IBM公司推出的含桌面云、自助登记和退房等一系列酒店数字化解决方案;收集若干家国内外高星级酒店、经济型酒店和国内著名民宿在其大堂设计方面的图片资料,并配上文字说明。最后,以"走进大堂"为题制作PPT课件,选派代表在课堂演示介绍。

任务一 前厅部作用及职责

基础知识 ▼

1. 前厅部的定义和工作目标

酒店前厅部(Front Office),是负责招徕并接待宾客,推销酒店客房及餐饮、娱乐等实时产品和服务,沟通与协调酒店各部门对客服务的部门。其工作目标就是尽一切可能推销酒店客房及其他实时产品,并协调酒店各部门向宾客提供高水平、高品质的接待服务,使酒店获得理想的经济效益和社会效益。

2. 前厅部主要任务及要求

前厅部接待服务范围广泛,工作任务要求较高,主要集中在给客人办理入住和退房等手续、销售客房、提供信息、建立客账等 8 个方面(见表 1-1)。同时,该内容也是 1+X 职业技能等级(初级)认证考核重点内容。

表 1-1 前厅部主要任务及总体要求

主要任务	总体要求	特别提示
(1) 推销客房及实时产品	·通过传统的预订方式(电话/函件/面谈等)和先进的互联网预订手段[手机 App/OTA(在线旅行社)/微信等]把酒店的实时房态信息、产品信息及价格等传达给宾客,方便宾客随时查询到酒店当前的空房数量、产品种类并进行预订	·前厅部的首要任务是推销客房及酒店实时产品
(2) 提供入住相关服务	·提供机场和车站接送、行李运送、入住登记(自助)、结账、换房、退房、问讯、代办、邮件报刊(函件)递送、商务文秘、网络等服务	·宾客入住、离店,处理客人投诉、信息咨询等服务工作是重点
(3) 提供信息	·因前厅部员工与宾客保持着最多的接触,故随时准备向宾客提供其所需要和感兴趣的信息资料	·前厅是宾客汇集活动的场所
(4) 协助对客服务	·酒店宾客遇到问题时,服务人员要衔接酒店前台、后台及管理部门与宾客之间的沟通联络工作,减少宾客等待时间	·为宾客提供"一站式"的优质服务
(5) 控制房态	·前厅部要与销售部、客房部、工程部紧密合作,根据现在和未来客房销售状态,调整和部署客房管理工作 ·预测房间销售进度,制定合理房价	·掌握房态是前厅部管理的重要目标之一
(6) 建立客账	·前厅部每天负责核算和整理客人在房间的挂账及各营业部门送来的消费账单,方便宾客离店时办理结账事宜,同时保障酒店声誉并获取经济效益	·以方便宾客、促进消费,维护酒店利益
(7) 客史建档	·要将宾客的姓氏、身份、公司、抵/离店日期、消费记录、信用等级及特殊要求作为主要内容予以记载,以更好地发挥信息集散和协调服务的作用	·作为酒店对客提供周到、细致、有针对性的服务的依据
(8) 辅助决策	·要及时整理酒店产品销售情况、客源市场需求变化、竞争对手经营策略、近期大型活动等信息并及时传给酒店管理部门,为酒店经营管理以及发展战略决策提供参考依据	·需要达到酒店内部业务运作顺畅的目的

3. 前厅部内设岗位部室和合作机构

前厅部内设岗位部室和合作机构,组成状态一般如表 1-2 所示。

表 1-2 前厅部组织机构的组成

组织类别	具体名称举例	功能作用
酒店内设岗位部室	·前台(预订/接待/问讯/收银)处、礼宾部、电话总机(服务中心)、商务中心、车队、值班经理、行政楼层接待处、宾客关系部及品质管理部等	·保障酒店前厅部运营管理高质量进行
酒店合作机构	·银行驻店机构、邮政快递部门驻店机构、旅行社分社驻店机构、民航以及其他交通部门驻店机构等	·作为完善酒店不同服务功能需求的必要补充

目前,在数字化现代酒店建设中,有许多大型高星级酒店将礼宾部、电话总机和商务中心的某些职能及业务进行交叉融合,专门成立了宾客"服务中心"(Service Centre),提供一键式服务、翻译服务、秘书服务(会议记录)、电话转接、叫醒服务、DND(请勿打扰)服务、传真服务、电瓶车出租、手提电脑出租、会议(洽谈)室出租、互联网服务、复印和打印服务等业务。

4. 前厅部组织机构的设置与管理模式

在实施房务总监制的现代大型酒店,前厅部一般隶属于房务部(见图1-1)。

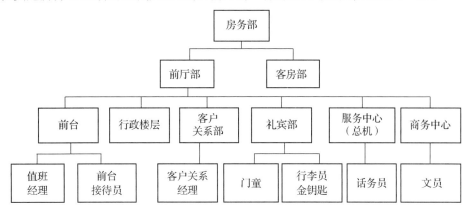

图1-1 前厅部组织机构设置

目前,酒店前厅部组织的管理模式一般因酒店的规模、星级、管理方式等诸多因素而不同(见表1-3)。

表1-3 前厅部组织管理模式

酒店类别	机构模式	业务范围
小型酒店	·由店长管理,可同时负责几家店面工作 ·店长之下设置值班经理级、领班级和员工级三个层级	·业务范围主要是前台、礼宾、电话总机,不同的岗位可以三合一,甚至是四合一
中型酒店	·设置部门经理级、领班级和员工级三个层级	·业务范围比大型酒店少
大型酒店	·设置部门经理级、主管级、领班级和员工级四个层级	·业务范围还有礼宾部、客户关系部、电话总机、商务中心和车队
房务总监制酒店	在实行总监制的大型现代酒店中,采用房务总监制,设置房务系统,由前厅部、客房部、保安部和工程部等几个二级部门组成,并设立房务总监的职位统辖整个房务系统	

小资料——数字酒店与智慧酒店的区别

1. 数字酒店(Digital Hotel):更注重数字化的宾客体验,例如在线预订、数字化房间服务、电子结账等;可使用各种数字技术,包括移动应用程序、网站、社交媒体等,以提升宾客的数字交互体验;侧重于数字营销,通过在线渠道吸引宾客,并在数字平台上进行品牌宣传。

2. 智慧酒店(Smart Hotel):智慧酒店通常更强调在物理环境中应用智能化设备与技术,例如物联网设备、自动化系统等,着眼于提供智能客房,包括自动化照明、智能温控、智能门锁等,可提高宾客入住体验,强调对大数据的应用,可提高酒店运营效率,便于酒店提供个性化服务。

任务二　前厅大堂氛围与设备用品

基础知识

1. 前厅大堂氛围的概念

前厅大堂氛围,体现着酒店的风格和特色,也体现着酒店的管理理念和管理水平,通常包含前厅大堂的环境氛围和服务氛围两个方面。

(1) 大堂环境氛围。酒店前厅(大堂)装饰通常采用壁画、雕塑、雕刻、书法、挂毯(图)等装饰艺术,具有良好的视觉感受。装饰设计主题突出,格调高雅,形制优美,色彩明亮,工艺精致,位置突出,韵味无穷,还应富于创意,并借助于各种艺术手法,为大堂服务提供与酒店经营风格和谐一致、相得益彰的环境条件。

另外,大堂内的光线设计、色彩搭配及温度和湿度的控制,应能适应员工工作和宾客休息对环境的要求,创造出大堂特有的安静、轻松的气氛。前厅的功能照明、重点照明、氛围照明、色彩色调、温度、湿度、通风、声音和香氛等,在创造环境气氛、意境,提高大堂的舒适度过程中发挥着积极的主导作用。

值得一提的是:数字化酒店前厅的风格越来越趋向于"三化",即特色化、现代化、科技化。一些酒店的大堂不仅具有完善的接待功能,还具有旅游吸引物作用。

(2) 大堂服务氛围。它主要由前厅部员工的仪表仪容、礼节礼貌、言谈举止、待客态度以及知识技能水平等因素构成。在很多情况下,关系宾客去留的主要因素就是前厅服务气氛是否浓厚。

2. 前厅设备与用品

前厅主要有两类设备:一类是直接供宾客使用的;另一类是服务人员用以向宾客提供服务的。

(1) 前台设备与用品。酒店前台一般有电脑、手持查询机、自助入住/退房终端、机器人、打印机、复印机、过塑机、传真机、对讲机;有信用卡、微信、支付宝刷卡机(POS机);有第二代身份证识别仪、人脸识别系统;有保管箱(数量一般不少于客房数量的8%,且不少于两种规格)、电子查询设备、收银机、验钞机、税务发票打印机、二维码扫描仪、电子门锁发卡机(房卡制卡机)、碎纸机、切纸机、订书机、计算器、打时器、档案小车、账单架、图章架、办公桌椅以及铅笔、荧光笔等常用办公用品。

(2) 行李组设备及用品。高星级酒店前厅一般备有大小不同的行李车、行李寄存架、伞架、轮椅、担架及其他设备用品;有的酒店还准备了婴儿车架及包装行李用的绳子、纸张、剪刀、胶带纸等,以便供宾客使用。

(3) 总机房(服务中心)设备及用品。程控电话交换机、电话自动计费器、自动叫醒控制系统是前厅部服务与管理的重要设备,专业操作要求高。随着科学技术的发展,有些酒店可能会用"云通信"代替传统的程控交换机。

任务三　前台及数字化服务场景

基础知识

1. 酒店前台的概念及其设置

前台(Reception),有的酒店也称开房组、登记处(Registry)。主要负责为住客办理入住登记手续,掌握住客动态及信息资料,控制客房的状态(房态),制作相关营业报表等。另外,在酒店业所谓"前台"有时又特指处在酒店大堂内的总服务台,与之对应的"后台"往往是指酒店经营管理部门和后勤保障部门。

为了方便宾客,传统前台一般设在酒店首层,且设置在门厅正对面或侧面醒目位置。其中轴线一般与宾客进出酒店大门的直线通道垂直或平行。另外,一般情况下前台的长度及区域空间大小与酒店星级和客房数量相匹配。

2. 前台的型制

(1) 传统式前台。常见的传统式前台型制有中心长台型、侧向长台型、分立圆台型、多截(节)型等。中心长台型一般设置在前厅中后部,正对酒店大门处,呈半"口"或直线状;侧向长台型多呈"L""W""H""门"等状,一般设置在酒店主出入口,位置也很醒目;分立圆台型一般设置在酒店主出口处,设立多个圆形台,位置突出;多截(节)型,则每截(节)功能独立完整。

(2) 智能化前台。智能化的前台包括了酒店自助入住系统、公安信息传送系统、智能开票系统等。近年来,智能化型制常见的前台类型又可分为主题型、时尚型、功能型三种。主题型前台一般应用于五星级的主题型酒店或大型城市豪华酒店,通常以一组大型艺术作品作为前台背景,点出酒店的文化主题;时尚型前台一般体现整体设计特色和形式美感的追求;功能型前台通常以实用为原则,设计手法简洁、大方,巧妙的点缀也会有出人意料的效果。

3. 前台的管理方式

由于各酒店的类型、位置不同,其建筑格局、客源结构、管理体制以及文化特色也存在许多差异,因此,前台的管理方式也有所不同。

(1) 功能分设式。功能分设式典型的管理方式是将其基本服务功能划分为四个部分:问讯、接待、外币兑换和结账。这四个部分在前台区域内是明确分开的,一般由前厅部和财务部分别管辖。由于功能划分明确,因此前厅部岗位设置符合这一原则,分别设问讯员和接待员(由前厅部管辖)、外币兑换员和账务员(由财务部管辖)。

(2) 功能组合式。功能组合式摒弃了以往传统的格局,其基本服务功能仍为四个主要部分,但在管理上除外币兑换仍需由财务部门负责外,其他三个基本服务功能(问讯/接待/结账)统一划归前厅部管辖。

(3) 综合式。综合式前台管理方式的特点是业务量小,服务功能单一,服务内容简单。因此,岗位人数设置少,人工成本低,在行政隶属关系上一般划归客房部(房务部)管辖。小型酒店、旅馆、公寓及内部招待所多采用综合式前台管理方式。

4. 数字化前台服务主要特征

整体看,从 2015 年至今,我国酒店行业的数字化仍处在探索初级阶段,但数字化前台转型进程却不断加快。各酒店纷纷推出线上预订、微信入住、机器人迎宾等对客服务,使得酒店前台及其服务呈现数字化的特征(见表 1-4)。

表 1-4 数字化前台服务的主要特征

主要特征	具体表现
充分发挥科技优势	·通过综合运用计算机、控制、通信、可视化等技术,利用数字化设施为宾客创造人性化的接待环境,打造安全节能、便捷舒适的新一代酒店
围绕宾客开展运营	·在选择定位、设计建筑、建立系统、塑造品牌、定制产品、开发服务的过程中会考虑宾客需求和体验感受
经营与管理持续创新	·为了应对酒店市场环境和宾客需求不断变化,数字化酒店在管理、营销、服务等方面持续创新,以提高资源利用率及运营效率

5. 数字化前台服务新场景及其特征

目前,宾客进入数字化酒店之后,微信连接 Wi-Fi 之后的注册会员、预留房、秒退房、微续住、呼叫清洁阿姨和维修大叔等"微服务",以及大堂迎宾机器人、人脸识别仪、多屏系统、大堂人性化照明系统等融入了先进科技的设备,出现了新的服务场景,主要集中在散客入店、前台接待时以及散客离店、前台送客时,同时也带给客我双方不同的体验。

散客入店时的服务场景和客我双方的主要体验如图 1-2、图 1-3 所示。

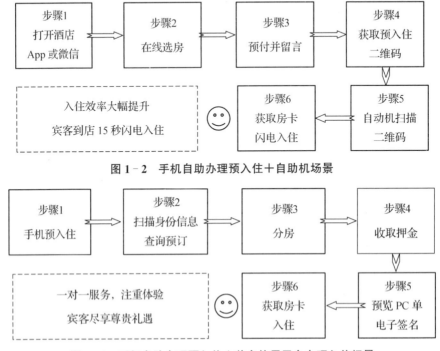

图 1-2 手机自助办理预入住+自助机场景

图 1-3 手机自助办理预入住+前台使用平台办理入住场景

散客离店时的服务场景和客我双方的主要体验如图1-4、图1-5所示。

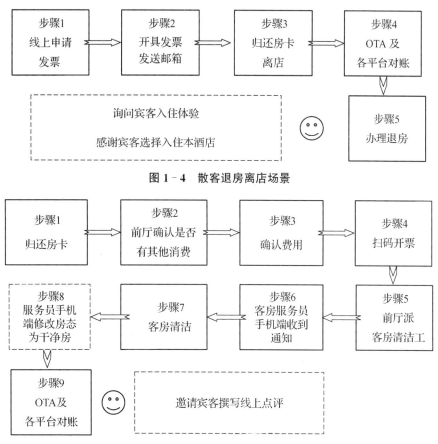

图1-4 散客退房离店场景

图1-5 前台使用平台办理退房场景

而在这些场景中,酒店采用一些智能化前沿技术所表现出的服务主要特征,概括起来如表1-5所示。

表1-5 酒店数字化场景服务的主要特征

主要特征	具体表现
一体化运营	·在数字化酒店的场景服务模式中,酒店针对特定场所、时间内的具体服务形式、内容、组织及载体,开展线上线下融合的一体化运营
全流程设计	·宾客想要获取服务之前,酒店各个场景中的相关产品与服务已经完成了全流程设计
"秒级"响应	·宾客可通过手机或者使用酒店的智能设备终端在线提交需求,相关信息将被实时传递到可以满足该需求的服务岗位,再由该岗位的工作人员为宾客提供产品与服务,从而实现对宾客需求的"秒级"响应,并显著降低服务质量风险

不过需要说明的是,目前自助入住技术在酒店行业尤其是一些高端奢华酒店并有没得到广泛推广,有人认为酒店业是服务于人的行业,人性化的互动才会让宾客感觉更加温暖。

模块二 前厅职业形象认知

任务导入

创编礼仪操——致敬职业形象

各小组复习"旅游服务礼仪"课程相关内容,使用前厅对客服务问候、征询、应答、致谢和祝福等常用文明语,结合有关手势、站姿、坐姿、走姿和蹲姿的礼仪规范要求和具体应用场景,创编一套服务礼仪操并组织比赛。比赛规则由任课老师制定。

任务一 职业角色与岗位职责

基础知识 ▼

1. 前厅员工角色定位

前厅部员工是指在现代酒店前厅部为宾客提供预订、入住、问讯、保管、叫醒、结账、行李运送和商务代办等服务,以及日常运行、安全管控、质量控制、增销创收和业务培训等管理的工作人员,是我国第三产业中服务领域的主要职业之一。

前厅部员工,是现代酒店的主要生力军,又是分布于不同规模、不同档次的提供住宿服务的现代酒店的通用性技术岗位工作人员,其整个职业具有覆盖面广、技术差异大、服务要求高、工作责任重等特点。

2. 前厅部员工职业素养

(1) 基本道德。党的"十八大"提出全社会要积极培育和践行社会主义核心价值观。其中,"爱国、敬业、诚信、友善"属公民基本道德规范,是从个人行为层面对社会主义核心价值观基本理念的凝练,也是前厅部员工在执业过程中必须恪守的基本道德准则。

(2) 职业道德。前厅部员工必须品行端正、为人正直、责任心强,关心、维护宾客利益和酒店利益,具有主动热情、细致耐心、彬彬有礼等服务思维和行为方式,能够在职业活动中树立在不违法违纪的情况下无条件地为宾客服务的思想观念。

(3) 理论素养要求。前厅部员工能够熟悉我国外事纪律及外事礼仪,能够了解、运用主要客源国(地区)的政治、经济、历史、地理、宗教和民俗方面的知识;熟悉所在酒店的规章制度、产品特色、服务项目、安全管控及前厅其他工作的主要理论依据。

(4) 技能素养。对前厅服务与管理所需的各项技能,经过一定时期的训练和模仿,能够进行复杂动作的分解、掌握动作的要领,并能够进行单独操作。

(5) 相关文化素养。前厅部员工应掌握有关服务心理学、公共关系、社交礼仪、相关法律法规、安全防范等基础知识,还要有一定的文学、美术、音乐、美学等方面的修养。

3. 前厅员工岗位及职责

前厅员工的工作岗位,总体上一般可分为基层(服务)岗位和中层(管理)岗位两大类。综合概括,基层岗位和管理岗位员工的主要工作内容如表 1-6 所示。

【特别提示】目前,在数字化、智能化、大数据、AI 技术等大发展背景下,国内大多数现代酒店已撤销了独立的"问讯处",并将其原专属的"回答宾客问讯,接待来访宾客"的职责,分散于前厅礼宾接待、前台接待、电话总机(客服中心)等岗位职责与工作任务中;同时,还增强了酒店 App、PMS 等的问讯服务功能。本教材为便于师生应对 1+X 职业技能等级(初/中)认证考核,此处仍予以保留。

表 1-6 前厅部主要岗位及职责

岗位(部室)	人员配备	主要职责
客房预订处 Room Reservation	主管/领班/ 订房员	• 受理客房预订业务,负责与客源单位建立良好的业务关系 • 向前厅部经理及前台相关岗位和部门提供有关客房预订的资料和数据 • 参与客情预报工作,向上级提供 VIP 抵店信息 • 制定月、半月、每周和翌日宾客抵达预报表 • 参与制订全年客房预订计划;建立完善订房记录及客史档案
接待处 Check-in/ Reception	主管/领班/ 接待员	• 推销客房 • 为宾客办理入住登记手续,分配房间 • 掌握住客动态及信息资料,控制房间状态 • 制定客房营业日报等表格 • 与预订部、客房部等保持密切联系,协调对住客服务工作
问讯处 Information	主管/领班/ 问讯员	• 负责回答宾客的问讯,接待来访的宾客 • 及时处理宾客邮件,提供留言服务(住客留言和访客留言) • 分发和保管客房钥匙
收银处 Check-out/ Cashier	领班/收银员/ 外币兑换员 (一般隶属 酒店财务部)	• 受理入住宾客住房预付金,办理离店宾客的结账手续 • 提供外币兑换和零钱兑换服务 • 与酒店各营业部门的收款员联系,催收、核实账单 • 建立宾客账卡并管理住店宾客的账目 • 夜间统计酒店当日营业收益情况,制作营业报表 • 为住客提供贵重物品的寄存和保管服务 • 负责应收账款的转账,夜间审核全酒店的营业收入及账务情况
礼宾服务处/ 礼宾部 Bell Service/ Concierge	主管(金钥匙)/ 领班/迎宾员/ 行李员	• 在门厅或机场、车站迎送宾客,为宾客提供订票、代寄快递、召唤出租车和泊车等委托代办服务 • 协助管理和指挥门厅入口处的车辆,确保畅通和安全 • 负责宾客的行李运送、寄存并确保其安全 • 雨伞的寄存和出租,公共场所找人,传递有关通知单 • 引领宾客进客房并向宾客介绍服务项目、服务特色等 • 分送客用报纸、分送信件和留言;回答问讯,指引方向或处所 • 负责宾客其他委托待办事项

续表

岗位(部室)	人员配备	主要职责
行政楼层接待处 Executive Floor	主管/领班/ 接待员	• 为行政楼层宾客办理与大堂前台相同的入住、离店手续等接待服务手续 • 提供免费打印复印服务和三餐服务 • 提供若干小时的免费使用行政楼层会议室服务
电话总机 Switch Board	总机主管/ 领班/话务员	• 转接电话,为宾客提供叫醒服务、"请勿打扰"电话服务 • 回答电话问讯,提供电话找人、电话投诉和电话留言服务 • 办理国际、国内长途电话事项 • 播放或消除紧急通知、说明,播放背景音乐
商务中心 Business Center	主管/领班/文员	• 为宾客提供打字、翻译、复印、传真、长途电话以及互联网服务,并可根据宾客需要提供秘书服务 • 提供文件加工、装订及手提电脑,幻灯机等租赁服务 • 提供代办邮件、特快专递服务和宾客委托的其他代办服务
值班经理 Assistant Manager	值班经理	• 突发事件、争议房价、催退、延迟退房的处理 • 差异房的跟进、酒店房满时的再安排 • VIP 接待、投诉的处理、失物招领、宾客生日的问候、火警的处理等(值班经理还负责大堂环境、大堂秩序的维护等事务;以往,值班经理往往被称作大堂副理)
客务关系部 Guest Relations Department	主任	• 代表总经理负责大堂服务协调、贵宾接待、投诉处理等服务工作(在不设客务关系部的酒店,这些职责由值班经理负责)
车队 Transportation	队长/司机	• 提供员工班车服务、宾客的接送机服务 • 负责车辆的维修和保养、出车前的检查、加油的控制以及日常单据报销和车辆事故的保险和理赔等

【特别提示】值班经理一般为主管级员工,有的酒店直属于总经理或住店经理管辖(一般归在前厅部)。有的大型酒店的值班经理往往设三人以上,其中负责管理其他业务的大值班经理,常常被称为大堂经理;有的酒店还设立宾客关系主任(Guest Relations Officer)取代值班经理,而此种情况下值班经理通常被称为高级宾客关系主任(Senior Guest Relations Officer)。

4. 前厅服务主要流程

宾客入住酒店一般会经历预订、登记、入住、互动、退房等多个环节和场景(见图 1-6),形成一个在店活动周期。前厅基层服务员和中层管理员就是围绕这个周期开展一系列的服务与管理工作,并确保前厅部的正常运行。

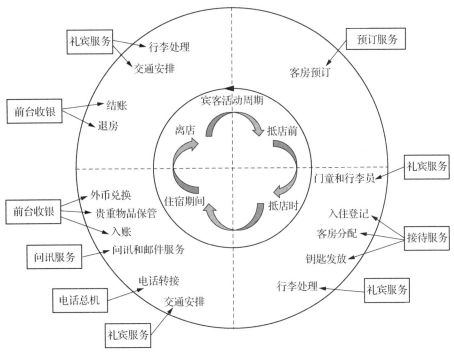

图1-6 宾客在店活动周期与前厅部相关服务

5. 前厅员工职业形象总体特征

前厅员工是酒店良好形象的典型代表,必须在仪容仪表、态度、口头语、体态语、胜任力、应变力、知识面和合作精神等方面具备明显的职业特征(见表1-7)。

表1-7 前厅员工职业形象总体特征

主要方面	总体要求	总体形象特征
仪容仪表	整洁、大方	・在仪表、仪容上给宾客留下管理有素、经营有方的印象
态度	热情、真诚	・主动、热情地服务每一位宾客,以真诚的工作态度感化宾客
口头语	规范、流畅	・必须掌握1~2门外语的基本会话,有恰当的措辞和灵活的语言技巧
体态语	标准、规范	・体姿标准,行为规范,举止大方,避免或克服不良的习惯性动作
业务胜任力	熟练、准确	・能利用最新数字设备和技术,快速准确地完成本职工作,准确无误地体现酒店管理水平,不破坏宾客对酒店的总体印象
应变力	灵活、迅捷	・妥善解决五湖四海的宾客的不同需求,最大程度地提高宾客满意度
知识面	广博、准确	・为宾客提供政治、经济、旅游、风俗、文化等及有关酒店情况的专业、准确而真实的知识信息
合作精神	集体意识强	・在同事因故离开岗位时,可以替代同事工作,并令宾客满意

小资料——关于前厅部员工双重工作技能的理论

技能,即掌握和运用专门技术的能力。前厅员工技能是指前厅服务与管理人员在完成一系列对客服务任务中,解决客房预订、入住退房手续办理、礼宾服务、散客客房增销、客户关系维护、前厅部信息管理等业务问题的专业能力。这种专业技能包括实操技能和心智技能两个层面,它是前厅服务与管理技术的升级和延伸。其间的关系如图1-7所示。

图1-7　前厅服务与管理人员技术与技能关系

前厅部员工在职业活动中体现出的实操技能和心智技能,具有多样性、动态性、关联性和重复性。

任务二　服务语言与礼仪表现

基础知识 ▼

1. 对客服务用语类别及属性

前厅部对客服务用语,一般可分为对客服务口头用语和服务体态用语。前厅服务礼仪是前厅员工在对客服务中用以美化自身、敬重宾客的约定俗成的行为规范和程序。前厅对客服务语言和礼仪,本质上属于前厅部员工心智技能的一种反映,它是现代酒店文明服务过程中不可或缺的沟通语言。

2. 对客服务常用口头语应用规范

前厅对客服务常用口头用语,反映着前厅部员工的心智技能水平和基本的职业素养,其应用的总体要求如表1-8所示。

表1-8　前厅对客服务常用口头语应用要求

要求范围	总体要求
语种/音量/音质	・讲普通话(必要时讲方言或外语),音量适度,音质优美,话语清晰
面客区域语调	・处在不同面客区域,应根据各区域营业氛围的不同,适当调节语调
聆听/目光	・注意聆听宾客所讲的内容,眼睛注视宾客,目光亲切自然 ・不可心神不定、左顾右盼、心不在焉
态度/声调/语速	・态度要和蔼,语言要亲切,声调要柔和;音量要以对方听清楚为宜,答语要迅速、明确;声调、语速要自然,且与眼神、表情及肢体动作和谐
对话限制	・语言礼貌得体、音量适中 ・不用粗言恶语,不使用藐视和侮辱性的语言,不讲有损酒店形象的语言 ・委婉灵活,能根据不同地点、场合和具体情况灵活使用语言 ・三人以上对话时,应使用互相都听得懂的语言 ・在与宾客对话时,可谈一些适宜得体的暖心话,但不可涉及宾客隐私和宾客不喜欢回答的问题

前厅对客服务常用口头语,酒店一般都制定了应用的标准规范(见表1-9),为前厅接待服务人员提供了基本遵循。

表1-9 前厅对客服务常用口头语应用规范

常用口头语类别	应用规范	提示
征询常用语	·请问您贵姓、请问怎么称呼您 ·请问有什么可以帮到您 ·对不起,我没听清您的话,您再说一遍好吗	·对客服务禁忌语 (1) 中文:喂,找谁?你找谁?我不知道(你有什么事?)。这事不归我管。你是谁呀?电话是什么?等着/等会儿。听不清,待会儿再打吧。你说什么呢,我不明白。 (2) 英文:Hello! Who do you want to talk? I don't know. It's not my duty. Who are you? What is your telephone number? Wait. Call me later. What did you say? I can't understand.
感谢常用语	·感谢您的意见(建议),我们一定改正 ·谢谢您的帮助、谢谢您的光临、谢谢您的提醒 ·谢谢您的鼓励,我们还会努力	
道歉常用语	·对不起,这个问题我暂时无法解决,我请示一下稍后给您回复好吗 ·对不起,请稍等,我尽力帮您联系	
应答常用语	·好的,马上就到;好的,现在就为您办理 ·请稍等,我就来;对不起,请稍等片刻 ·不客气,这是我们应该做的;很高兴为您服务	
祝福常用语	·新年好、过年好 ·祝您入住愉快、祝您用餐愉快 ·祝您生日快乐、祝您新婚愉快、祝您早日康复	
送别常用语	·先生(小姐)您慢走,欢迎下次光临 ·先生(小姐)再见,请您慢走	

3. 对客服务常用体态语应用规范

前厅服务体态语,是指前厅部员工在工作交流中运用身体的变化,如动作、体姿、身体空间距离等,作为传递信息、交流思想感情的辅助工具的非语言符号,也是前厅部员工心智技能的一种反映,同样有一些规范性的基本要求(见表1-10)。

表1-10 前厅服务常用体态语应用规范

体态语类别	应用规范
手势 (以右手为例)	·基本规范:五指并拢,掌心向斜上方,手掌与地面呈135°,手与小臂成一条直线,大臂、小臂之间呈130° ·指示方向:以右手做动作为例,以肩关节为轴,右手向斜前方抬起,指向目标方向 ·请进手势:以右手做动作为例,右手向右展开至体侧,肘关节与腰间距离约两拳,上身略前倾 ·请坐手势:以右手做动作为例,右手以规范手势指向椅面,上身略前倾
站姿	·站立端正、挺直,不靠墙,抬头、挺胸、收腹,双目平视 ·注意手摆放的位置:或者自然下垂,或者合手放于前,或者双手背于后 ·无论哪种摆放位置,均不要把手插在口袋里

续表

体态语类别	应用规范
坐姿	• 入座轻缓,上身正直,双膝并拢或双腿交叉(女员工注意确保裙子总是放下,弄平后再坐下) • 入座后坐椅子的2/3,腰部挺直,双目平视,挺胸、抬头、双肩放松平放,不可抖腿、跷脚
走姿	• 抬头、挺胸、收腹,两眼平视,肩要平、身要直 • 两臂自然下垂摆动,腿要直,步履轻盈,行走不拖沓 • 行走时,不可摇头晃脑、吹口哨、吃零食、左顾右盼、手插口袋或打响手指,不与他人拉手、搂腰搭背
蹲姿	• 下蹲、屈膝,以一膝微屈为支撑点,将身体重心移至此,另一腿屈膝,将腰慢慢直下拿取物品;下蹲后,不要撅臀部、弯上身、低垂头

4. 对客服务礼仪表现

前厅常用服务礼仪,常常表现在目光、微笑、致意、鞠躬和握手等形式上。这些服务礼仪的表现规范见表1-11。

表1-11 前厅对客常用礼仪表现规范

礼仪类别	表现规范	提示
微笑礼仪	• 有礼貌地微笑,发自内心深处,真情流露,温馨自然,富有亲和力,将友好、融洽、和谐、尊重、自信的形象和气氛传染给宾客 • 注视时间:3~5秒 • 注视区域:面部双眉到唇心的倒三角区域;注意注视角度,一般以平视或仰视为主,以表示尊敬	• 微笑可为成功的服务打下良好基础 • 在与宾客交流时,要注视对方,但时间不宜过长或过短,目光也不要突然移开 • 注意倾听对方的谈话
致意礼仪	• 目视宾客,面带真诚的微笑 • 欠身致意:在标准站姿的基础上,以腰部为轴,上身前倾约15°,头、颈、背应维持在一条直线上 • 点头致意:在标准站姿的基础上,头部微微向下,轻轻点头 • 挥手致意:在标准站姿的基础上,伸出右手,手指与头顶高度保持水平,自然挥动2~3次,挥动速度要适中	• 致意是一种常用的礼节,它表示问候之意 • 通常用于相识的人之间在各种场合打招呼 • 若毫无表情或精神萎靡不振,会给宾客以敷衍了事的感觉
鞠躬礼仪	• 行鞠躬礼时一般是在离对方2米左右的位置 • 在身体两侧,女士可双手叠放在腹前,以髋关节为轴,上身向前倾斜,使头、颈、背成一条直线 • 可根据施礼对象和场合决定鞠躬的度数,一般见面时行30°即可	• 鞠躬时视线由对方脸上落至自己脚前方的相应位置,面带真诚的微笑,向宾客表示问候 • 90°大鞠躬常用于特殊情况

续表

礼仪类别	表现规范	提示
握手礼仪	• 身姿挺拔,双腿立正站好,上身略向前倾15°左右,以表示对对方的尊敬,与对方的距离掌握在70~75厘米 • 面带微笑,自然大方地伸出右手,伸手的高度保持在腰部位置,四指并拢、拇指张开,手掌与地面垂直,左手自然垂放在左侧 • 要握住对方整个手掌,用力均匀,上下晃动两到三下,时间一般以2~3秒为宜,并结合相应问候语言	• 迎客时主动伸手,送客时则不可主动伸手 • 与多人握手时,要讲究身份,明确身份后,按身份高到身份低的顺序握手 • 不明确对方身份时,按距离近到距离远的顺序握手

任务三　国家1+X职业能力认证

基础知识 ▼

1. 职业技能等级认证的意义

1+X技能等级证书(Skill Level Certificate),即"学历证书+若干职业技能等级证书"(简称1+X证书),是2019年《国家职业教育改革实施方案》提出的一项重要改革任务,是职业教育作为一种类型教育的重要特征体现。职业技能等级证书,是在校毕业生、社会成员职业技能水平的凭证,反映职业活动和个人职业生涯发展所需要的综合能力。

2. 职业技能等级证书鉴定发证单位

目前,北京首都旅游集团有限责任公司是国家教育部授权发布1+X前厅运营管理职业技能等级证书的鉴定发证单位。

3. 职业技能等级证书面向的职业岗位(群)

主要面向各类星级酒店、豪华游轮等企、事业单位从事前厅接待、客户关系维护、对外联络服务、咨询、会展、管家等工作的岗位。

4. 前厅运营管理职业技能等级要求

前厅运营管理职业技能分为三个等级——初级、中级、高级,依次递进,高级别涵盖低级别要求(见表1-12)。

表1-12　前厅运营管理职业技能等级要求

等级分类	等级要求
初级	• 面向酒店前厅及相关经营区域的服务与管理岗位,掌握前厅场所的安全管理和突发事件处置等工作规范 • 能够熟练操作前厅办公设备、酒店管理系统(简称PMS)及旅游业治安管理系统(简称PSB) • 能够提供对客接待服务并正确展现职业形象,完成相关简单的客服管理,完善日常服务 • 能够为中级、高级"前厅运营管理"提供全面的信息支持

续表

等级分类	等级要求
中级	• 面向酒店前厅及相关经营区域的服务与管理岗位,能够分析宾客心理并正确处理投诉 • 熟练掌握会议室、互联网、订票及邮件的服务技能,能够提供对客和住宿的管理服务 • 能够完成基层的管理和培训工作 • 通过盘点和申购保障前厅物资充足,从而使运营工作能够正常运行
高级	• 面向酒店前厅及相关经营区域的服务与管理岗位,熟练掌握团队管家、贴身管家、金钥匙等接待服务技能 • 能够制定前厅安全管理预案、编制各项标准文件 • 能够把控前厅的质量管理、整合人力资源 • 能够通过核算和分析前厅的各项经营方案等带领团队保证前厅工作高质高效运营

5. 前厅运营管理(初/中级)职业技能考核内容

目前,高职高专的在校生有资格参加国家1+X前厅运营管理职业技能等级的初级和中级认证资格考核,所涉及的模块内容如表1-13所示。

表1-13 国家1+X前厅运营管理职业技能等级认证(初/中级)内容模块与技能任务

模块名称	初级任务(18项)	中级任务(20项)
模块一 职业素养教育	(1) 职业角色认知 (2) 服务礼仪表现 (3) 前厅服务语言使用	(无)
模块二 对客服务	(4) 行李及贵重物品保管服务 (5) 总机服务 (6) 礼宾服务 (7) 旅馆业治安管理信息系统操作 (8) 散客接待 (9) 团队接待	(1) 客房预订 (2) 访客接待 (3) 问讯服务 (4) VIP接待 (5) 会员管理
模块三 专项操作	(10) 酒店前厅管理系统认知 (11) 酒店销售渠道认知 (12) 酒店新媒体认知	(6) 酒店前厅管理系统操作 (7) 酒店网络销售渠道操作 (8) 酒店新媒体应用
模块四 安全管理	(13) 前厅信息安全认知 (14) 公共场所安全认知	(9) 客户突发事件处理 (10) 前厅信息安全管理
模块五 客户关系管理	(15) 客户资料建立 (16) 客户意见征询	(11) 客户消费心理分析认知 (12) 投诉处理 (13) 客户意见表设计
模块六 文档管理	(17) 常用表格填写	(14) 常用文书的编写
模块七 质量管理	(18) 服务质量标准认知	(15) 服务质量管理 (16) 经营核算与应用 (17) 运营易耗品盘点及申购

续表

模块名称	初级任务(18项)	中级任务(20项)
模块八 督导管理	(无)	(18) 会议管理 (19) 班次管理 (20) 岗位培训

注:此表依据国家授权的北京首都旅游集团有限责任公司主编、中国旅游出版社2021年出版的1+X职业技能等级认证培训教材——《前厅运营管理(初级)》《前厅运营管理(中级)》研制

6. 前厅运营管理(初/中级)职业技能考核形式

前厅运营管理(初/中级)1+X证书职业技能等级考核内容一般包括理论机考、实操考试和现场口试三个部分。

理论机考题型分为单选题、多选题和判断题三种类型,内容涉及职业素养教育、对客服务、专项操作、安全管理、客户关系管理、文档管理、质量管理和督导管理八大模块的理论(应会)知识。实操部分主要考查学生的酒店接待访客的操作流程和应变能力。现场口试部分主要是以问答的形式,针对酒店管理(前厅运营管理)的专业知识来进行考核,以检验学生的知识素养和表达能力。

◆项目小结

本项目的数字化前厅认知和前厅职业形象认知两大模块,分别介绍了前厅部作用及主要职责、前厅环境氛围与设备用品、前台及数字化服务场景、职业角色与岗位职责、服务语言与礼仪表现规范以及国家1+X职业能力认证的相关内容。本项目是学习者认识酒店职业,迈出职业生涯第一步的基本依据,并为从业者进一步达到"职业自觉"奠定了理论基础。

◆应用与提高

案例分析▼

资料演示——职业角色的困惑

酒店管理专业教师到某五星级酒店看望正在进行顶岗实习的学生,实习生将自己的困惑告诉了指导教师。

一天,他正在酒店门口做迎宾,忽然看见三位喝得东倒西歪的客人摇摇晃晃地走过来,其中一位客人非常不客气地对他说:"小子,过来扶我一把!"听到客人这么不礼貌的话,实习生非常不情愿地过来搀扶客人。这位客人一把抓住实习生,身体的大部分重量压在实习生身上。他身体的重压、浑身的酒气、用力的抓握和不礼貌的言辞让实习生很不高兴,但他依然礼貌地用尽力气支撑着客人到了电梯门口。帮客人按下电梯后,就要离开。

谁知客人牢牢地抓住他不让他离开,并骂道:"你不把我送到房间,我就告诉你们总经理让你滚蛋!"实习生努力挣脱客人后,礼貌地说:"对不起,我马上要去站岗,岗位不能缺人。"实习生转身就返回自己的岗位。客人大怒,继续骂骂咧咧,好在这时电梯门打开,

客人不得不和同伴进入电梯。一场纷争就这样结束了。

事情讲完后,实习生说了两点感受:"一是现在客人越来越难伺候,太不尊重人;二是自己有值岗任务,不能离开岗位。所以,自己是正确的,错就错在客人的无礼。"

(资料来源:https://www.docin.com/p-754789412.html)

针对以上案例,有分析认为:在酒店业高度竞争的今天,宾客就是酒店员工的衣食父母,没有了宾客,酒店就失去了存在的意义。尽管许多时候,宾客并不是我们想象中的绅士淑女,他们也会在酒店里肆意放纵自己的行为。在这个时候,酒店服务人员一定要弄清职业角色和生活角色的区别。

对"酒店服务人员一定要弄清职业角色和生活角色的区别"的观点,你怎么看?

课内实训 ▼

以小组为单位,通过计算机网络查找有关酒店业内成功人士的故事,记录、整理其获得成功的要素,完成一份"我对酒店前厅部工作认知书",由学习小组指派数名学生在课堂宣读,教师逐一进行点评,为将来成为合格的"酒店人"做好准备。

课外拓展 ▼

1. 阅读学习《旅游饭店星级的划分与评定》(GB/T 14308—2023)。

2. 收集有关最新资料,谈谈在"互联网+酒店"的背景下,你对前厅部工作人员必须掌握酒店前厅数字化服务与管理基本技术、技能的认知。

3. 目前,数字化酒店和数智化酒店的内涵被阐述为:

数字化酒店是指利用数字技术将酒店的各项业务流程进行信息化、数字化改造,实现酒店预订、入住、退房、客房管理、餐饮管理等环节的线上化和自动化,通过信息系统提高酒店运营效率和管理水平,为宾客提供更便捷服务的酒店模式,它主要侧重于将传统的业务操作转化为数字形式,以优化流程和提升服务的便捷性。

数智化酒店是在数字化酒店的基础上,进一步运用大数据、人工智能、物联网等先进技术,对酒店内的各种数据进行深度挖掘和分析,从而实现智能化的服务、管理和决策。数智化酒店能够根据宾客的偏好和行为数据,提供个性化、定制化的服务体验,同时通过智能系统实现酒店资源的优化配置和高效运营,提升酒店的整体竞争力和宾客满意度。

那么,请同学们从技术应用、服务体验、管理模式和运用成本等角度进一步分析它们的区别。

项目二　前厅服务专项操作

◆德技并修

【立德树人】培养耐心细致的工作习惯，涵养一丝不苟的职业精神，做一个具有极强安全意识和法律意识的准职业人。

【应知理论】了解酒店管理系统(PMS)和旅馆业治安管理系统(PSB)的核心功能、应知内容以及酒店委托代办的要求。

【应会技能】掌握PMS和PSB的具体操作技能，能够按照前厅常用术语和表格要求以及委托代办服务标准，奠定前厅对客服务与前厅运营管理的基础。

本项目三大模块，均为国家1+X职业技能等级认证(初/中级)考核的前厅服务专项操作内容。其为前厅部各岗位开展服务和管理工作提供技术、技能支持，也是高职在校生学习适应前厅运营管理知识和技能学习的重要基础之一。

模块一　PMS/PSB操作

任务导入 ▶

进入实训室＋拟订计划——了解PMS和PSB基本知识与技能

1. 本教材PMS和PSB所涉及的内容均为酒店经营、服务过程中常用信息知识与技能，是服务过程中应知应会的重要保障要素；另外，所涉及的操作均为"单一"数据，即不强调数据之间的耦合、变化和相互关系。教师组织全班同学前往学校前厅仿真实训室，介绍一下计算机内的PMS和PSB软件的基本情况。

2. 各小组拟订PMS和PSB实操训练计划，充分利用课余时间，尽快熟悉PMS和PSB的操作流程和标准，为接下来的前厅对客服务和前厅运营管理学习备足后劲。

任务一　PMS查询业务操作

PMS是酒店日常服务与管理的核心软件，是一个基于计算机并能够接收、处理、储存并实时控制的高度智能化的酒店综合信息处理系统，具有实效性、连续性、短时性、连通性的特点，同时具有很强的安全性和保密性，并无缝对接全国各地旅游业治安管理系统(PSB)。

1+X职业技能(初级)考核要求：了解酒店前厅管理系统的功能，掌握前厅管理系统的专业术语，能够对前厅管理系统有基本认知。具体包括PMS及功能认知、客户资料查询、业务查询、在住宾客查询、客房查询。

子任务1 PMS软件功能认知

基础知识

1. PMS含义

PMS是英文Property Management System的简称,指酒店前厅管理系统,也被翻译为酒店管理信息系统、前台管理系统、物业管理系统。它不但是一个数据统计的数据库,还能够提供各方面的报表,且利用数据进行分析,非常有利于酒店的运营与管理。

2. 酒店常用PMS

(1) ECI(EECO)酒店系统。ECI系统是1969年美国EECO公司开发研制的酒店管理系统,主要用于预订和排房。

(2) HIS酒店系统。HIS系统于1977年发布,基于Novell局域网和Orcale数据库研发。目前,全球拥有4 000多家用户。

(3) Fidelio酒店系统。Fidelio系统是1987年由德国公司研发。Fidelio系统应用于全球16万多家酒店,是外资酒店应用最多的系统。

(4) Opera系统。Opera系统是Fidelio系统的升级版,可用于查询客史、房态以及办理入住、离店、收取费用等。

(5) 国内PMS,如西湖、华仪、华盛、千里马、绿云、别样红、罗盘、住哲等。

3. PMS其他相关住客的系统

(1) 房卡系统:用于制作房卡。

(2) 外部预订系统:精准管理预订,处理每一笔订单。

(3) 自助入住系统:为宾客提供自主办理入住手续的渠道。

(4) 手机门匙系统:数字钥匙可以打开任何通常用普通钥匙开的门,包括房间、电梯、酒店侧门、健身中心,甚至停车场。

(5) 微信/支付宝收费系统:集微信、支付宝收取预授权、消费于一身。

(6) 卡券核销系统:宾客购买产品后,入住酒店时出示卡券码,用销核机进行扫码或者输入宾客的订单号核销并打印。

(7) 发票管理系统:可为宾客提供发票服务,每台主机上配有固定的税控盘。

(8) 话务台系统:用于转接通过话务台的每一通外内线电话。每一台话务台能同时处理6条电话线路(包括外线及内线),提供来电显示及记录、显示转接状态。

(9) 其他系统:传真系统、叫醒系统、计费系统、智能停车收费系统、旅馆业治安管理信息系统、住客体验管理系统、酒店内部管理系统等。

※小资料——我国市场PMS发展呈现分化格局

自20世纪90年代以来,国产软件始终占市场主流,最早一批国产PMS软件如西湖、华仪、华盛、千里马等。国产PMS的另一个发展领域始于2000年以后经济型酒店的发展,如

家、汉庭等均自行研发 PMS,这些系统均采用云管理模式,逐渐发展为 PMS 的另一个分支,一部分为新建企业,如绿云、别样红、金天鹅、罗盘、住哲等,另一部分为原有 PMS 厂商的经济型酒店版本,如西湖软件、中软等。到 2020 年,我国中小型酒店已经普及了 PMS 管理,基于网络的云 PMS 成为主流。目前,在我国市场 PMS 发展呈现分化格局,国外软件占据高端市场,其余软件市场由国产软件控制。

子任务 2　客户资料查询

基础知识 ▼

1. PMS 客户资料管理功能

宾客是酒店的重要资源,PMS 客户资料管理模块维护了酒店宾客的信息,客户资料管理模块是酒店管理系统的基础。在早期 PMS 中,流程是系统的核心;而随着酒店产业"以客户为中心,以市场为中心"理念的发展,客户管理越来越成为 PMS 的核心。

2. PMS 客户资料类型及信息范围

从单体酒店角度看,PMS 中的客户资料分为"个人信息"和"组织信息"两大类型。

(1) 个人信息。基本信息,如姓名(公司名)、地址、联系方式、会员信息等,以静态信息为主;业务信息,如宾客过往预订、历史消费金额等,其本质是对宾客的业绩贡献进行统计,以动态信息为主;消费偏好信息,如宾客喜欢入住的房型房号、宾客喜欢的朝向、餐饮信息等。

(2) 组织信息。在 PMS 客户资料中的多种"组织"类型,公司是其中最常用的类型。实践过程中,公司、学校、政府、非政府组织等均计入该类别。公司类型的客户资料中记录了客户的基本信息。

3. PMS 客史档案内容

在 PMS 所建立的客史档案中包括了宾客的基础资料、消费习惯、消费需求、消费能力等,这也是酒店进行管理、跟踪的重要资料。

(1) 单位客户档案。有双方协议签订时所提供的单位名称、性质、经营内容、地址、负责人姓名、联系人姓名、联系方式、主要需求、认定的房价、消费折扣率、付款方式等信息。

(2) 散客档案。指宾客在办理预订和入住登记时所留下的第一手资料,主要包括宾客姓名、性别、所属单位、常住地、有效身份证件类别、号码、到达原因、入住房价、入住时间等。

(3) 客户个性化档案。该档案包括宾客消费需求特点、行为特征、个人爱好信息,对酒店产品与服务的评价等。

实践操作 ▼

按照 PMS 的操作要求,完成客户资料查询工作(见表 2-1)。

表 2-1　PMS 客户资料查询基本操作流程与标准

步骤(Steps)	怎样做/标准(How/Standard)	提示(Tips)
(1) 获取经营或服务信息	• 通过对话、电话、邮件等方式，获取服务信息 • 处理获取信息，得到查询所用信息	• 对于经营信息，要了解经营中的需要 • 对于服务信息，注意沟通交流方式
(2) 根据信息判断所需操作	• 根据关键信息(经营指标/宾客/业务/客房)判断所需操作	• 切忌盲目操作——判断错误才是最慢的操作
(3) 操作 PMS，输入查询信息	• 正确输入信息，登录 PMS • 正确调用相关功能 • 正确输入查询信息	• 对系统是否正常做出基本判断 • 有些信息可以通过多种操作获取，了解其原理和主要区别
(4) 获取所需信息	• 正常信息的获取方式 • 查询失败的处理方式	• 注意信息安全和宾客隐私保护
(5) 使用获取信息	• 将信息正确地运用于服务	• 将系统操作与服务有效结合

※学生实训——客户资料查询

1. 宾客 Mike Lee 的中文姓名是(　　)，宾客 An Dong 的性别是(　　)。
2. 宾客毛俊哲的国籍是(　　)，宾客孙岩的电话号码是(　　)。
3. 宾客李玉峰的电子邮件地址是(　　)。

子任务 3　酒店业务查询

基础知识 ▼

1. PMS 业务状态属性

在 PMS 中业务管理就是处理酒店对客服务流程，是宾客驻店流程在 PMS 中的映射，主要包括散客业务和团队业务。散客业务分为预订、入住、在店、离店等阶段，宾客状态(Status)标示了宾客当前业务状态，每个业务的状态唯一。

2. PMS 业务查询含义

业务查询：酒店完成某宾客的完整服务流程(预订—入住—在住—离店)，已知该宾客状态、姓名等信息，查询该业务信息，如入住日期、离店日期、预订房型、房间数量、价格、预订需求、房间号码、当前状态(预订/预订取消/在住/离店等)。

3. 宾客预订阶段 PMS 状态

为宾客办理预订之后，宾客初始状态为"预期到达"(预抵，Expected)；当临近宾客预订日期时，状态变更为"当日应到"(Due in)，预订后可以修改、取消操作；若预订日未入住，则进入"未到"(No Show)状态，该数据是客房收益管理的主要指标。

实践操作 ▼

按照 PMS 的操作要求,完成酒店业务查询工作(见表 2-2)。

表 2-2 PMS 酒店业务查询操作流程与标准

步骤(Steps)	怎样做/标准(How/Standard)	提示(Tips)
(1) 获取经营或服务信息	・通过对话、电话、邮件等方式,获取服务信息 ・处理获取信息,得到查询所用信息	・对于经营信息,要了解经营中的需要 ・对于服务信息,注意沟通交流方式
(2) 调用业务查询功能	・根据关键信息判断所需操作的准确性(有可能是预订、离店等)	・切忌盲目操作——判断错误才是最慢的操作
(3) 操作 PMS,输入查询信息	・正确输入信息,登录 PMS ・正确调用相关功能 ・正确输入查询信息	・对系统是否正常做出基本判断 ・有些信息可以通过多种操作获取,了解其原理和主要区别
(4) 获取所需信息并运用于服务	・正常信息的获取方式 ・查询失败的处理方式 ・正确使用获取的信息	・注意信息安全和宾客隐私保护 ・将系统操作与服务、管理有效结合

※学生实训——客户信息建立与住客信息查询

1. 客户信息建立

假设你所在的单位是酒店重要协议客户,你和几位同事是酒店重要个人客户,则:

(1) 建立并存储你所在单位的客户信息。

(2) 建立并存储你们的个人客户信息,修改你们的客户信息。

(3) 对重复的客户信息进行合并或删除。

2. 住客信息查询

(1) 宾客侯志坚的入住日期是( );宾客郭忠华的离店日期是( )。

(2) 宾客曾钟的房价是( );宾客胡青分配到的房号是( )。

子任务 4 在住宾客查询

基础知识 ▼

1. 宾客入住阶段 PMS 状态

当完成宾客入住操作、状态变为"在住"时,表明宾客处于在住状态。在此期间,宾客接受酒店客房、餐饮等其他服务,同时产生相关费用。宾客入住后,房号成为标识宾客的主要信息,通常通过"房号-姓名"确认宾客为"在住宾客",确认后可以提供服务。

2. 宾客在住阶段 PMS 状态

酒店为宾客办理入住手续,若是预订宾客入住,宾客状态为"预订在住"(Checked In);若未预订宾客入住,宾客状态为"上门客在住"(Walk In);宾客延长在店时间被称为"续住"(Extended);抵达宾客预期离店日(即离店日期＝当前日期),宾客状态为"预期离店"(预离,Due Out)。

3. 宾客离店阶段 PMS 状态

酒店为宾客办理离店手续,服务预离(Due Out)宾客时应使用结账离店功能办理;服务在住(Checked In 或者 Walk In)宾客时应使用提前离店(Early Departure)功能办理。完成操作后,宾客状态为"离店"(Checked Out)。

实践操作 ▼

按照 PMS 的操作要求,完成宾客在住查询工作(见表 2-3)。

表 2-3 PMS 在住宾客查询操作流程与标准

步骤(Steps)	怎样做/标准(How/Standard)	提示(Tips)
(1) 获取经营或服务信息	·通过对话、电话、邮件等方式,获取服务信息 ·处理获取信息,得到查询所用信息	·对于经营信息,要了解经营中的需要 ·对于服务信息,注意沟通交流方式
(2) 调用相关功能	·调用在住宾客查询功能	·切忌判断错误
(3) 操作 PMS,输入查询信息	·正确输入信息,登录 PMS ·正确调用相关功能 ·正确输入查询信息	·对系统是否正常做出基本判断 ·有些信息可以通过多种操作获取,了解其原理和主要区别
(4) 获取所需信息并运用于服务	·正常信息的获取方式 ·查询失败的处理方式 ·正确使用获取的信息	·注意信息安全和宾客隐私保护 ·将系统操作与服务有效结合

※学生实训——经营数据查询

1. 客房查询

(1) 0821 客房当前是否有人入住(　　);0822 客房当前是否清洁(　　)。

(2) 0823 客房朝向为(　　),0826 客房的房型为(　　)。

2. 在住宾客查询

(1) 宾客未带房卡,确认宾客姓名王建林,客房号码 0805,电话号码后四位为 1234,是否可以给宾客开门(　　)。

(2) 有访客来酒店拜访住客,住客姓名赵长海,客房号码 0808,是否可以允许该访客拜访(　　)。

(3) 0802 客房的于江洲先生订单中是否包含早餐(　　)。

(4) 0801 客房中,除了赵耿铭先生,是否还有其他宾客(　　)。

子任务 5　客房信息查询

基础知识 ▼

1. PMS 客房查询信息点

客房查询信息点:客房总数、出租率、已知房号、客房类型、客房楼层、客房朝向、客房实

时状态、平均房价、今日入住房(人)数、今日离店房(人)数、各种状态客房数量等。

2. PMS 客房管理模块操作原理

客房管理模块将每个房间的状态展示给前台员工,前台员工只要输入房间号,即刻获得该房的实时状态。当一间客房清理完毕时,客房部员工可以直接修改房态或者通过客房服务中心修改房态,且这一信息将会马上更新,前台员工可以实时获取实时房态,房态报告(Rooms Status Report)也可以在需要时打印出来。

客房管理模块在宾客登记入住时能自动处理房间和费用,管理模块在前台接待、总机和礼宾部的计算机上显示宾客信息,使前台能够及时地了解到宾客的情况。

实践操作 ▼

按照 PMS 的操作要求,完成客房查询工作(见表 2-4)。

表 2-4　PMS 客房查询操作流程

步骤(Steps)	怎样做/标准(How/Standard)	提示(Tips)
(1) 获取经营或服务信息	·通过对话、电话等方式获取服务信息 ·处理获取信息,得到查询所用信息	·对于经营信息,要了解经营中的需要 ·对于服务信息,注意沟通交流方式
(2) 调用客房查询功能	·调用相关功能	·切忌盲目操作——判断错误才是最慢的操作
(3) 操作 PMS,输入查询信息	·正确输入信息,登录 PMS ·正确调用相关功能 ·正确输入查询信息	·对系统是否正常做出基本判断 ·有些信息可以通过多种操作获取,了解其原理和主要区别
(4) 获取所需信息并运用于服务	·正常信息的获取方式 ·查询失败的处理方式 ·正确使用获取的信息	·注意信息安全和宾客隐私保护 ·将系统操作与服务有效结合

※学生实训——经营数据查询

1. 酒店今日出租率是(　　),平均房价是(　　)。
2. PMS 当前日期是(　　),系统当前登录的用户是(　　)。
3. 酒店当前(VC/VD/OC/OD)客房数量分别是(　　)。

任务二　PMS 散客预订操作

散客预订和协议客户预订是酒店最基础、最常见的预订形式,两者区别在于价格体系的不同。前厅高效运作需要一个快捷的预订流程,预订员必须根据宾客要求,快速、准确地操作 PMS。能够按照 PMS 的操作要求完成散客预订工作,是 1+X 职业技能等级(中级)的考核要求。

基础知识 ▼

1. PMS 预订基础

预订是宾客资料中数据的主要来源,预订的基础是客户资料,每一个预订必须有一个客户资料与之相关联。若宾客是第一次预订,系统会自动建立一个资料,并将预订中的相应信息复制到资料中去;若宾客是再次预订,系统不会为宾客建立新的客户资料,而是将预订关联至已有的客户资料上。

2. PMS 散客业务流程

散客业务流程是 PMS 的基础功能,大多数 PMS 功能大同小异,以 Fidelio、Opera 为代表的软件功能和状态划分更细致,比如将入住操作根据有无预订分为无预订入住(Walk-In)和预订入住(Check-In),其本质是酒店管理的细化要求。

3. PMS 预订阶段控制

酒店为宾客办理预订之后,宾客初始状态为"预期到达"(预抵,Expected);当临近宾客预订日期时,状态变更为"当日应到"(Due in),预订后可以进行修改、取消操作;若是预订日未入住,则进入应到"未到"(No Show)。

4. PMS 预订操作的数据关联

(1) 预订操作与宾客状态转换:宾客状态(Guest Status)是标识酒店宾客服务流程的重要信息,可以反映出预订操作与宾客状态的变化关系。

(2) 预订与客房状态转换:预订本身并不会改变客房状态,但如果为预订提前分配房间,在宾客入住当天,PMS 会将房态变更为预期到达(Expected);在有些系统中,这一状态也会被称为预期入住(Due In),即"该客房今天有宾客入住"。

※小资料——新建预订操作及预订其他操作

预订和客户资料构成了整个 PMS 的运行基础,新建预订以及预订其他操作环节获取的信息准确而完整,那么入住登记、结账退房等工作就会变得简单自如。因此,预订员在操作前,必须对新建预订以及预订其他操作的标准有足够的认知(见表 2-5)。

表 2-5　PMS 新建预订操作及预订其他操作认知

项目	认知点
新建预订	• 当宾客通过各种方式与酒店联系进行预订时,酒店员工使用新建预订(New Reservation)功能来办理,记录宾客的预订信息并得到预订确认号(Confirmation No.) • 预订完成后 PMS 会生成一条新业务,其初始状态为"预期到达" • 若宾客为首次预订,系统会自动生成客户个人资料,同时关联预订与客户资料 • 预订完成后可生成预订确认函(Confirmation),其本质是宾客与酒店就客房预订建立合同关系,具备法律效力
其他操作	• 预订查询(Search Reservation)/预订更新(Update Reservation)/预订取消(Cancel Reservation) • 激活预订(Reactivate Reservation)等预订其他操作都是常见的宾客需求 • 宾客与酒店联系要求对预订做出修改时,预订员首先要快速且准确地找到预订信息,确定之后再进行修改 • 必须准确地记录修改的内容并更新预订报表,与此同时,预订修改时间、修改人、修改前后的内容、修改原因等信息都要准确记录,以便日后查询和分析

实践操作 ▼

1. 按照 PMS 的操作要求,完成客户资料操作和信息查询工作(见表 2-6)。

表 2-6 PMS 客户资料管理操作步骤及标准

步骤(Steps)	怎样做/标准(How/Standard)	提示(Tips)
(1) 获取预订信息	·获取个人或机构的信息,并进行处理、确认,得到可录入 PMS 的有用信息	·注意多种语言姓名的处理方式
(2) 根据需求判断所需操作	·准确选择客户资料的新建、查询、修改、合并、删除等功能	·切忌盲目操作,因为判断错误会造成重大影响
(3) 正确输入信息	·正确调用相关功能	·对系统是否正常做出基本判断
(4) 完成所需信息	·正常信息的获取方式	·注意信息安全和宾客隐私保护

2. 按照 PMS 的操作要求,完成对客预订服务工作(见表 2-7)。

表 2-7 PMS 预订服务操作步骤及标准

步骤(Steps)	怎样做/标准(How/Standard)	提示(Tips)
(1) 获取预订信息	·对获取的信息进行处理、确认,得到可录入 PMS 的有用信息	·先处理邮件预订 ·电话预订,先转化为文字数据
(2) 根据需求判断所需操作	·准确选择客户资料后,调用新建预订/修改预订等功能	·切忌盲目操作——判断错误才是最慢的操作
(3) 正确输入预订信息	·正确输入预订/修改信息 ·完成录入操作后保存	·对系统是否正常做出基本判断
(4) 完成所需信息	·完成预订,生成预订确认函 ·通过电子邮件等向宾客发送预订确认函	·将系统操作与服务有效结合 ·注意信息安全和宾客隐私保护

※学生实训——客房预订信息操练

1. 酒店收到某 OTA 客房预订单,将该订单录入 PMS 并打印预订确认函。

2. 一对夫妇带着 3 岁的孩子度假,为其预订一间大床房。

3. 王先生邀请同学聚会,除王先生外还有李先生、周先生两家,为王先生预订 3 间客房。

任务三 PMS 入住/在店/离店操作

前台员工在接待的同时,使用 PMS 为宾客办理入住手续,而且需要讲究一定的办理入住手续流程。宾客在店期间,PMS 操作涉及在店宾客确认、换房的特殊性和住房特殊性。

能够按照 PMS 的操作要求完成宾客入住、在店期间服务、结账与离店工作,是 1+X 职业技能等级(中级)认证的考核要求。

子任务 1　宾客入住操作

基础知识 ▼

1. PMS 宾客分类

前台接待员在接待宾客的同时,使用 PMS 为宾客办理入住手续。按照宾客是否有预订及预订日期与到店日期的先后关系,将入住宾客分为预订日入住宾客、提前入住宾客、无预订宾客三类。

2. PMS 入住操作的流程延展

前台接待员完成办理入住手续流程后,尚须在 PMS 中完成客户资料整理、收银票据整理、PSB 数据上传等操作。除 PMS 外,入住操作还需要使用收银设备(信用卡/移动支付等)、房卡系统等,是酒店服务过程中操作最复杂、信息化程度最高的操作之一。入住完成后,系统自动完成业务状态、客房状态变更。

3. PMS 入住操作的数据关联

入住操作完成后,宾客状态变为"在住"(Checked In),PMS 会标识出"预订入住"(Checked In)和"无预订入住"(Walk In),原因在于两种入住的价格体系、管理流程存在不同。入住操作会改变客房状态,在正常情况下,客房状态将由"空净"(Vacant Clean,缩写 VC)变为"占用净"(Occupied Clean,缩写 OC)。

实践操作 ▼

按照 PMS 的操作要求,结合对客服务规范完成散客宾客入住工作(见表 2-8)。

表 2-8　PMS 散客入住服务基本操作流程与标准

步骤(Steps)	怎样做/标准(How/Standard)	提示(Tips)
(1) 问候宾客,查询预订信息	• 对获取的信息进行处理、查询、确认,确定宾客是否有预订	• 注意重要信息的核实 • 将 PMS 操作与服务有机结合
(2) 确认预订信息,获取证件	• 与宾客确认预订信息 • 获取宾客身份证件并确认有效(一些地区需要人脸比对或识别)	• 确认证件有效后办理入住手续 • 入住手续完成后上传 PSB 信息 • 注意未成年人的信息处理
(3) 根据实时房态分配房间	• 结合宾客需求分配房间 • 注意与宾客确认房号、客房信息等	• 对于特殊信息,注意提醒宾客,如楼层、朝向、装修、噪声等
(4) 完成押金操作	• 现金押金的处理,填制押金收取单 • 信用卡预授权 • 现付宾客(不收取押金)的处理	• 注意信息安全和宾客隐私保护 • 提醒现付宾客(不收取押金)将无法挂账,且电话权限受控
(5) 打印登记单	• 打印入住登记单(RC)并请宾客签字	• 注意签字的一致性(如信用卡等)

续表

步骤(Steps)	怎样做/标准(How/Standard)	提示(Tips)
(6) 制作房卡	• 在 PMS 中更改房态,为宾客制作房卡 • 填写离房卡套,递送房卡 • 感谢入住,为宾客指引电梯方位	• 注意房卡套字迹清晰、易认 • 在服务过程中,禁止高声说出宾客全名
(7) 整理资料和收银凭证	• 根据酒店标准整理宾客资料 • 整理信用卡单据、押金单等凭证	• 注意境外信用卡的处理流程 • 所有凭证与入住登记表一同存放
(8) 上传 PSB 所需数据	• 登录 PSB,输入并上传宾客信息	• 注意外籍宾客的处理 • 注意特殊宾客的记录和上报

※学生实训——宾客入住操练

1. 假定酒店有足够的空净房,完成一位有预订的宾客入住操作。
2. 假定酒店有足够的空净房,完成一位无预订的宾客入住操作。

子任务 2　宾客在店操作

基础知识 ▼

1. 在店宾客确认

前台为宾客办理入住之后,宾客成为在住宾客,宾客在住期间除享受客房住宿外,还可以体验酒店各种服务,服务档次高低和项目多少是酒店服务与管理水准的重要标志。以下状态表明宾客属于在店宾客:预订入住(Checked In)、无预订入住(Walk In)、预期离店(Due Out)和延期续住(Extended)。

2. 换房的特殊性

换房(Room Move)是较为特殊的服务,该操作会影响客房状态,需要与客房部沟通和协调,避免带来不必要的麻烦。换房操作后,需更新 PSB 中宾客的房号信息,确保酒店上报数据的准确性。

3. 住房的特殊性

宾客完成入住后,客房处于"占用净"(OC, Occupied Clean)状态,夜审后所有状态为"占用"(Occupied)的客房状态变更为"脏房"(Dirty),楼层服务员实施客房清洁后再次将客房状态从"脏房"(Dirty)变更为"清洁房"(Clean)。

在宾客的预期离店日,即宾客状态为"预期离店"(Due Out),客房状态也变更为"预期离店"(Due Out),尽管从前厅部的角度来看,预期离店(Due Out)是在住(Checked In)的一种特殊情况,但从客房部的角度来看,预期离店(Due Out)的客房需要楼层服务员的特殊处理,这些客房不需要客房清洁,而应当等宾客结账离店后再进行清洁。

实践操作 ▼

按照 PMS 的操作要求,完成系统操作和在住服务工作(见表 2-9)。

表 2-9　PMS 在住服务操作流程与标准

步骤(Steps)	怎样做/标准(How/Standard)	提示(Tips)
(1) 问候宾客,获取宾客房号、姓名信息	•对获取的信息进行处理、查询、确认,确定宾客是否为在住宾客	•注意重要信息的核实
(2) 根据宾客状态提供服务,并判断所需操作	•普通服务可以直接提供 •重要服务需要审核宾客信息 •收费服务需要抛账操作	•注意换房操作的特殊性,需要更新 PSB 信息 •访客接待需要上传 PSB 所需信息
(3) 完成操作	•完成服务后,应向宾客问好	•注意提醒特殊信息,如楼层、噪声等

※学生实训——宾客在住操练

1. 宾客未带房卡,确认宾客姓名蒋海琴,房号为 0808,电话号码后四位数字为 1234,是否可以为宾客开门?0802 客房的孔先生订单中是否包含早餐?

2. 某宾客来到礼宾部申请租车服务,礼宾部核实宾客信息后提供服务,之后如何将费用抛至宾客房账?

子任务 3　宾客结账离店操作

基础知识 ▼

1. PMS 结账离店操作服务对象

结账离店是酒店对客服务业务流程的最后一个环节,其操作服务对象包括本日预离(Due Out)宾客和提前离店(Early Departure)宾客;前者表明宾客完全执行合同,后者的本质是宾客未完全履约。

2. PMS 结账特殊情况处理

结账离店操作后,宾客状态为"离店"(Checked Out),若是宾客使用现金、支票支付,宾客账户为结清状态,收入在收银员日结时交至财务部或者投入酒店收银保险柜;若是宾客选择挂账(City Ledger),则费用转入应收账款(Accounts Receivable,AR),由财务部完成后续工作;信用卡收入由收银员提交刷卡单据,由财务部联络发卡银行获取收入。结账离店操作后,宾客状态会变更为"离店"(Checked Out),当客房内最后一位宾客离店后,客房状态变更为"空脏房"(Vacant Dirty)。

实践操作 ▼

按照前厅宾客离店服务要求,完成 PMS 宾客结账离店服务操作(见表 2-10)。

表 2-10　PMS 宾客结账离店服务操作流程与标准

步骤(Steps)	怎样做/标准(How/Standard)	提示(Tips)
(1) 问候宾客，获取宾客房号信息	·对获取的信息进行查询、确认，确定宾客是否为在住宾客	·注意核实房号、姓名等关键信息
(2) 确定宾客账单余额和应付金额	·账单余额为0，可以快速离店 ·房费由公司统一支付的处理方法 ·普通结账收银	·注意多种支付方式的审核
(3) 收银	·现付/信用卡的处理方式 ·计入应收账款的处理方式	·注意核实支付方式的有效性 ·离店而不关闭账户
(4) 收银整理	·整理预订确认函、入住登记单、消费水单、消费明细、银行刷卡签购单等单据，留存备查	·涉及境外信用卡时，应核实宾客签名的有效性
(5) PSB信息上传	·登录PSB，为宾客办理离店手续	·注意上传信息的及时、有效

※学生实训——PMS 结账

1. 某宾客状态为本日"预期离店"(Due Out)，入住时刷信用卡预授权入住，且已经提前支付所有费用，账户余额为0，为宾客办理结账离店手续。

2. 某宾客状态为本日"预期离店"(Due Out)，结算方式为现金，为宾客办理结账离店手续。

3. 某宾客原计划明天离店，因行程变更提前来办理结账离店手续，结算方式为现金，为宾客办理相关手续。

任务四　PMS 夜审与房管操作

在房务管理系统内，客房部主要与前厅部进行沟通，尤其是与前台区域的联系，借助 PMS，客房部与前台可以迅速完成信息的即时交互。

能够按照 PMS 的操作要求完成夜审与客房管理操作工作，是1+X职业技能等级(中级)认证考核的要求。

基础知识 ▼

1. PMS 审计(夜审)

酒店审计的工作是每日检查在前台记录的交易账目是否与财务记录的一致，这种日常工作能够确保前厅账务工作的准确性、完整性和可靠性。

在使用 PMS 后，审计也称为"系统更新"，曾经由夜审员工承担的大部分工作，现已通过技术手段来执行。PMS 可自动过账房费并自动执行审计流程，审计工作已无理由必须在夜间进行，但"夜审"的名称依然在沿用。

2. 前厅部与房务部

对于大多数酒店来说，房务部能带来比酒店其他部门更多的收入。前厅部是房务部的收入中心,也是酒店最重要的收入中心。从这一点来看,房务部的其他部门都是前厅部的辅助中心,包括客房部、布草房和制服间等。其中客房部是酒店整洁、维护得当的保障部门,客房部不仅及时为宾客准备好整洁的房间,还对酒店的一切设备设施进行清洁和保养,以使酒店始终整洁如一。

※小资料——"PMS＋手机"房态管理

为解决不能及时向前厅部通报客房清理状况的问题,可将 PMS 直接与客房的电话系统进行连接。使用网络在客房内的电话上输入一个编码,即可改变相应房间的房态信息;而且 PMS 自动接收传来的信息,无须有人接听电话,也不会出现差错,只需几秒钟,就可完成房态更新。

最新的发展是通过手机进行更快捷的管理,随着移动互联网的发展,应用手机 App、微信小程序等工具,使构建客房管理实时沟通的移动平台成为可能,国产软件在这一领域有更多创新。在互动服务平台上,服务员不仅可以"读取"信息,还可"上传"信息,如将客房消费入账、宾客洗衣信息、工程故障等上报,也可及时获取其他信息,如前台的抢房通知、宾客入住信息等,以有效提高客房服务与管理的效率。

实践操作 ▼

按照酒店夜审工作要求,完成 PMS 夜审与客房管理工作(见表 2-11)。

表 2-11 PMS 夜审与客房管理工作流程与标准

步骤(Steps)	怎样做/标准(How/Standard)	提示(Tips)
(1) 前台问候宾客,通知客房部查房	·告知客房楼层服务员,实施查房 ·如有费用,则按流程处理	·关注离店前的宾客状态和客房状态 ·免查房策略分析
(2) 办理结账离店手续	·按照结账离店流程办理	·关注离店后的宾客状态和客房状态
(3) 告知服务员清洁客房	·告知客房楼层服务员清洁客房 ·区别住客房和退客房的操作	·注意核实支付方式的有效性 ·离店而不关闭账户
(4) 通知客房服务中心修改房态	·客房服务中心员工将客房状态修改为清洁状态	·注意及时修改房态

※学生实训——PMS 夜审房态及账单查验

依照夜审前—夜审后—结账时的顺序,在 PMS 上观察宾客房间状态及账单余额:

(1) 夜审操作前:寻找一间次日离店的客房,观察该客房中的宾客状态为(　　),客房状态为(　　),宾客账单余额为(　　)。

(2) 夜审操作后:再次观察该客房和宾客——该客房中的宾客状态为(　　),客房状态为(　　),宾客账单余额为(　　)。

(3) 办理结账手续时:再次观察该客房和宾客——该客房中的宾客状态为(　　),客房状态为(　　),宾客账单余额为(　　)。

任务五　PSB 操作

PSB,即旅馆业治安管理系统,也称旅业系统,是公安机关部署、酒店住宿企业使用的信息系统,由酒店前台接待员录入并上传宾客信息(姓名、身份证号码、入住时间、房间号码等),完成酒店治安管理的任务。

了解旅馆业治安管理系统的功能和作用,掌握旅馆业治安管理系统的专业术语,能够对旅馆业治安管理系统有基本认知,是 1+X 职业能力(初级)认证的考核要求。其中,涵盖了身份证件有效性识别、宾客信息上传和特情应对三项子任务。

子任务 1　身份证件有效性的识别

基础知识

1. PSB 的主要作用

PSB 系统与人口信息系统(包括流动人口和重点信息系统)、CCIC 系统(全国犯罪信息中心信息查询平台)、机动车管理和盗抢信息系统等建立后台数据连接,能够及时发现问题,有效避免安全隐患。

2. 身份证件的有效性

证件有效性确认,是办理入住的前提条件。在我国,身份证件的有效性如表 2-12 所示。

表 2-12　身份证件的有效性

人群分类	有效证件	注意事项
16 岁以上公民	居民身份证 或临时居民身份证	・注意证件有效期 ・前厅部接待员确定证件有效性时,应确定两点:(1) 人证一致,即通过照片等信息与证件的对应关系,人脸识别技术大幅度提高了这一操作的速度和准确性;(2) 确认证件的有效性,即应结合宾客信息、证件信息和背景信息进行综合分析,确保证件合法有效 ・居住地为中国内地的中国公民不可以使用护照;居住地为境外的中国公民可以使用护照 ・除外国公民护照的有效期,还应关注其签证的有效期;外国居民获取中国永久居留证的,可以使用永居证(俗称"中国绿卡")
16 岁以下公民	居民身份证或户口簿	
中国人民解放军军人	军人身份证	
香港居民 澳门居民	港澳居民来往内地通行证	
台湾居民	台湾居民来往大陆通行证 或者其他有效旅行证件	
外国公民	护照	

3. 公安部门验证登记主要要求

（1）入住登记要"四实"：实名（住宿人与登记人要相符）、实数（登记人数与实际入住人数要相符）、实情（如实登记住宿人证件信息）、实时（登记后要立即上传住宿信息）。

（2）未成年人入住"五必须"：须查验入住未成年人身份并如实登记报送相关信息；须询问未成年人父母或者其他监护人的联系方式并记录备查；须询问同住人员身份关系等情况并记录备查；须加强安全巡查和访客管理，预防针对未成年人的不法侵害；须立即向公安机关报告可疑情况并及时联系未成年人的父母或其他监护人，同时采取相应安全保护措施。

实践操作 ▼

按照 PSB 的操作要求，完成身份证件有效性的识别工作（见表 2 - 13）。

表 2 - 13　身份证件有效性的识别规范

步骤（Steps）	怎样做/标准（How/Standard）	提示（Tips）
（1）获取宾客信息	·通过对话了解宾客信息	·身份证件查验是办理入住的前提条件
（2）获取宾客身份证件	·判断宾客证件有效性	·此类宾客应当出具何种身份证明
（3）判断宾客与证件是否一致	·根据宾客照片判断人证是否一致 ·正确调用 PSB 相关功能 ·准确输入查询信息	·结合宾客信息、证件信息和背景信息进行综合分析、判断 ·保证录入信息的准确性
（4）判断证明的有效性	·正常信息的获取 ·查询失败的处理	·注意证件有效期 ·注意信息安全和宾客隐私保护

※ 学生实训——判定宾客是否可以入住

宾客来到前台办理入住，并提交了个人身份证明（实训用模拟身份证件样本或虚拟仿真系统生成的电子身份证明），请判断该身份证明的有效性，是否可以为该宾客办理入住手续？

子任务 2　宾客信息上传

基础知识 ▼

1. 公安主管部门对酒店入住登记信息的管理要求

公安主管部门规定：酒店的经营须统一使用 PSB 系统网络发送给公安主管部门。在每日 12:00 前把前一天的临时住宿登记信息输送到公安主管部门的电子计算机室。没有入网的单位（包括入网后因停电、机器故障等原因不能传输的单位）每天 10:00 前派人把前一天的《临时住宿登记表》报送公安主管部门。

2. PSB 输入流程

（1）登录 PSB：双击"旅馆业治安管理信息系统（PSB）"图标，输入用户名及密码，如用户名"×××"、密码"××××××"。

（2）中国二代身份证用"证件通"的读卡区读出资料直接录入，其他证件用扫描仪扫描后手工剪切读出资料再录入。

3. PSB 信息上传时段

前台接待员查验宾客证件信息无误后，为宾客办理入住手续，分配房间、收取押金、制作房卡，在完成宾客入住、入住期间更换房间、宾客离开前台后，应及时将宾客身份信息和入住信息通过 PSB 系统上传。目前，PSB 系统已经集成国内宾客、国外宾客的信息，实现了"一站式"上传功能。在上传信息时，需要根据实际情况录入信息，做到"四实"，即实名、实数、实情、实时。

4. PSB 信息上传要求

在 PSB 中，需要根据业务输入相应的宾客信息、入住信息和其他信息。随着技术的发展，大多数信息由 PSB 自动填写或读取身份证获取，但房号、车辆号码、人证情况等，依然需要前台接待人员认真输入。酒店为宾客办理以下业务时，需要通过 PSB 系统上报数据。

（1）登记。登记操作是 PSB 最重要的功能，在宾客入住、访客等情况下使用，每位宾客入住后应及时上传数据，需要上传宾客信息（身份证件类型、号码、性别、出生日期、地址、发证机关、发证日期、有效期等）、入住信息（入住酒店名称、入住时间、房号、酒店地址、酒店所属派出所名称）及其他信息（包括人证比对情况、随行车辆情况等）。

（2）离店。宾客离店时，需登录 PSB 完成离店操作，系统自动标注该宾客精确离店日期和时间。PSB 不会对房态和客房入住人数进行管控，在宾客离店后前台应及时更新 PSB，避免非正常数据的产生。

（3）换房。宾客在入住期间更换房间的，也需要登录 PSB 做换房操作。

（4）访客。根据访客接待制度，访客接待也需要在 PMS 中记录并上传至 PSB 中。

实践操作 ▼

按照 PSB 的操作要求，完成系统操作和宾客信息上传工作（见表 2-14）。

表 2-14　PSB 宾客信息上传操作规范

步骤（Steps）	怎样做/标准（How/Standard）	提示（Tips）
（1）获取宾客信息和需求	·通过对话了解宾客信息 ·宾客入住时，提交身份证件	·身份证件查验是办理入住的前提条件 ·应仔细核验住客身份证件
（2）操作 PSB，上传相关信息	·根据所学知识，判断应进行的操作	·保证录入信息的准确性
（3）保存操作结果	·正确调用 PSB 相关功能，准确输入查询信息	·注意信息安全和宾客隐私保护

※学生实训——PSB系统数据上传

1. 宾客A正常办理入住手续并入住0601客房,使用PSB系统完成数据上传工作。
2. 宾客B正常办理入住手续并入住0602客房,正常结账退房后使用PSB系统完成数据上传工作。

子任务3 信息上传特情应对

基础知识 ▼

1. 无数据上传特殊情况处理

（1）酒店特殊状态。在酒店停业等特殊情况或者酒店出租率为零时,需要在PSB中进行相关操作,防止产生异常数据;同时,及时收取公安机关发布的通知、协查公告等信息,否则也会造成酒店状态特殊。

（2）特殊故障导致无法上传。当遇到设备故障、停电等特殊情况时,酒店需向所属公安派出所上报手工填写的入住登记单,并通过派出所的集中录入软件传送宾客信息。

2. 发现可疑犯罪分子后应注意的问题

（1）一定要掌握"内紧外松"的原则,要注意方法、讲究策略,稳住可疑对象,不要让对方觉察出来,以免打草惊蛇。

（2）一定要与各方面取得联系,严密控制可疑对象,但要注意一定不要把酒店搞得戒备森严;要把严密控制和热情服务紧密结合起来,使整个酒店保持正常的气氛。

（3）一定要认真依法办事,注意政策(识别犯罪分子的目的是将罪犯抓获,使其受到应有的惩罚,打击犯罪,为民除害)。

（4）一定要在公安人员联系酒店或者上门时,主动配合并密切关注事态走向。

（5）一定要注意应对策略、方式方法,保护好前厅工作人员自身安全。

实践操作 ▼

利用学校PSB的仿真系统,按照PSB的制度要求,完成典型行业案例查询工作(见表2-15)。

表2-15 PSB典型行业案例查询操作规范

步骤(Steps)	怎样做/标准(How/Standard)	提示(Tips)
(1) 获取宾客信息和需求	·寻找正确处理、抓获逃犯、破获案件等典型正面案例 ·寻找错误处理,造成酒店损失、行政处罚、拘留罚款等典型失败案例	·案例应具有代表性
(2) 对案例进行分类整理整合	·运用所学知识,分析负面案例的产生根源以及如何避免类似事件再次发生	·在整理归类过程中,不断总结经验与教训

※学生实训——宾客信息处理

通过虚拟仿真实训系统,根据宾客服务流程,对宾客A的身份信息进行有效处理。

模块二 术语与表格认知

> **任务导入**
>
> 表格＋文案——掌握有关文案的职业技能等级认证考核要求
>
> 1. 教师梳理、整理本教材上编有关前厅接待服务所需的表格和文书类型,并向学生明确提出1＋X职业技能等级认证的考核要求:(1)了解前厅部常用表格/文书/术语的类型;(2)掌握前厅部常用的表格填写方法和文书编写规范;(3)能够按照常用表格、文书的填写规范要求,完成文案编写工作;(4)能够使用前厅专业术语,完成前厅对客服务工作。
>
> 2. 各小组结合《客房服务与管理》《酒店管理》《酒店数字化营销》《大学语文》等课程的学习,自我拓展有关酒店运营管理的表格知识与技能范围。

任务一 常用术语认知

前厅专业术语属于对客服务用语的一种,它是用来描述前厅服务与管理中特定概念的专门术语,是酒店运营管理的一种特殊表达方式,具有名词性、准确性、固定性和通用性的特点。1＋X职业能力认证考核(初级)要求:掌握前厅专业术语,根据其规范要求,在实际场景中完成对客服务工作。

基础知识 ▼

1. 客房类型术语

客房类型(Room Type,客房种类),业内习惯称为"房型"。高星级酒店的房型通常包括以下几种:单人间(Triple Room)、双人间(大床间,Double Room)、双床间(Twin Room)、三人间(Triple Room)、商务间(Business Room)、总统套间(Presidential Suite)、普通套房(Standard Suite)、立体套间(Duplex Suite)、豪华套间(Deluxe Suite),以及残疾人房、外景房、相邻房、角房等特殊客房(Special Room)。

2. 房间状态术语

房间状态(Room Status),业内习惯简称为"房态"(见表2-16)。

表2-16 酒店房态术语使用规范

类别(Category)	英文(English)	代码(Coad)	提示(Tips)
干净的住客房	Occupied Clean	OC	·有宾客入住的并且已清洁过的客房
干净的空房	Vacant Clean	VC	·无宾客入住的且清洁过的房间

续表

类别(Category)	英文(English)	代码(Coad)	提示(Tips)
住客脏房	Occupied Dirty	OD	• 有宾客入住的但还没有清洁的客房
无住客脏房	Vacant Dirty	VD	• 无宾客入住又未清洁、整理的客房
短期维修房	Out of Service	OOS	• 有小维修而暂时不能出租的客房
长期维修房	Out of Order	OOO	• 长时间维修而不能出租的客房,简称"坏房"
走客房	Check Out	C/O	• 住客已退房,正处于清扫、整理过程中的客房
保留房	Blocked Room	B/R	• 为VIP、会议团队、回头客以及对房间有特殊要求的宾客提前预留的客房
请勿打扰房	Do Not Disturb	DND	• 宾客开启了"请勿打扰"指示灯或是在客房的外门把手上挂了"请勿打扰"指示牌的客房
外宿房	Sleep Out	S/O	• 宾客已办理入住登记手续但却未入住的客房
双锁房	Double Locked Room	D/L	• 门被宾客或酒店出于某种目的而双锁的客房

3. 计价术语

按照国际惯例,通常可以分为五种计价方式(见表2-17)。

表2-17 酒店计价方式的使用规范

类别(Category)	英文(English)	代码(Coad)	提示(Tips)
欧式计价	European Plan	EP	• 只计房租,不含餐费
美式计价	American Plan	AP	• 房价包括房租,还包括一日三餐的费用
修正美式计价	Modified American Plan	MAP	• 房价包括房租和早餐费用,还包括一顿正餐(午餐、晚餐任选其一)
欧陆式计价	Continental Plan	CP	• 房价包括房租和欧陆式早餐
百慕大式计价	Bermuda Plan	BP	• 房价包括房租和美式早餐

4. 前台接待与前厅管理中英文专业术语

前台预订、接待与前厅管理专业术语能够确保信息准确传达、流程规范执行,助力酒店高效开展预订与接待工作,提升服务与管理质量、运营效率和宾客满意度。其具体含义及其使用场景主要散见于本教材项目二的模块一、项目三,以及项目六、项目七之中。此处,仅作基本归类。

(1)房价类:净房价(Net Rate)、商务房价(Commercial Rate)、家庭价(Family Rate)、平均房价(Average Room Rate)、门市房价(Rack Rate)、标准价(Benchmark

Rate)、团队价（Group Rate）、小包价（Package Plan Rate）、折扣价（Discount Rate）、白天租用价（Day Use Rate）、淡季价（Low Season Rate）、旺季价（High Season Rate）、加床费（Rate for Extra Bed）、免费（Complimentary）等。

（2）订房/分房类：房间预订（Reservation）、确认订房（Confirmed Reservation）、超预订（Over Booking，即超额预订）、更改预订（Amendment）、取消预订（Cancellation）、保证订房（Guaranteed Booking）、订房预测（Room Forecast）、订房提前量（Booking Lead Time）、预先分房（Pre-Assign）、预先登记（Pre-Registration）等。

（3）日期与时间类：停止出售房间的日期（Closed Date）、留房截止日期（Cutoff Date）、抵离日期（Arrival/Departure date）、抵店时间（Arrival Time）、离店时间（Departure Time）等。

（4）入住/离店类：预订宾客入住（Check In）、无预订宾客入住（WalkIn）、取消入住（Cancel Check In）、办理入住登记手续（Check-In）、办理退房结账手续（Check-Out）、结账离店（Check Out）、提前离店（Early Departure）等。

（5）管理类：标准作业程序（StandardOperatingProcedure，SOP）、酒店用房（House Use）、零散宾客（Free Individual Tourist，简称FIT）、房间客满（Full House）、预付金（Advanced Deposit/Paid in Advance）、没有预先通知取消又未预期抵达的订房（No Show）、住房率（Occupancy）、房态差异（Room Status Discrepancy）、房态管控（Room Status Control）、房态校对报告（Room Status Verification Report）、推销高价房（Up-Selling）、双重出售（Double Check-in）、半天用房（Day Use）、升级服务（Upgrade）、包价服务（Package）、免费接待（Complimentary）、接车服务（Pick Up Service）、酒店连锁（Hotel Chain）、对客服务全过程（Guest Cycle）、交叉培训（Cross Training）、投诉（Complain）、客史档案（Guest History Record）、工作职责描述（Job Description）、行政楼层（Executive Floor）、管家服务（Butler Service）、金钥匙服务（Golden Key Concierge）、店值经理（Manager on Duty，MOD）等。

※学生实训——前台专业术语速记

1. 术语学习与记忆

集中授课。教师课堂讲解房价、预订、入住等行业术语，结合酒店前台预订、接待实例，阐述术语定义、特点及常见场景，帮助学生直观理解。

制作术语卡片。学生自制卡片，一面写术语，另一面写解释与示例。如"净房价（Net Rate）"，注明"商务合作中，不含服务费、税费的房价，像某酒店与企业协议，企业客房价300元/晚"，可用彩笔标注重点辅助记忆。

2. 术语竞赛比拼

竞赛准备。准备术语解释、场景应用选择、术语填空等竞赛题。如解释"超预订（Over Booking）"，选房间客满应对措施，填"宾客办理退房结账手续"英文表述。

竞赛形式。开展小组竞赛，初赛笔试选小组进决赛。决赛现场抢答，设必答、抢答、风险题。学生答题用专业术语阐述，表现优者获"术语小能手"证书、专业书籍奖励。

任务二 前厅常用表格

反映前厅运营管理及酒店经营状况的各类表格,是酒店各部门之间进行信息沟通的有效形式,也是酒店管理者进行管理决策的重要依据。1+X 职业技能等级(初级)认知考核要求有三:(1)了解前厅部常用表格类型;(2)掌握常用表格填写的方法;(3)能够按照常用表格填写的规范要求,完成文案编制工作。

基础知识 ▼

1. 前厅常用表格类型

(1)前台接待类常用表格:临时入住登记表、押金收据、付款授权、团队接待通知单、杂项收费单、变更通知单、贷方冲减、免费房/内部自用房预订单等。

(2)礼宾接待类常用表格:礼宾部服务记录表、物品存放/领取表、礼宾部租/借物品登记表、物品寄存登记表等。

(3)客服(商务)中心和总机服务类表格:总机叫醒服务登记表、免打扰记录单、商务中心每日收入控制表等。

2. 表格填写的方法及要求

规范正确地填写表格,不仅可以清晰明了地得出经营的数据,同时可以起到留存为客史资料的作用。具体要求如下:

(1)表格填写要注意用词准确、无歧义,表格整体要美观;

(2)表头所填写内容应居中(为了保证美观性和规范性);

(3)表格都应该是电子版填写然后打印,手写无效(签字一栏除外);

(4)不能修改表格属性,单元格不够大时,应优先选择调整字体大小或调小字间距;

(5)相应签字地方应该由相应单位负责人签字后才能生效;

(6)表格的表头准确性非常重要,一般情况下表头填写出问题都会返表。

3. 前厅常用表格中英文术语

酒店前厅接待工作表格能精准记录宾客信息、顺畅衔接各业务环节、有力支撑运营决策,助力接待工作高效有序开展,提升宾客服务体验。前厅接待服务常见的表格有:

定金收据(Advance Deposit)

团队接待通知单(Team Reception Notice)

贵重物品寄存卡(Safe Deposit Record Card)

行李寄存单(Luggage Storage Sheet)

团队行李进出店登记表(Group Luggage Registration Form)

入住登记表(Registration Form)

客房预订单(Room Reservation Form)

退房登记表(Check-out Form)

宾客留言单(Guest Message Slip)

房态表(Room Status Report)

客人账单(Guest Bill)

叫醒服务记录表(Wake-up Call Record)

免打扰记录单(No Disturbance Record Form)

投诉记录表(Complaint Record Form)

前台交接班登记表(Front Desk Shift Change Log)

VIP 宾客接待表(VIP Guest Reception Form)

委托代办书(Agency Services)

预期抵达表(Expected Arrivals List)

预期离店表(Expected Departures List)

等候名单(Waiting List)

房价表(Tariff)

接机任务单(Airport Pick-up Task Sheet)

遗留物品登记单(Lost and Found Registration Form)

续住通知单(Extended Stay Notice)

催离单(Check-out Reminder)等。

【特别提示】以上常见表格术语因篇幅所限,其样式在此不一一列举,需要各学习小组在专业教师的指导下自行找寻、识读并加以填写练习。

※小资料——临时住宿登记表填写注意事项

境外人员临时住宿登记表填写注意事项:外国人必须有英文名字,中国人必须有中文名字;英文名字不得填缩写(照片页)。国籍在有照片的那一页,不要把国籍填成永久地址,台湾要写成中国台湾,香港、澳门亦如此。填写护照时,证件号码处要填写护照号码(照片页)。准确填写入境日期、入境地点、签证号码、签发机关。如宾客持"中国护照",登记时,停留有效期则写护照有效期,将宾客现定居地(外国)填入永久地址。谨记"先登记,后住宿"的原则,严格执行,有不清楚的及时问主管或出入境管理支队,一旦发现有签证过期的,提示宾客先去续签。

模块三　委托代办服务

▶ 任务导入 ▶

查用资料——了解酒店委托代办工作内容和流程

学生通过一定的渠道,了解现代高星级酒店宾客委托代办的工作内容和酒店委托代办服务工作规范。任课教师播放事先准备好的有关酒店代办服务的视频资料或文字资料,侧重点有二:一是有关演艺(戏剧)活动的委托订票流程,或者是机票的代订流程;二是代办邮寄快递的服务流程。

任务一　订票与快递服务

受宾客委托,酒店为了给住店宾客提供更好的消费体验,帮助宾客处理他们想做但没有时间做或者没有能力做的事情,即属于委托代办服务。

了解酒店宾客委托代办的工作内容和酒店委托代办服务工作规范,掌握演艺活动等订票流程和快递服务流程,能够按照酒店委托代办服务工作规范,准确及时地完成宾客所委托的订票及收费快递的服务,是1+X职业认证(中级)考核的指定要求。

基础知识 ▼

1. 委托代办事项的范畴

但凡是宾客提出的,只要是"合法、合理"的委托要求,酒店都将尽一切可能为宾客提供代办服务。委托代办服务的范围不仅仅局限在酒店内部,往往会延伸到城市内甚至城市以外或更远的区域,但各酒店的委托代办服务能力存在差异。

2. 委托代办协议的概念

酒店为宾客提供有偿或无偿的委托代办服务时,为了明确委托方与代办方的权利与义务,双方往往要签订委托代办协议,通常酒店会根据常规服务项目要求,提前制定好委托代办协议的固定格式文本。

实践操作 ▼

按照酒店代办服务规范,完成代客订票和代客邮寄快递工作(见表2-18)。

表2-18　代客订票和代客寄快递工作规范

什么(What)	怎样做/标准(How/Standard)	提示(Tips)
(1) 代客订票	▼代购演艺(戏)票 · 熟悉本地特色演艺中心(场所)、戏院、音乐厅等的地址、电话、联系人 · 礼貌迎宾,详细了解宾客观赏需求 · 请宾客填写委托代办协议书	· 须提前向宾客声明取消的条件 · 明确如宾客需求无法满足时,可作何种程度的变通 · 适时协助宾客外出观赏
	▼代购机/车/船票 · 礼貌迎宾,详细了解宾客代订需求,问清楚并记录好宾客的姓名、房号、需要预订的交通工具类别、所乘日期、班次、时间等 · 确定了上述内容后,要按客人的要求及时与民航、铁路、轮船公司或汽车公司联系购票或订车 · 购票成功后,通知宾客届时凭证件到委托代办处取票 · 接收宾客的票款和手续费时一定要点清 · 交给宾客票和余款时应请客人当面点清(票的班次、时间一定不可弄错)	· 若宾客所订时间的车、船、机票已售罄,或没有机票有火车票,或没有客人要求的班次而有另外的班次,应及时征询客人的意见,宾客同意改订后再向有关交通部门确定 · 客人取票时,应将客人的证件审查清楚,看是否有到所去国家或地区的签证,证件是否在有效期内等,否则,不予取票 · 若有的宾客要求将票送到房间时,应立刻将票送到房间当面交给宾客

续表

什么(What)	怎样做/标准(How/Standard)	提示(Tips)
(2)代客寄快递	·礼貌迎宾,接受宾客快递要求 ·介绍快递服务收费情况,听取宾客快递要求 ·询问宾客是否需要对邮寄物品进行保价 ·收取快递物品,核验物品是否符合法律规定 ·留下寄件人与收件人信息 ·填写委托代办协议书,收取快递预付款 ·寄件后反馈信息给宾客、找零	·熟悉快递寄送规定与收费标准 ·推荐符合宾客需要的快递公司 ·快速联络快递员上门取件,不可积压 ·详细确认寄件人和收件人信息,避免错寄 ·对易燃品、危险品要坚决拒绝运送和邮寄

※学生实训——模拟订票+寄快递

1. 以小组为单位,根据所在地区的知名演艺活动,按照酒店委托代办服务工作规范,模拟演练宾客委托的订票服务。

2. 以小组为单位,根据所在学校的实际情况,设定某具体情景,按照酒店委托代办服务工作规范,模拟演练同学委托的代寄快递服务。

任务二　其他委托代办服务

本任务中的代客泊车、代客租车、代客订餐、代客购物和代客借物,虽然不是1+X职业技能认证考核的必考项目,却是大多数高星级酒店日常运转必备的个性化、增值性服务项目。所涉及的服务流程和标准,对提升酒店服务与管理质量、提高酒店知名度和美誉度具有不可或缺的促进作用。

基础知识 ▼

1. 店外代办质量标准

代办服务质量的标准,概括地讲一般为:态度好、效率高;安全、周到。

2. 店外代办注意事项

(1) 代办服务之前请宾客填写代办委托书,需填写宾客的姓名、房号、手机号码等,并请宾客签字。

(2) 若是宾客需要代买感冒药或头痛药等日常用药,可让其填写药名后代办。若是宾客要买安眠药或对身体有害的药品,应告知其危险药品不可代办,并请宾客谅解。

(3) 对于可能产生的费用应与宾客当面说清楚,如来往交通费、代办费、购买物品费等。

(4) 为宾客外出办事时一定开好必要的发票并立刻返回,尽量为宾客节省费用;返回酒店后立即送至客房,并征求宾客的意见。

(5) 如果宾客的外购任务无法当天解决,请求宾客给予一定时间,合理进行解释。

(6) 为了提供一站式服务,宾客入住时已在前台缴纳押金,宾客借用物品时不再额外交押金,避免重复收取押金导致宾客体检不佳,只需要在PMS备注即可。

实践操作

1. 按照酒店代办服务规范,完成宾客委托代办泊车、租车事项(见表2-19)。

表2-19 宾客委托代办泊车/租车服务工作规范

什么(What)	怎样做/标准(How/Standard)	提示(Tips)
(1) 代客泊车	·酒店门前迎接宾客,提供迎接服务与行李服务 ·确认泊车服务委托 ·提供车辆钥匙寄存牌(Car Valet Parking Coupon) ·将宾客车辆安全开至停车库,妥善停放 ·妥善保管宾客车钥匙,登记服务记录表格,做好业务交接 ·宾客离店时,出示车辆钥匙寄存牌,将车辆开至酒店门前交给宾客,收回车辆钥匙寄存牌 ·礼貌告别宾客	·门前候客,需注意礼仪规范 ·宾客交接车辆时,提醒宾客处理好车内贵重物品 ·车辆停入车位后,认真检查停放是否安全,车辆门窗是否关闭妥当 ·宾客车辆钥匙保管妥当,每日交接清点,定时核实托管车辆安全状况 ·礼貌告别宾客后,需填写服务记录表格,并做好工作交接
(2) 代客租车	·整理酒店内部、外部租车信息资讯 ·接受宾客租车委托 ·详细介绍车辆租赁收费标准和注意事项 ·询问宾客用车要求 ·填写委托代办协议 ·做好用车信息记录 ·收取宾客租车定金,填收款收据 ·再次向宾客确认所有租车服务信息 ·向宾客道别,填写服务记录表格,做好业务交接 ·联系酒店车队或店外车辆租赁公司确认租车安排 ·车辆安排妥当后,给宾客提供反馈 ·用车当天提前与租赁双方进行行程确认 ·与宾客进行费用结算,开出服务发票	·充分收集租车资讯,建立常态化联系,确保车源充足 ·耐心、详细解读租车收费标准,注意时长、里程和行驶距离的规定 ·了解宾客租车要求,包括用车时间、乘员人数、车型要求、行驶范围、是否需要驾驶员等 ·及时跟进租车进度,并及时向宾客反馈,如遇问题及时沟通 ·因任务时间跨度大,故要交接到位,并在宾客用车前再次与租赁公司及宾客进行确认 ·费用结算时,记得向宾客回收定金收据

2. 按照酒店代办服务规范,完成宾客委托代办订餐(店内)、购物和借物事项(见表2-20)。

表2-20 宾客委托代办订餐/购物/借物服务工作规范

什么(What)	怎样做/标准(How/Standard)	提示(Tips)
(1) 代客订餐(店内)	·接受宾客订餐委托 ·询问宾客用餐信息,推荐合适餐厅 ·做好订餐信息记录 ·再次向宾客确认订餐信息 ·向宾客道别,填写服务记录表格,做好业务交接 ·联系餐厅,确认订餐安排 ·订餐安排妥当后,给宾客提供反馈,与宾客和餐厅保持有效联系,及时处理突发事件	·了解宾客用餐要求,包括用餐时间人数、用餐场地要求、餐标范围、菜肴需求等 ·及时跟进订餐进度,并及时向宾客反馈,如遇问题及时沟通 ·由于任务时间跨度大,因此要交接到位,并在宾客消费前做好跟进沟通与确认

续表

什么(What)	怎样做/标准(How/Standard)	提示(Tips)
(2) 代客购物	·接受宾客代购委托 ·介绍酒店礼宾部外出代购物品收费标准 ·询问宾客购物信息 ·做好购物信息记录 ·填写委托代办协议,收取购物预付款,再次向宾客确认购物信息 ·向宾客道别,填写服务记录表格 ·安排人员外出代购 ·将购置的物品送至宾客房间,与宾客进行费用结算,向现付的宾客提供服务费发票 ·保留所有环节的采购票据和清单 ·道别宾客,填写服务记录表,做好工作交接	·所有代购均需要通过正规渠道进行 ·充分收集购物资讯,建立常态化联系,确保采购资源充足 ·了解宾客购物要求,包括品牌、规格、数量、可接受价格范围、替代品信息采购企业要求等 ·及时跟进外出采购进度,并及时向宾客反馈,如遇问题及时沟通 ·远距离采购发生的交通费需由宾客承担,须向宾客解释清楚 ·如采购的物品为药品,只能按宾客要求采购,不能向宾客做出任何形式的建议与暗示
(3) 代客借物	·接受宾客借用委托 ·询问宾客借物信息,做好借物信息记录 ·填写委托代办协议,说明收费标准 ·为宾客提供借用物品,提醒使用和归还要求 ·向宾客道别,填写记录表格,做好工作交接 ·收回借用物品,检查无误后退还押金	·配置酒店常用借用物资 ·根据物品价值,确定押金额度 ·关注借物房间宾客的住宿、退房情况,做好PMS标注与提醒 ·收回借用物品后,尚需再次向宾客说明相关费用,并在PMS标注

※学生实训——模拟代租汽车+代订午餐

1. 以小组为单位,了解所在地区的汽车租赁市场相关信息,按照酒店委托代办服务工作规范,模拟演练宾客委托的代订汽车服务。

2. 以小组为单位,根据所在学校周边餐饮店的实际情况,设定某具体情景,按照酒店委托代办服务工作规范,模拟演练同学委托的代订午餐服务。

◆项目小结

本项目通过列举PMS/PSB实操任务步骤与标准、前厅常用专业术语/表格内涵与样式,以及委托代办的具体任务和操办要求,指明了国家1+X职业技能等级认证(初/中级)考核有关前厅对客服务专项操作的范畴与规范,也为在校生能够掌握前厅对客服务和前厅运营管理应知应会内容提供了必要的技术、技能支撑。

◆应用与提高

案例分析▼

合约公司预订出错

十一黄金周期间,三亚××度假酒店的客房非常紧张。酒店合约公司宾客张先生预订了一间海景房,住三晚。下午一点多客人来到前台,当值接待员小海(实习生)查看了 PMS 预订后,便对宾客说:"预订找到了,费用由公司支付,只住一天。"宾客听了以后很不高兴地说:"不对啊,我是住三天啊。"小海机械地用没有丝毫变通的语气说:"我们系统就是这样预留的,你们有意见可以自己向公司人员提。"并且翻出预订单和传真给张先生看。

张先生马上联系公司,并将负责订房的工作人员批评了一顿。不久,该公司负责订房的工作人员重新发来新订单,改成入住三天,但从此以后三亚××酒店就再也没有接到过该合约公司的订房了。

请分析:是什么原因令该合约公司不再向这家酒店订房?

课内巩固 ▼

1. 假设酒店有足够的空净房,利用 PMS 完成一位无预订宾客的入住操作。

2. 某宾客状态为本日预期离店(Due Out),入住时刷信用卡预授权入住,且已经提前支付所有费用,账户余额为 0,利用 PMS 为宾客办理结账离店手续。

3. 你最喜欢的中国当代科学家是( ),为他(她)建立客户资料,利用互联网查询他(她)的相关信息,丰富客户资料信息。同时,请思考:此处应当建立哪一种类型的客户资料?为什么?

课外拓展 ▼

1. 2023 年 3 月 14 日,在 2023 年环球旅讯数智论坛·酒店专场(北京站)上,有专家提出"酒店并非在翻新阶段才接入数字化系统,酒店进行数字化改革有持续且深远的周期性""加盟商对加大数字化的投入热情相对没有那么高"等。

针对以上论坛专家观点,举办一次班级圆桌会议,深入讨论:如何不让数字化成为酒店的"表面功夫"。

2. 有业内专家称:近年来,随着移动互联网不断发展,社交、娱乐、购物、出行、餐饮等人们生活与工作的方方面面都在被颠覆。与此同时,大数据、传感器、移动支付、定位系统等数字技术在酒店领域的应用,重塑了酒店消费场景。在这个背景下,酒店行业的传统运营模式、商业模式等变得不再适用。

对此,你怎么看?请试着提出酒店前厅部在专家所称的背景下应该有的运营新模式。

项目三　前厅对客服务

◆ 德技并修

【立德树人】培养为宾客提供用心、专心、暖心的"三心服务"精神,做一名具有宾客至上、保护宾客隐私意识,追求"满意＋惊喜"服务境界的准职业人。

【应知理论】熟知本项目中所有任务的基本概念、类型和酒店前厅对客服务要求。

【应会技能】能够按照前厅任务的流程和标准,完成前厅对客接待服务工作,为宾客带来"满意＋惊喜"的优质服务体验。

目前,数字化背景下的酒店前厅对客服务,更加具有接触面广、业务复杂、服务场景多样及服务方式灵活等特点。本项目的所有任务是前厅服务接待及正常运行的核心内容,涉及酒店宾客一个活动周期——抵店前、住店中和离店后的各个环节,是当下数字化酒店前厅能够在"技术赋能＋营销升级＋管理转型"目标下进行"运营变革"的基石。

模块一　待客准备工作

任务导入 ▶

课前预习＋实践练习——了解待客准备内容

1. 客房预订学习内容主要包括散客、团队预订处理,如何控制预订,内容涉及的细节较多。因此,各小组课前自习,梳理学习各任务的"基础知识"和"实践操作"的内容及要求就变得非常必要,可将课前预习所掌握的知识点列出来于课堂上分享。

2. 本模块内容是1＋X职业技能认证(中级)考核的核心内容之一,任课老师可以设计一些实践活动,把学生分组到当地的一些酒店做调研,加深对客房预订知识的理解。

任务一　预订员预订准备

由于前厅部总机(现许多酒店也称为服务中心)是24小时运营,故有些大型酒店将散客预订功能交由前厅部总机处理,而团队预订依然设在酒店市场营销部或收益管理部;有些大型酒店的预订部完全归属于酒店市场营销部,但又需前台接待员帮助处理预订部下班后的紧急预订。

无论酒店规模大小、星级高低,所有酒店的前台接待员都要接待直接走入大堂要求马上入住的宾客,行业里习惯上称之为Walk-in宾客。因此,酒店前厅部处理的订单多为散客预订单。由此可见,前厅部员工也需要储备必要的有关客房预订的理论知识和操作技能。

预订员的准备工作一般包括了解预订的渠道、预订的种类和方式,熟悉日常工作的流程和要求,掌握预订确认、订单变更、不同类别预订的受理、市场及价格代码的细分、不同报价方式的运用等技能。

基础知识 ▼

1. 预订方式

在移动互联网技术被广泛应用的背景下,目前酒店预订渠道通常有:酒店官方网站、全球分销系统(GDS)、酒店自运营的新媒体账号、在线旅行社(OTA)网站、批发商/旅行社、商旅代理公司、酒店协议宾客直接预订、非协议宾客(直客)电话/邮件等传统方式预订以及前台 Walk-in 预订。另有一种预订方式,业内习惯简称为"机组"预订,一般指飞机、游船的乘务人员预订。这类预订的接待服务与普通的团队和散客预订有很大差别,酒店需要做特殊处理。

【特别提示】GDS 预订通常经过酒店官方网站的预订引擎进入预订系统。另外,"订"和"定"意有不同。"订"着重于商讨的过程,"定"着重于确定的结果。"预订"是指预先订购或预先订租,"预定"是指预先规定或约定。"订金"在法律上不具有担保合同履行的作用,"定金"具有法律效力。

2. 处理不同方式预订的注意事项

为提高客房平均价格和客房出租率,客房预订员在对客服务中,需要把握不同预订渠道服务中的注意事项(见表 3-1)。

表 3-1 处理不同渠道/方式预订的注意事项

类别	注意事项
旅行社和订房代理中心预订	·所有费用由旅行社或订房代理中心承担的,须要求对方在宾客抵达前发送书面信函 ·预订部收到发送的信息,确认信息准确后回传旅行社或订房代理中心
合同公司预订	·需让预订人使用公司邮箱或办公电话预订,方可享受协议价格(若是固定订房人可灵活处理) ·宾客费用现付类,可以先为宾客预留预订,办理入住手续时支付押金 ·宾客费用挂账类,需订房有效签单人以书面形式注明×××宾客××费用可签单挂账××公司并发送至预订部方可(如果仅房费挂账,宾客办理入住时收取杂费押金)
OTA 预订	·及时在 OTA 的 eBooking 后台监视订单信息并确认,按照订单信息及时在酒店 PMS 系统内完成预订
VIP 预订	·需根据 VIP 等级派送花果 ·通知相关部门提前做好准备工作
前台 Walk-in 预订	·对于前台 Walk-in 宾客预订,应注意宾客姓名拼写,必要时可请宾客自己拼写 ·旺季时,对于不能确定抵达时间的宾客,可明确告诉宾客,预订保留到 18:00

续表

类别	注意事项
电话预订	·电话预订的过程中由于语言障碍、电话清晰度等因素的影响,容易出错,预订员必须将宾客的要求认真记录,并在记录完毕之后,向对方复述一遍,等待宾客确认
邮件预订	·处理电子邮件(传真)预订时,需按对方订房资料回复确认函;回复的形式一般与宾客订房的方式一致,特殊情况除外,如宾客在订房时指定另外回复方式

3. 常见预订类型

(1) 非担保类预订(Non-guaranteed Reservation)。该预订是宾客没有提供预付款或押金的预订。绝大多数酒店对此类预订的房间保留至 18:00,之后会根据酒店入住率情况考虑是否取消该预订。

(2) 担保类预订(Guaranteed Reservation)。该预订指宾客有预付款担保,宾客保证前来住宿,否则将承担经济责任,而酒店在任何情况下都应保证落实的预订。对于担保类预订,酒店无论如何都应保证宾客到店后有房间或为其安排。

(3) 等待类预订(Waiting List)。该预订指在客房预订已满的情况下,再将一定数量的订房宾客列入等候名单中,一旦遇到有人提前退房或临时取消预订,且房间类型符合宾客所需时,酒店就可以通知等候宾客抵店。

4. 预订确认与订单变更

酒店预订部在宾客入住酒店之前向宾客发送预订确认书,可以说这是双方之间发生权利和义务的协议书。其内容包括:

(1) 重申宾客的预订要求,包括宾客姓名、抵离店时间、房间类型、房价及付款方式等。

(2) 声明酒店对宾客订房变更、未能如期抵店、逾期抵店等的处理规定。

(3) 对确认类预订的宾客要申明抵店时限,保证类预订的宾客要申明酒店收取订金。

如果宾客通过某个渠道预订酒店后还需要更改某些预订信息(如入住日期等),预订部可根据酒店可用客房状况、价格变动情况分析是否可以答应更改宾客的预订。若能满足宾客更改预订要求,预订员需要在酒店 PMS 系统中先进行操作,然后通过相应方式确认修改完成。

5. 酒店市场细分及代码分类

酒店的细分市场会因不同的酒店集团、酒店所在的不同地区等而有细微差异,但基本上都是由三个大的细分市场组成,即散客、团队及机组。散客又可以继续分为公司/政府、批发商/旅行社、在线旅行社(OTA)等,团队又可以继续分为公司会议团、旅行团、奖励团等,机组多为航空或轮船乘务机组。

根据购买酒店产品和服务的宾客群体需求、特征或行为等的不同,酒店会对其宾客市场进行细分,每一个酒店细分市场在 PMS 预订系统里都有一个独有的代码与之对应,预订员需要了解并熟练掌握自己所在酒店的细分市场是如何划分的。

酒店通常会针对每个细分市场制定不同的价格,每个价格都有一个代码与之对应;各细分市场相应的价格共同组成了酒店客房的基础价格体系,如表 3-2 所示。

表 3-2　某酒店市场细分及价格体系与代码

一级市场	二级市场	市场细分代码	价格名称	价格代码
散客	非协议价散客	FIT	最优可用房价	BAR
	非协议价散客	FIT	折扣促销	DIS
	非协议价散客	FIT	套餐包价	PKG
	政府协议价散客	GOV	政府协议价	GOV
	公司协议价散客	COR	公司协议价	COR
	批发商/代理商/旅行社散客	WSL	休闲散客价	LR1
	长住客	LSG	长住价格	LSR
团队	公司团队	MTG	公司团价	CG1
	政府团队	GOG	政府团价	GG1
	非系列旅游团	ADH	散团价	ADH1
	系列旅游团	SER	系列团价	TG1
机组	机组	CRE	机组价	CRE

表 3-2 仅为举例说明，每个酒店均可根据其所使用 PMS 系统要求的市场代码及价格代码起名规则自行命名，方便酒店内部理解即可。每个细分市场也会包括多个宾客，比如，公司协议价散客市场可能有几百家协议公司，对应的价格代码可能有几百个。

【特别提示】预订员在做预订时，一定要选对价格代码，出现在宾客能看到的账单页面的价格才会是对的，否则就会出错，甚至会导致后续的一系列问题包括宾客投诉——这是做预订时非常关键的一步。

实践操作 ▼

1. 根据工作需要，掌握酒店市场营销部预订员的日常工作流程(见表 3-3)。

表 3-3　预订员日常工作流程

步骤(Steps)	怎样做/标准(How/Standard)
(1) 签到准备	·签到，并在交班本上签名 ·打开所有工作需要使用到的系统、PC 电脑、OTA 登录后台和工作邮箱，确保预订部电话畅通 ·认真阅读交班本，查看并熟悉近期定房情况
(2) 处理跟进相关工作	·处理 No Show 扣款订单、归档预计到达订单、固定时段房态登记表 ·查看系统 Trace(跟进代办事宜)，并跟进相关事宜 ·会议报价：在会议登记本上登记相关信息并进行"循环"分配 ·处理电话咨询及预订：认真回答每一位宾客有关酒店的咨询，及时、准确地向宾客提供预订服务，详细记录好宾客的预订要求 ·处理邮件及 OTA 预订：及时录入系统并进行归档，未能及时完成的应交接清楚 ·跟踪团队预订和散客预订订单

续表

步骤(Steps)	怎样做/标准(How/Standard)
(3) 其他工作	・在下班前上传客房预测报表、团体到达一览表等关键性表格至 PMS 系统 ・与前台交接次日预计到达订单
(4) 签退下班	・下班时写交班记录,与下一班预订员交班;如没有接班预订员,须通知接待处预订部下班并将电话转去接待处,并签退下班

2. 为提高客房平均价格和客房出租率,预订员在对客服务中,需要把握对不同客房预订类型的掌控方法(见表 3-4)。

表 3-4 受理不同类别预订的方法

类别(Category)	常规做法(Conventional Practices)
(1) 非担保临时类预订	・重复确认宾客订房要求,包括宾客姓名、人数、抵离店时间、房间类型和数量等;双方就付款方式、房价问题达成一致意见 ・尽量问明客人到达时间或具体车次、航班号等 ・声明酒店取消预订的规定——未付定金或无担保的订房只能保留到宾客入住当天的具体时点(大多数酒店为 18:00,有时酒店会根据生意淡旺季等情况调整该时间) ・发电子预订确认书
(2) 保证(预付款担保)类预订	・遵循正常的订房流程 ・问清楚宾客抵达的时间或航班号、车次等 ・询问宾客可接受的担保方式 ・向客人说明保证金不予退还的条件
(3) 等待类预订	・查看可行性表,确认预订日期订房情况,确定酒店确实无法接受宾客预订 ・建议宾客更改预订要求,或向宾客提出建议,或提供其他酒店的相关信息 ・若宾客不接受建议,可请宾客留下姓名、电话,并且登记在"候补宾客名单"中,当有可卖房时立刻联系宾客确认其是否需要及安排后续可能发生的预订流程

3. 预订时,预订员需要选择酒店细分市场及价格代码的基本操作(见表 3-5)。

表 3-5 细分市场及价格代码选择基本操作流程

步骤(Steps)	怎样做/标准(How/Standard)	提示(Tips)
(1) 确认客源	・查看预订单上的客源信息渠道(协议公司、旅行社等的宾客预订一般都写有公司或旅行社名字)	・也可通过宾客的邮箱后缀辨识协议公司、旅行社等 ・来自 OTA 的预订都会有 OTA 名称
(2) 确认细分市场	・根据本酒店对细分市场的划分规则,确认此预订所在的细分市场及其名称	・PMS 系统内会有说明,也可找到市场营销总监或收益总监确认 ・注意商旅管(代)理公司发来的预订应该将其归类为协议公司市场
(3) 选择正确的细分市场代码	・在 PMS 系统内"市场代码"处下拉菜单选择其对应的代码	・在 PMS 预订系统内是选项操作
(4) 选择正确的价格代码	・确认客房价格种类后,在 PMS 预订系统内价格代码(Rate Code)处下拉菜单选择其对应的代码	・有些酒店的每个协议宾客都会有其对应不同房型的独有的价格代码,预订员需要掌握所在酒店的定义价格代码规则

4. 为了更好地开展客房增销工作,提高客房平均价格和客房出租率,客房预订员应掌握房价的报价增销技巧(见表 3-6)。

表 3-6 客房价格不同报价方式的运用规范

类别(Category)	怎样做(How)	提示(Tips)
(1) 试探性报价	·在与宾客达成客房预订意向后,再次确认宾客的预订,告诉宾客房间已备好 ·向宾客提供加价入住选择,与正常价格作对比,突出物超所值 ·试探宾客是否有升级入住的需要,把升级作为一种难逢的机会提供给宾客	·此法要求前台操作人员善于辨别抵店宾客的支付能力,能客观地按照宾客的兴趣和需要,选择提供适当的加价范围,以体现估量报价的准确性,避免宾客选择报价时犹豫不决
(2) 冲击式报价	·先报价格,再提出房间所提供的服务设施与项目等	·适合于价格较低的房间,主要针对消费水平较低的宾客
(3) 鱼尾式报价	·先介绍房间所提供的服务设施与项目以及房间的特点,最后报出价格	·适合于中档客房,主要针对消费水平中等的宾客
(4) 夹心式(三明治式)报价	·将房价放在推销服务中间进行报价,能起到减弱价格分量的作用	·适合于中、高档客房,也可针对消费水平高的宾客

※学生实训——预订更改

两名学生进行角色扮演,一名学生扮演酒店预订员,一名学生扮演需要更改原预订的宾客。其他学生进行观察点评,教师全程给予指导。

任务二 预订员预订处理

酒店前厅部的客房预订处理,是调节和控制酒店房间预订和销售的中心工作之一。随着网络技术的普及,宾客的预订方式由原来的电话预订、信函预订、合同预订、传真预订等变成了网络平台预订、微信预订、App 预订等。

1+X 职业技能等级(中级)考核要求:了解客房预订的基本类型,掌握客房预订的基本工作流程,能够按照客房预订的规范要求,完成对客服务工作。

子任务 1 网络预订

基础知识 ▼

1. 网络预订的渠道

随着"互联网+酒店"的快速发展,网络预订更加能够满足消费者的需求,也是国际上比较流行的一种预订方式。其一是在全球流行的网络预订中心进行线上预订,这种网络平台可以让宾客快速对比不同酒店的地理位置、价格和宾客网评分数等信息,如常见的 OTA 平台;其二是酒店官网预订、微信公众号预订和手机 App 终端预订等方式。

2. OTA 预订

OTA 预订是指旅游消费者通过网络向旅游服务提供商预订旅游产品或服务,并通过网上支付或者线下付款,即各旅游主体可以通过网络进行产品营销或产品销售,已成为众多单体酒店的重要预订渠道之一。因此,OTA 平台预订也越受到宾客的欢迎。

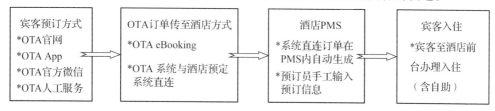

图 3-1 OTA 预订程序

3. OTA 预订注意事项

(1) 无特殊情况不得拒绝 OTA 预订单,如果因为特殊情况而拒绝 OTA 预订单,酒店 OTA 运营人员要及时向 OTA 相关业务人员说明情况,争取得到 OTA 平台及宾客谅解。

(2) 节假日等客流高峰期提前做好房控。

(3) 核对宾客预订日期与抵达时间,确保其有效性。

(4) 目前很多宾客在网上预订房间,没有预付款,只是抵店时要提供信用卡或通过扫描酒店收费二维码预授一笔费用,一般酒店先发起一笔预授权交易来冻结宾客指定银行卡里的预估消费金额,在宾客离店时发起"预授权完成"进行扣款,若未消费,则之前冻结的金额自动返回原支付账户。

(5) 有的宾客会提出特殊要求,例如无烟房、连号房、低噪声房、撤掉房间内酒水、提供发票等。酒店预订人员要将这些特殊要求备注在酒店预订系统上,以便相关人员为宾客提供令其满意的服务。

4. 渠道佣金

酒店收到宾客在预订渠道上预订并产生实际入住或预订条款约定不可以取消的预订,酒店均可收到 OTA 网站支付的相关房费,同时 OTA 网站可以获得酒店按双方合同约定支付的佣金。

实践操作 ▼

1. 能够按照相关知识与技能,完成网络预订受理工作(表 3-7)。

表 3-7 受理网络预订基本操作流程

步骤(Steps)	怎样做/标准(How/Standard)	提示(Tips)
(1) 查阅网络预订系统或发送订单渠道	·查阅网络宾客预订需求的房型	·确认宾客预订的日期是否可满足
(2) 根据订单要求查看酒店 PMS 匹配房型	·登录 PMS,核对房态,确保订单日期有相应房可供出租	·若不能满足宾客信函预订要求,应及时与网络平台沟通,提供解决方案
(3) 在 PMS 中处理预订	·按照在 PMS 中操作预订的流程生成预订	·一定输入正确的渠道公司名称,选对细分市场代码和价格代码

2. 为提高客房预订工作效率,客房预订员需要掌握有关网络渠道预订修改的操作流程和修改标准(见表3-8)。

表3-8 网络渠道预订修改操作流程

步骤(Steps)	怎样做(How)	提示(Tips)
(1) 获取网络预订修改信息	• 登录 eBooking 系统、预订邮箱等,获取网络渠道预订修改信息	• 预订部定时刷新机制
(2) 尝试完成预订修改操作	• 在 PMS 中尝试完成修改预订操作,得到预订确认号生成预订确认函 • 若是担保预订,应对预订保证金做相应处理	• 注意预订可以修改的,应反馈接受修改,如无法修改,反馈拒绝预订或拒绝修改的原因
【特别提示】传统做法上酒店预订部会打印预订单或预订修改单存档备查;当下数字化时代,酒店预订部已无须打印来自网络平台的订单,必要时登录网络平台后台系统即可查看核对		

3. 按照网络预订操作要求,完成网络渠道预订统计与佣金的计算操作(表3-9)。

表3-9 网络渠道预订统计与佣金计算操作规范

步骤(Steps)	怎样做/标准(How/Standard)	提示(Tips)
(1) 网络渠道审核员查询订单数据	• 登录 eBooking 系统,获取酒店在其网络渠道预订统计数据,包括预订数、间夜数、房费金额、佣金金额等	• 注意区分正常预订执行与"No Show"
(2) 酒店预订员计算渠道佣金	• 酒店预订员按照渠道进行查询,统计各个渠道订单数据,计算佣金金额	• 预订中特殊情况的佣金处理
(3) 对账操作	• 将酒店佣金与网络渠道佣金进行对账操作,确认双方金额、订单信息一致	• 如果不一致,逐项进行审核确认

※学生实训——网络客房预订实训

遴选一家酒店,并在其官网预订一间确认类的客房;或者在任意OTA平台完成一次网络预订,并提交预订的流程截图。

子任务2 电话预订

基础知识▼

1. 电话预订的特点和作用

电话预订,是宾客订房的常见方式。其特点是迅速、方便、快捷,易于宾客、预订员之间的直接沟通,可使宾客能根据酒店客房的实际情况,及时调整订房要求,订到满意的客房。电话订房也有利于预订员较快速、详细地了解宾客对房间的各种要求。当然,随着网络的发展,电话预订的频次也随之减少。

2. 电话预订注意事项

（1）在受理电话预订时，预订员应具体了解宾客对客房种类、数量、房价、付款方式、抵离店时间、特殊服务等的要求，并适时进行电话促销。

（2）应注意绝对不能让对方久等，如不能立即给予答复，应请对方留下电话号码，并确认再次通话的时间。

（3）通话时语言表达应规范、简练和礼貌，还应做好完整的记录；通话结束前应重复宾客的订房要求，当即核对，避免出现差错。

（4）在受理和记录完宾客订房信息后，要向宾客重复确认一次宾客的订房要求，并以口头确认或者书面确认方式向宾客明确客房保留时间是抵店当天18:00。

（5）如果宾客的预订属于保证类预订，客房则可以保留到宾客抵店的次日退房时间。

（6）在电话预订中，还要询问宾客是否需要接机等其他特殊安排，做好各项服务，同时增加酒店收入。预订结束时，要复述宾客的全部预订内容和要求，得到宾客的确认。

实践操作 ▼

1. 根据相关知识素材以及教师示范，掌握电话预订服务操作要领并进行实操训练（见表3-10）。

表3-10　电话预订服务操作基本流程

步骤（Steps）	怎样做/标准（How/Standard）	提示（Tips）
（1）接听问候	·铃响三声或10秒钟以内拿起电话，另一只手拿起圆珠笔，笔落在预订单（记录簿）上 ·问候宾客"您好"或"早上/下午/晚上好" ·通报询问"××酒店预订部，我能为您做些什么"	·注意不要用"喂" ·若超过两声未接听电话，应致歉"抱歉，让您久等了。"
（2）登记订房要求	·问清宾客姓名（中英文）、预订日期、房数、房型及有无特殊要求，边听边在预订单上做相关记录，并将宾客订房内容向宾客复述一遍，以确保无误 ·询问宾客是否为会员或合同单位 ·查看PMS或客房控制簿的房态，确定合适的房间 ·若宾客满意房型、房价，则做好预订登记 ·宾客若需使用会议室，则查看会议室使用情况	·预订房间数超过酒店规定，应请示上级 ·若无宾客所需房型，应推荐其他房型或本酒店集团旗下的其他酒店
（3）推销客房	·若不是马上预订的宾客，则可向其推销客房 ·介绍房型、房间设备优势和景色优势，并对不同房价进行有效对比 ·采用合适的报价方式以吸引宾客做预订	·可选择采用三明治式报价、鱼尾式报价、冲击式报价或者试探性报价
（4）接受预订	·宾客同意预订后，询问其是否需要保证类预订 ·询问付款方式、有无特殊要求、是否需要接车服务等，并在预订单上注明 ·获取宾客的联系电话	·若是公司（单位）或旅行社承担费用者，要求在宾客抵达前电传书面信函，做付款担保

续表

步骤(Steps)	怎样做/标准(How/Standard)	提示(Tips)
(5) 复述预订信息	• 重复宾客姓名、预订客房类型、居住天数、房价、特殊要求、抵店时间、离店时间、联系方式等相关信息,并请宾客确认 • 若是担保类预订,应向宾客介绍酒店接受的担保方式,然后询问客人以什么样的方式提供担保并进行后续操作;若是非保障类预订,则提醒宾客房间正常保留至入住当天 18:00	• 若有接车服务要求,须明确具体班次 • 为避免因"No Show"带来相应损失,在预订中尽量争取到保证类预订
(6) 完成预订	• 感谢宾客预订,并表示恭候宾客入住 • 待宾客挂断电话后再放下电话 • 以短信或微信或邮件形式将预订内容发给宾客,以再次确认 • 相关预订信息输入 PMS,并修改预订房态表	• 若属于 VIP 或者常客,则需要发通知单至客房部(房务中心)、礼宾部、值班经理等处

2. 能够完成电话预订中遇到的特殊情况处理工作(见表 3-11)。

表 3-11 电话预订特殊情况处理基本规范

什么(What)	怎样做/标准(How/Standard)	提示(Tips)
(1) 宾客订房时无房	• 首先应向宾客道歉,说明原因 • 以商量的口气询问是否有变动的可能,若宾客表示否定,则询问宾客是否愿意将其列入候补订房宾客名单内 • 如若愿意,则将其姓名、电话号码或地址、订房要求等信息依次列入候补名单,并向宾客说明酒店会按照候补名单的顺序通知宾客办理预订手续	• 如果宾客不愿意,则可婉拒宾客或向宾客提供其他信息并建议宾客到其他酒店预订
(2) 已预订宾客要求增加房间的数量	• 问清宾客的姓名、单位或抵达/离店日期等信息,根据宾客所提供的资料查找宾客的预订单,核对无误后再行操作 • 查看 PMS 中客房预订信息情况,判断是否接受宾客的要求 • 再次向宾客复述当前宾客预订房间数以及其他信息,并根据实际情况收取一定的保证金 • 更改预订单,并将已修改的预订单发送到有关部门与班组	• 若不能满足,则应向宾客推销其他类型的房间或婉言谢绝宾客要求
(3) 宾客指定房型、楼层、房号	• 若宾客非入住当日提要求,工作人员可解释:入住房间可能被其他宾客占用,酒店无法干预;但会记录要求,跟进入住当日能否满足 • 若有空房,则应立即办理预订手续,将需要的房号预留起来并输入 PMS • 若无空房,则应向宾客说明情况后推销其他房间,或建议其他的入住方案(如先请宾客入住其他类型的房间后再更换等)	• 向宾客说明如果出现不能满足要求的情况,则请宾客谅解并做换房处理

续表

什么(What)	怎样做/标准(How/Standard)	提示(Tips)
(4) 宾客在预订房间时嫌房价太贵	·先肯定房价高,后向宾客详细介绍本酒店的客房结构、配套设施设备和服务项目等 ·若宾客还未下结论,则将宾客所预订的房间与其他酒店进行比较,建议宾客先入住尝试体验,为宾客办理预订手续	·允许宾客再三考虑,同时向宾客表明酒店一定能使宾客感到物有所值
(5) 宾客自称是总经理的朋友,要求按特价入住	·查询客史,看其是否享受过特殊折扣,记下宾客的详细资料,与总经理核实 ·核实后,告诉宾客房价,宾客先入住,由总经理补填房价单(如找不到总经理,应向宾客解释,暂按散客入住) ·做好记录,及时报批	·注意不要当着宾客面与总经理核实 ·待与总经理联系后,确定房价

※学生实训——电话预订

宾客来电要求预订客房,沟通中获悉对方为商务宾客。请用"三明治式"报价方式向宾客推荐套房。要求两名同学为一组模拟完成,其他同学观察,并给予事后点评,教师全程给予指导。

子任务3 团队预订

基础知识▼

1. 团队预订的酒店常规做法

团队分为旅游团队和会议团队,特点都是用房数量比较多,一般在10间房以上,具体数量因酒店而异,会议团队可能会同时预订餐饮和会议室。因此,有接待能力的酒店都会争取会议团队的预订。酒店为了提前做好团队的接待工作,在预订环节特别严谨,包括受理团队的预订、变更预订信息、与接待单位确认信息、制作团队接待通知单等。

2. 团队预订的四个环节

与散客客房预订相比,团队宾客预订的程序有其自身特点。实际工作中主要应把握四个工作环节:受理团队预订手续、预订信息的变更与核对、团队预订单制作、宾客抵店前的准备。

实践操作▼

能够按照团队预订规范要求完成团队预订工作(表3-12)。

表3-12 团队预订服务基本操作流程

步骤(Steps)	怎样做/标准(How/Standards)	提示(Tips)
(1) 获知团队预订需求	·销售人员需以书面形式将团队预订需求发送给预订员,应包含信息包括但不限于入住及退房日期、具体房型、房间价格、结账条款等 ·如果预订员直接接到宾客的团队预订需求,应记下宾客需求后按酒店规定流程转给销售人员或酒店指定的其他人员接洽此团队预订	·团队洽谈阶段,销售人员虽可能无法掌握全部细节,但至少要明确入住与退房日期、房型及房间数、预估成交价;多数酒店预订员不参与团队预订洽谈及合同签订
(2) 查询团队需求的日期时段酒店可卖房状况	·预订员需查询酒店在团队需求的入住期间的可卖房情况并反馈给销售人员 ·向销售人员提供必要的房间信息,包括团队需求的入住期间哪些房型短缺或需求旺盛等	·销售人员知道酒店是否有足够的房间接待团队,以及酒店房间供应情况,可酌情报价,确保酒店收入最大化
(3) 在PMS中做团队预订	·预订员在PMS内输入团队入住需求信息(做团队预订) ·应该设定与销售人员追踪状态日期	·此时在PMS中,此团队预订显示状态为"问讯",并不会真正抵扣PMS内客房库存
(4) 追踪团队状态	·在设定的追踪日期前或客房需求旺盛时,及时与销售人员沟通团队状态,了解是否已进入团队接待合同商讨或签订流程	·规避房间被重复预订 ·保证酒店PMS内客房库存准确
(5) 团队状态变化	·若销售人员已与预订人协商一致,正待签接团合同或已签订合同,预订员需在PMS内将团队预订状态设为"确认"以预留房间 ·若此团队预订无法达成协议,需在PMS内将团队预订状态改为"丢失"	·此时团队预留房将占用PMS内的房间库存,会从库存客房数量中抵扣相应的房间数 ·与销售人员确认定金是否支付并记录进PMS
(6) 在PMS中输入住客人姓名	合同签订后,需将合同复印抄送给预订员,预订员应该根据合同规定的房价、房间数、房型、结账方式及其他住房需求等信息,在PMS内录入团队所有预订信息,以确保前台员工可以正确给团队宾客办理入住	·预订员在完成预订后需核实其在PMS内输入的信息正确无误,必要时相关销售人员要做核查 ·预订员还要核查没有用到的预留房返还给PMS房间库存
(7) 合同签订后取消	·若销售人员与预订人在签订合同后取消团队入住,预订员应在PMS内将此团队预订的状态改为"取消"	·要确保所有预订房间返还给PMS房间库存而不影响售卖 ·将所有书面文件归档保存

※学生实训——团队预订

两名学生一组,根据所学的内容模拟完成接受××单位40间客房、3天住房、2天会议的预订工作。其他学生观察并点评,教师全程指导。

子任务 4 预订取消与更改

基础知识

1. 处理预订取消的注意事项

在处理预订取消时不能传递给宾客任何的不耐烦、不愉悦的服务情绪,而应用热情耐心的服务接待,让宾客感到酒店随时欢迎宾客再次选择;在沟通中认真聆听取消的原因,争取把"取消预订"变为"更改预订""不取消预订"。

在处理预订取消时,预订员需要核对预订信息,并在原预订资料上备注取消的日期、原因、取消人数等,作为重要的资料存储。如果属于保证类的散客预订和团队预订,按照预订时的预订保证金退还。

2. 处理预订更改的注意事项

预订更改是指宾客在预计抵店前与酒店沟通对抵店日期、房型、数量、要求、姓名等提出的更改要求。在接收更改预订的申请时,应确认预订信息,涉及日期、房型、数量等更改,需要查询 PMS 内可卖房状况,确认是否有满足宾客需求的房型和数量,如能满足给予更改确认,则向宾客进行二次销售,推荐其他房型协商沟通更改需求,最后填写预订变更单。

实践操作

根据工作需要,能够完成 PMS 处理预订取消和更改的操作(见表 3 – 13)。

表 3 – 13　PMS 处理宾客预订取消和更改的操作程序

步骤(Steps)	怎样做/标准(How/Standard)	提示(Tips)
(1) 预订取消与修改	• 接收信息 • 查询并核对预订信息 • 按宾客需求,更改 PMS 的预订记录 • 确认宾客无法抵店时,在 PMS 中取消订单 • 直连订单,无法操作取消或更改,需宾客联系预订平台操作;非直连订单,在 PMS 中取消或更改预订	• 更改入住日期、入住天数或房型时,预订员应先查询客房流量,再答复是否可满足宾客需要,房价如有变更,及时与宾客确认
(2) 预付款	• 若宾客已支付,则收回登记/预付单,预付款在 PMS 中完成退款 • 当班员工在《冲账明细报表》上注明原因	• 退款路径:原路返还 • 注明原因的文字需简洁、准确

※学生实训——取消预订

根据所学内容,两人一组模拟完成取消预订的服务。情景自拟,但预订取消的原因为主观时,要求预订员尽量争取,使宾客将"取消预订"改为"不取消预订"。

子任务5 预订未到店处理

基础知识 ▼

1. 预订未到店的界定

预订未到店是订房的宾客既没通知酒店,也没按照预订的日期到酒店办理入住手续,从而导致房间空置。预订未到店房间需要酒店前台或预订部进一步跟进相关订房人,确认宾客是否改期或是取消行程,是否为担保预订,要不要收取违约金等。

2. 预订未到店处理的特别关注点

如果宾客是因为更改行程而没来得及通知酒店,预订人员需了解宾客新的入住日期并在PMS系统内进行更新,否则宾客按照新的日期到店办理入住时,前台往往会找不到预订,导致不必要的服务质量问题以及宾客的不满。

实践操作 ▼

根据工作需要,能够完成预订未到处理的操作(见表3-14)。

表3-14 预订未到处理操作标准程序

步骤(Steps)	怎样做/标准(How/Standard)	提示(Tips)
(1) 在PMS内查找原预订	·根据宾客姓名、预订日期、房型等在PMS内找到原预订并核实确认是否为保证类预订,是否应扣除一定的预订保证金 ·多个信息联合使用或用预订确认号查找预订,确认宾客未到店是否属实	·有些宾客会在酒店过夜审后才办理入住,在这种情况下,按照原到店日期查询宾客入住情况可能会找不到预订,也有时宾客预订所用名字与入住时使用的身份证名字不符
(2) 询问原因	·联系酒店相关销售人员或宾客本人获知宾客预订未到原因 ·若联系到宾客,则建议宾客修改预订日期,设法挽留宾客 ·向宾客致谢并提出期待能再次为其服务的意愿	·若是保证类预订超过时限的,则扣除一定的预订保证金 ·若是不可抗力原因导致宾客未到店,酒店一般不会收取保证金
(3) 转发未到店名单	·核清未到店原因后,确认宾客属于无正当理由的担保未到店,将未到店名单签名转由财务部根据相关预订条款将担保金转为客房收入或按相关程序收取费用	·可使用酒店PMS系统里的未到店报表名单 ·将担保金转为客房收入或按相关程序收取费用的决定权在财务部
(4) 存档	·将宾客预订和预订未到确认函存档	·纸质资料按日期、宾客姓名存档

※学生实训——预订未到店处理

两名学生一组,一名学生扮演预订未到宾客,另一名学生扮演酒店预订员,处理宾客预订未到情况。其他学生观察并点评,教师全程指导。

任务三 前台 Walk-in 处理

前台 Walk-in 通常是指入住人直接来到酒店前台，与前台接待员面对面地洽谈有关入住事宜的预订。这种形式的接待是前厅部承接酒店市场营销部预订的拓展，主要由前台接待员完成。前台 Walk-in 的宾客很可能是酒店的新客，前台接待员一定要注意服务的专业度及态度，努力将新客转化为酒店的回头客。

前台 Walk-in 处理，属于 1+X 职业技能等级（中级）认证考核范围。

基础知识 ▼

1. 前台 Walk-in 处理注意事项

（1）友好和热情。接待员要把握好礼貌待客的度，要特别注意自己的眼神、表情和肢体语言，确保以热情友善的姿态迎接前台 Walk-in 宾客，给宾客留下良好的第一印象。

（2）及时响应。应避免让宾客等待过久，注意及时回应宾客诉求或反应；即使很忙，也要尽快安排宾客入住或提供相应的解决方案。

（3）了解宾客需求。仔细询问前台 Walk-in 宾客的需求和偏好，以便提供最合适的房型和相应的服务；注意观察、揣摩宾客的言行及其心理变化，并及时做出积极、有效的应对。

（4）提供信息。向宾客提供有关酒店设施、服务和政策的清晰信息，包括房型、价格、入住时间、退房时间以及酒店的实时产品、会员政策等。宾客退房离店时，注意当面征询宾客对酒店产品和服务的意见或建议，并表示由衷的感谢。

（5）掌控灵活性。如果前台 Walk-in 宾客提前入住或延迟退房，或临时提出特殊要求，应尽量提供灵活的安排，以满足其个性化需求。

（6）处理抱怨。如果宾客有抱怨或不满意情绪，应及时且专业地进行处理，并尽力解决问题，以保持或提高其满意度。

（7）关注安全。对于未预订的宾客，特别是在晚间，应确保对其身份进行核实，遵循酒店的安全管理程序，并注意保护宾客个人隐私。

2. 前台 Walk-in 特情处理

（1）接待 Walk-in 宾客入住时，请宾客先出示身份证件并询问宾客是否有过入住经历，同时在 PMS 系统内用宾客身份证件名字搜索、查证。

（2）如果宾客说住过，但在 PMS 系统内无法查到客史记录，应询问宾客上次入住时是不是本人预订以及当时用来预订的姓名。

（3）如在 PMS 中有客史记录时，确认客史价格是否依然适用于当下；如果适用且低于正常前台卖价，则可依据客史记录价格办理入住，否则正常报价。报价时，要提供透明的房价信息，避免隐藏费用或附加费用，确保宾客了解他们将支付的全部费用。

（4）若酒店当时没有干净客房，可送给宾客饮料券或咖啡券，或建议宾客外出观光或先处理其他事务，并请宾客留下电话号码，房间清理干净后立即通知宾客。

实践操作 ▼

根据工作需要,完成宾客前台 Walk-in 处理操作(见表 3-15)。

表 3-15 前台 Walk-in 处理基本规范

步骤(Steps)	怎样做/标准(How/Standard)	提示(Tips)
(1) 了解需求	·主动礼貌地问好打招呼 ·询问了解宾客的入住需求 ·查看 PMS 可售房及预订控制簿中的订房状况 ·合理、有技巧地报价并征询宾客意见 ·询问付款方式、有无特殊要求	·注意问候时表情、姿态和口头语的和谐友善及专业 ·避免让宾客等待过久 ·报价时,要避免隐藏费用或附加费用
(2) 在 PMS 中选择"散客步入"功能,办理入住手续	·输入必要的预订信息,包括宾客姓名、入住及退房日期,选择正确的市场代码与价格代码,如有必要输入宾客公司名称、联系方式等 ·分配房号、制作客房钥匙等 ·点击提交录入信息,完成 PMS 入住手续办理	·不是所有 PMS 接待办理 Walk-in 宾客入住的功能都称为"散客步入",因系统而异 ·此过程依然需要遵照正常办理入住流程

※学生实训——前台 Walk-in 接待

宾客来前台当面办理入住,沟通中获悉对方为新婚蜜月宾客。请你认为合适的报价方式向宾客推荐套房。两人为一组模拟完成,其他学生观察并点评,教师全程指导。

任务四 前台接待准备

酒店前台接待处是前厅服务与管理的中枢神经,是所有需要入住酒店的宾客在进入酒店后首先接触的服务部门。在正式为宾客提供多种接待服务之前,需要首先了解前台对客服务的主要职责和服务流程,掌握分房技巧、客用钥匙管理和结账服务常规技能等。

本任务中的客用钥匙管理是 1+X 职业技能等级(中级)认证的考核内容之一;其要求是按照新型客房钥匙管理规范,完成客用钥匙管理工作;掌握结账方式与技能。

子任务 1 班次工作流程

基础知识 ▼

1. 前台班次安排作用

(1) 维持运营流畅:酒店全天营业,合理排班保证各时段前厅均有员工在岗。早班处理清晨入住与夜间遗留事务,中班应对白天客流高峰,晚班负责夜间预订、接待,各环节紧密衔接,保障运营不间断。

(2) 提高服务品质:依据客流规律,高峰时增加人手,加速宾客入住、退房流程,减少等

待时间,快速响应需求,提升服务体验。

(3)优化员工管理:兼顾员工身心需求,设置轮班制,避免员工过度劳累,保证员工休息,让员工劳逸结合,提升工作积极性与满意度,降低离职率。

2. 前台对客服务流程

前台对客服务是前厅部的核心工作,其流程如图 3-2:

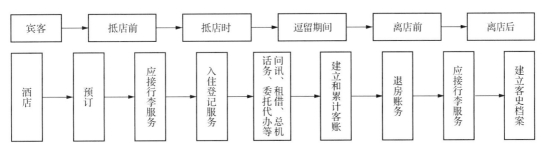

图 3-2 宾客抵离店及前台对客服务流程

实践操作 ▼

1. 能够熟记前台接待员早班的工作流程及规范(见表 3-16)。

表 3-16 前台接待员早班日常工作流程及规范

步骤(Steps)	怎样做/标准(How/Standard)	提示(Tips)
(1)签到准备	·提前 10 分钟到达前厅部办公室签到,检查仪容仪表 ·准时到前台与前一班交接班,核对无误后签名 ·了解当天的预抵房数、预订类型、今日可卖房型和房数及昨日开房率、明日的预计开房情况,并在交班本上早班记录的开头注明 ·了解今日总值、昨日开房、今日预计开房、昨日收入、月收入、今日参观房分布状态	·参观排好后,通知客房部在 PMS 作 Hold(锁定)房处理 ·准备好参观房的钥匙,存放于相应位置
(2)了解宾客类型/核查账目	·团队方面:根据团队退房时间先后,核查所有团队账目 ·散客方面:认真了解散客类型,是否有特殊宾客等	·必须根据接待通知单核查每一笔账目
(3)跟进预抵团队/散客	·核对是否已经准备妥当,及时进行调整;若有熟客,则预先打印入住登记单 ·若有当日预抵 VIP 抵店,则交由值班经理查房;VIP 抵店时将入住登记单交给其签名	·如有需要确认的信息,则通知值班经理,由值班经理或负责人与宾客交涉
(4)相关信息核查	·非节假日接收银行传真的当日汇率表并输入 PMS 中,由当班主管负责看当天是否有外兑报销并填写报销单 ·核对各营业点交来的手工单据是否已入账;手工单据如未入账,则立即输入 PMS	·所有入账完毕的单据须在单据上做相应标记且签上自己的工号(已入+工号)

续表

步骤(Steps)	怎样做/标准(How/Standard)	提示(Tips)
(5) 核查应退未退宾客	·核查应退未退宾客,对无延迟退房备注的房间,需立即打电话至房间询问宾客是否办理续住或延迟退房手续;若房间无人应答,则通知客房查房 ·房间无行李或少行李的,立即通知值班经理;房间多行李、等待2小时后仍未退房的,则通知值班经理并派送"催离单"进客房	·所有房间退完后,打印宾客在住报表,在PSB上将已退房的房间做退房
(6) 其他工作	·主管按照卫生周期计划表安排人员做好卫生清洁工作 ·检查当天需取消的预授权是否已在POS机上取消 ·打印POS机流水单,核对无误后对POS机进行结算	·填写需派送花果房间的VIP馈赠单后,须通知礼宾部派送至相关部门
(7) 签退下班	·下班前与中班员工交接 ·工作结束后签退下班	·与中班交接完毕后,早班的员工做账

2. 能够熟记前台接待员中班的工作流程及规范(见表3-17)。

表3-17 前台接待员中班日常工作流程及规范

步骤(Steps)	怎样做/标准(How/Standard)	提示(Tips)
(1) 签到准备	·提前10分钟到达前厅部办公室签到,检查仪容仪表 ·准时到前台与前一班交接班(交接工作内容/备用金/发票/收据),核对无误后签名 ·当班主管根据交接内容及当日入住情况分配工作 ·了解今日/明日抵店宾客的情况	·对早班期间入住酒店且需派送花果的房间,须通知礼宾部,填写VIP馈赠单并派送至相关部门
(2) 跟进退房	·与未抵店的团队负责人联系,确认预计抵店时间 ·跟进应退未退宾客的情况	·对于应退未退宾客的情况,需与值班经理及时进行沟通
(3) 其他工作	·与预订员签收次日抵店订单(团队和散客分开签收) ·根据抵店时间的先后和类型,安排次日预抵团队房间 ·打印余额报表,核查所有在住房的账目(押金是否足够) ·与PMS核对当日所有入住的团队和散客入住登记单内容,无误后在当班接待员的散客入住报表上签名 ·打印POS机流水单,核对无误后则对POS机进行结算	·办理入住手续时,有升级房间需要的,须请相关批准人在入住登记单或订单上签批 ·遵循排房原则来制作团队接待单,并准备团队餐券
(4) 签退下班	·主管准备好所需交班内容,并在交班本上做好记录 ·工作结束后签退下班	·与夜班交接完毕后,中班员工做账

3. 能够熟记前台接待员夜班的工作流程及规范(见表3-18)。

表 3-18 前台接待员夜班日常工作流程及规范

步骤(Steps)	怎样做/标准(How/Standard)	提示(Tips)
(1) 签到准备	·提前 10 分钟到达前厅部办公室签到,检查仪容仪表 ·准时到前台,与前一班交接,核对交接内容无误后签名	·备用金、发票和收据是交接工作的重点
(2) 做好夜审	·将当日所有入住的团队和散客入住登记单内容与 PMS 进行核对后交由夜审核查 ·夜审核查完当日入住的登记单后,放入相应的账袋内 ·将当日入住的所有宾客的资料输入 PSB ·夜审前打印好报表,所有报表接待处存档一份外,分送至各相关部门 ·夜审前仍未到的散客预订(不需要给予 No Show 费用的预订)做取消处理,并在订单上注明"宾客未到做取消"	·送餐的单据送至前台的,在夜审后入账 ·每日凌晨夜审,夜审开始前所有前台电脑必须退出系统,得到夜审通知可以开启系统时方能登录
(3) 其他工作	·制作次日抵店的 VIP、团队及有特殊要求的房间钥匙 ·核对已排好的团队的房间钥匙及早餐券 ·核查所有次日预离和在住的团队账目 ·夜班需要在夜审前做营业日报表关账处理	·夜审后,在下班前也要对营业日报表进行关账处理
(4) 签退下班	·在交班本上做好记录 ·工作结束后签退下班	·与早班交接完毕后,夜班员工做账

※学生实训——读记比赛

学习委员组织一次课外活动,以小组为单位,举行"前台接待员班次日常工作流程及规范"的比赛。

子任务 2　掌握客房分配技巧

基础知识 ▼

1. 客房分配概述

客房分配,业内习惯称为"分房"。分房工作一般在宾客到达当天或者在宾客到店前或宾客到达后办理住宿手续时进行,但团队客房都是在宾客到达前分配好房间。在现代化的酒店里,分房工作经常由计算机来进行。但前台接待员面对面接待需要预订客房的宾客选房时,就必然会面临分房原则和分房技巧的问题。这既包含通过 PMS 核对客房销售状况、房态转换等技术技能,又有事关酒店政策、宾客心理等知识问题。

2. 分房工作总体要求

(1) 首先分清楚对团队客还是散客进行分房,在链接酒店 PMS 的计算机有关界面上进行相应操作。

(2) 若是团队客则根据预订单分房,将分房结果打印出来分送至客房部、礼宾部、团队领队、团队联络员,并自留一份在前台。

(3) 无论是对团队客还是散客,分房完毕后,均须制作报表并存档。

（4）在进行分房操作时，为了提高宾客的满意度并提高酒店的住房率，应讲究一定的分房原则和技巧。

3. 分房的一般性原则和技巧

（1）团体宾客或会议宾客应尽量安排在同一楼层或相近的楼层，能够使团队宾客方便联系，也便于酒店对客管理。同时当宾客离店后，空余出的大量客房可以安排给下一个团队，这样有利于提高住房率。

（2）为特殊群体分房。行动不方便或带小孩的宾客应尽量安排在离电梯和服务台较近的房间，能够给宾客提供便利，能够更多地给予宾客照顾；常客和有特殊要求的宾客应给予特殊的照顾，尽量安排在他经常入住的房间内。

（3）为VIP分房。结合VIP宾客的特殊喜好为其分房，给VIP宾客安排的房间应是同等级房间中方位、视野、景致、环境、保养均处于最佳状态的房间。排好房间后应将房号立即通知其他相关部门，让所有的相关部门立刻进行VIP房间的布置，为宾客准备好房间。

（4）为提前抵店的宾客分房。尽可能地安排干净房间，确保当宾客提早到店的时候能立刻为宾客办理入住。如果安排了脏房，应立即通知客房部宾客的预计到店时间，让客房部优先打扫此房。

（5）为没有明确抵店时间的宾客分房。首先尽量安排干净的房间，以便宾客随时到来。如果没有干净空房，尽量安排脏房，并通知客房部速扫。

（6）为抵店时间较晚的宾客分房。根据宾客抵达时间安排脏房，但要确保脏房在宾客抵店前打扫干净。

（7）为老年人分房。尽量安排低楼层、靠近电梯的房间。尽量安排靠近紧急出口的房间，以便在发生紧急情况时宾客能够快速撤离。如老人是独立出行，出于安全考虑应安排无连通门的房间。若有人同行应安排连通房以方便对老人的照顾。

（8）为单身女性分房。设有女士楼层的酒店，应将客房排到女士楼层，尽量选择安静的房间排给单身女士。还应特别注意除非宾客自己提出特殊要求，否则不给单身女士安排有连通门的房间。

4. 分房特别注意事项

（1）关照特殊群体。老人、妇女是特殊的群体，接待员平时应多注意针对老人和妇女心理方面知识的学习，并努力将其运用到实际的接待工作中去。

（2）尊重宾客习俗。内外宾有着不同的生活习惯、不同的语言，安排在不同的楼层能防止他们互相干扰，方便管理，提高宾客的满意程度。

（3）关注对立情绪。敌对国家的宾客在一起时容易产生摩擦，民族仇易演变成个人恨，不宜安排在同一楼层或相近的房间。

实践操作 ▼

1. 能够完成房态转换控制工作（见表3-19）。

表 3‑19 房态转换控制工作基本规范

什么(What)	怎样做/标准(How/Standard)	提示(Tips)
(1) 入住/退房时	·宾客入住后,PMS 系统自动将保留房或空房状态转换到住客房状态	·宾客退房离店后,应及时将住客房状态转换成走客房状态
(2) 换房时	·调换出的客房由住客房状态转换成走客房状态 ·调换进的客房由空房状态转换成住客房状态	·不论是宾客或酒店要求,PMS 系统中换房一旦发生房态即刻改变
(3) 淡季时	·根据酒店规定,将关闭楼层的客房转换到维修房或关闭楼层的状态	·若出租率下降,为减少成本或利用淡季改造、维修、保养客房,常常相对集中分房
(4) 维修时	·客房因设施设备损坏需要维修而暂时不能销售时,客房部应及时将此房转换到待修房状态	·等房间恢复后再及时取消
(5) 核查时	·楼层每天应三次核实房间实情:中班与早班交接时段、夜班与中班交接时段、凌晨三四点钟 ·领班和服务员在此三个时段一定要对 VD、VC、OOO 房间敲门进去核实房间情况,检查卫生、物品、设施问题等	·应提前一天完成分房工作 ·将接待要求以书面形式通知到关联部门 ·房态变化后应开具客房变更通知单下发到关联部门

2. 能够完成宾客用房分配的操作(见表 3‑20)。

表 3‑20 宾客用房分配基本流程

步骤(Steps)	怎样做/标准(How/Standard)	提示(Tips)
(1) 分房准备	·在宾客到达前一天晚上,检查宾客的预订房是否已备好,以避免出现遗漏或差错 ·核对客房销售状况:当天可销售的客房数=可供出租客房数−昨日占用房数+今日离店房间数−预订房间数−维修房数	·针对房态实际变化情况进行调整,如延期离店等
(2) 核对订单	·核对次日到达酒店的宾客预订单,通常在前一天的下午由预订员按宾客姓氏字母顺序整理并移交给接待员 ·由接待员或夜间值班员将预订单按房间类型和住房费的不同分别核对每位宾客预订的客房数	·根据预订单,按客房类型和费用,计算出已被预订的客房数目,再根据空房卡,按客房类型和费用,计算出可以出租的客房数目
(3) 核对房态	·通常可通过续住通知单、房间/房价变更通知单、客房报告表、房态校对报告、房态差异表等表单在相关部门之间的及时传递,由值班经理牵头进行房态核对及妥善处理来确保入住登记准确性	·PMS 中的换房一旦发生,调换出的房态就由"占用"变为"退房",调换进的房态由"干净可卖"变为"占用"
(4) 整理房卡	·按房间类型、住房费的不同分别整理,并放在空房卡卡片箱中保管	·整理完毕,须核对宾客预抵店日期与离店日期

续表

步骤(Steps)	怎样做/标准(How/Standard)	提示(Tips)
（5）进行分房	·依据分房的一般性原则、技巧和特别注意事项进行分房	·VIP、常客和有特殊要求的宾客应给予特殊的照顾

※学生实训——房间分配

学生分两人一组进行角色扮演，模拟客房分配工作，其他同学进行观察并进行活动点评，教师全程指导。

子任务 3 客用钥匙管理

基础知识

1. 新型客房锁匙系统的类型

（1）磁卡锁及 IC 卡锁：利用磁卡开启的计算机控制门锁，锁内配有磁卡阅读器和计算机芯片。

（2）电子密码锁：由集成电路和号码键盘等组成，常被安装在酒店客房内电子密码保险箱或保险柜门上，以方便宾客使用。

（3）感应门锁：将无线电技术和计算机技术结合起来，只需将感应卡靠近门锁即可打开门锁，既方便又安全。

（4）面部/指纹识别门锁：是客房门锁系统与入住系统相连接，入住时采集宾客面部信息或指纹信息，当门锁感应到住客的相应信息时会自动打开。

（5）微信门锁：采用智能信息化管理技术，宾客在酒店微信公众号注册个人账号，通过手机办理入住后，根据分配的房号到相应的房间，用微信功能开门。

2. PMS 与门锁连接

目前，电子门锁系统（Electronic Locking System，ELS）的使用已经非常普遍，电子门锁系统的出现使得酒店记录每张房卡的发放成为可能，大多数门锁系统可以提供不同权限的房卡，如酒店管理层员工、酒店安保部门员工、酒店客房部员工以及酒店宾客。

关于门锁系统的另一个问题是，PMS 是否与门锁系统有接口。若 PMS 与门锁直接连接，在接待员入住操作结束后，可直接在门锁系统中制作房卡；若 PMS 与门锁系统并未连接，则接待员往往要登录单独的门锁系统制卡，此操作效率一般要低于直接制作房卡，而且存在较多的安全隐患和收银漏洞，也带来了更多的服务隐患。

3. 更换/补发房卡的一般原因和原则

（1）原因。宾客在酒店前台以传统方式办理入住后或自助办理入住后都可以领到房卡，但由于各种原因，比如磁条房卡消磁、换房、宾客将房卡丢失或遗漏在房间等，宾客需要更换或补发房卡。

（2）原则。宾客更换/补发房卡必须持有相关证件在前台办理；严禁楼层服务员按照未携带房卡的宾客的要求打开宾客房门。

实践操作 ▼

1. 能够掌握智慧系统数字钥匙的制作与使用(表3-21)。

表3-21 数字钥匙制作与使用基本流程

步骤(Steps)	怎样做/标准(How/Standard)	提示(Tips)
(1) 选择功能	·前台接待员根据宾客预订需要选定房间,所选房间需具备智能门锁无线开关功能	·使用蓝牙技术
(2) 发送授权	·在办理入住登记手续后,通过酒店PMS向宾客手机发送开锁授权	·出于安全考虑,用户可以选择在应用当中隐去自己的房间号
(3) 核实二维码	·核实宾客手机是否收到二维码或字符串	·须确认二维码或字符串准确
(4) 启动门锁	·宾客持手机在有效距离之内(1.5米)按下"触摸以解锁"按键	·在等待大约10秒之后,房门便会自动开启

2. 按照酒店补发房卡的有关规定,完成为宾客补发房卡的工作(见表3-22)。

表3-22 补发房卡服务基本操作程序

步骤(Steps)	怎样做/标准(How/Standard)	提示(Tips)
(1) 请宾客出示相关证件	·"早上/下午/晚上好,先生/女士,可以提供您的身份证/护照(或其他证件名称)吗?"	·若宾客无相关证件又无法有效核实其个人信息,应报主管
(2) 核对录入信息	·核对、确保PMS内录入的信息是否与宾客证件信息完全一致,同时与宾客确认其房号	·须在PMS中使用宾客身份证上的姓名搜索宾客预订信息
(3) 更换/补发新卡	·对于房卡丢失的情况,核对信息无误后,为宾客制作新房卡(原卡失效) ·对于房卡消磁的情况,核对信息无误后,为宾客制作复制卡/新房卡	·若宾客确认其房卡忘在了房间内,应询问宾客是复制其原卡还是制作一张全新房卡
(4) 给宾客房卡并道别	·"××先生/女士,这是您的新卡,祝您入住愉快,我们随时为您服务,再见!"	·若因酒店原因导致房卡有问题,应表达歉意

※学生实训——房卡问题处理

1. 根据所学知识,两人一组模拟完成宾客遗失房卡的处理服务,要求符合酒店安全管理的要求。

2. 某宾客入住酒店期间,某日发现房卡无法打开门锁,导致宾客投诉并要求立即更换房卡。请分角色扮演如何给宾客更换房卡。

子任务 4　结账工作规范

基础知识 ▼

【特别提示】前台接待员掌握多种支付方式的款项收取技能非常重要。收取宾客款项的规范以及有关支票、信用卡、借记卡、现金、挂账和汇款的收取注意事项,在 1+X 职业技能等级认证(初/中)考核中也有所涉及。其中,收取宾客款项的规范是重点。

1. 前台可受理的支付方式

(1) 现金支付。认真检验人民币或外币真伪,在系统中记录人民币金额和外币号码。

(2) 信用卡支付。信用卡可用来做预授权、预授权完成、预授权取消、消费等。

(3) 借记卡支付。借记卡只可以用作消费,所有消费一律需要在 POS 机上操作。

(4) 汇款支付。此支付方式是指宾客用银行转账方式结算费用,通常要求宾客在退房前将费用转入酒店账号。

(5) 月结挂账。只有与酒店签有挂账协议的宾客才可挂账,否则需要事先征得酒店相关级别管理人员批准方可。

(6) 支票和转账。支票分为现金支票和转账支票,需要事先征得酒店的同意,宾客方可在前台以支票方式结算账目。转账结算必须建立在酒店与宾客事先签订合同的情况,并且经酒店有关负责人批准后方可办理。

(7) 二维码扫描支付。目前,最常用的是打开微信和支付宝扫码支付。

2. 发票管理政策

(1) 发票分为增值税发票和普通发票,客房和会议消费可以开增值税发票,餐饮消费和礼券类的消费只能开普通发票。

(2) 发票有纸质发票和电子发票,目前绝大多数客人都选择电子发票,节省在前台等待时间;纸质发票统一由前台主管在酒店财务部领取。

(3) 每一张发票均须严格登记整理好,并存放于前台。

3. 代金券管理政策

(1) 前台员工遇到宾客用代金券结算账目时,需要查看代金券的签发日期、签发人及财务章等是否齐全,是否在有效使用期内。

(2) 如若不清楚此代金券的使用条款及范围,请立即向主管请教。

(3) 将用此代金券结算的账目清单打印出来并与代金券装订在一起上交财务部。

4. 前台备用金管理政策

(1) 班班交接,坚持"前账不清后账不接"原则;如因交接不清出现少款,则由接款方自行承担。

(2) 当班如有外币兑换或者现金收入为负的,需将相应外币或报表交当班主管补齐,方可交接给下一班,否则接款方可拒绝交接。

(3) 主管休假 5 天(含)以上的,需将自己管理的备用金上交值班经理。

(4) 未经值班经理或部门经理批准,不得将备用金借给任何部门或个人。

(5) 交接班每天填写备用金交接本,核对无误后交接下一班。

实践操作 ▼

1. 能够掌握向宾客收取款项的规范(见表 3-23)。

表 3-23 收取宾客款项的规范

什么(What)	怎样做/标准(How/Standard)	提示(Tips)
(1) 预收款	·现金预付:唱收唱付,验明钱币真伪→在 PMS 中确认支付,打印登记/预付单 ·信用卡预授:查看信用卡的有效性→在 POS 机上申请信用卡预授→请宾客在预授权凭证上签字→酒店管理信息系统中确认支付,打印登记/预付单	·双重日期的信用卡须到显示的第一天才可使用,不能接受过期卡或未到期限使用的信用卡
(2) 现付	·现金支付:唱收唱付,验明钱币真伪→在 PMS 中确认支付,打印登记/预付单 ·银行卡支付:查看银行卡的有效性→在 POS 机上输入需支付的金额→请宾客在消费凭证上签字→酒店管理信息系统中确认支付,打印登记/预付单	·若宾客使用外币结账,则请其先在前台将外币按照当天的兑换率兑换后再结,且以人民币找零
(3) 线上支付	·消费:在收银台打开【扫一扫】→输入交易金额→点摄像图标→扫描二维码→交易成功并打印交易单 ·撤销交易:收银台→微信/支付宝/二维码扫一扫→【撤销】→输入主管密码,按屏幕提示操作→打印撤销单据	·宾客也可在酒店官网或 App 上预订并支付款项 ·聚合支付(微信/云闪付):酒店扫码机扫描宾客微信或云闪付付款码收取款项

2. 能够掌握支票收取的注意事项(见表 3-24)。

表 3-24 支票收取的注意事项

什么(What)	注意事项(Note)	提示(Tips)
(1) 支票的签章	·支票票面应有两个或两个以上的印章(单位财务专用章和法人印章),印章清晰、无涂改、无重印 ·支票应附有开户银行的名称、签发单位账号、磁码 ·支票背面要写持票人的姓名、单位地址、电话号码,并抄下宾客的身份证(或工作证)号码(工作证和支票单位印鉴要相符)	·需要事先征得酒店的同意,宾客方可在前台以支票方式结算账目,否则前台员工可以要求用现金、信用卡、借记卡、微信或支付宝等方式立即结算
(2) 支票的日期	·支票的有效期为 10 天(由签发之日开始计算),最后一天是假期可顺延 ·各收银点在收到支票时,应认真查看签发日期,如宾客结算日恰好是到期日,应即时通知出纳(规定在宾客结算日 15:00 前将支票直接送交出纳签送银行),不能投入保险箱	·支票最低起点为 100 元 ·支票不得有折痕,应无破损;支票沿虚线撕下 ·签发支票的日期必须使用中文大写字

续表

什么(What)	注意事项(Note)	提示(Tips)
(3) 支票的填写	• 大小写金额要相符,大写后面要加"整"(分位后面不能加),小写前面要加"￥" • 在填写月份时,"1—10"月应在前面加"零",例如:1月应写成"零壹",10月应写成"零壹拾" • 在填写日期时,"1—10""20""30"号应在前面加"零",例如,1号应写成"零壹";"11—19"号应在前面加"壹",例如,11号应写成"壹拾壹"	• 支票填写时必须用黑色签字笔或黑色水笔 • 限额支票的填票金额应掌握在该限额的110%以内,如限额5000元,开票不超过5500元,不得提前或过期使用

3. 能够掌握信用卡/借记卡收取的注意事项(见表3-25)。

表3-25 信用卡/借记卡收取的注意事项

什么(What)	注意事项(Note)	提示(Tips)
(1) 信用卡	• 先检查信用卡的正面标记、反面磁带及宾客签名,鉴别真伪 • 后查看有效日期,信用卡可用至到期月份的最后一天,双重日期的卡要到显示的第一天才能使用 • 不能接受过期的或未到期限使用的信用卡	• 信用卡可用来做预授权、预授权完成、预授权取消、消费等 • 避免透支
(2) 借记卡	• 借记卡只可以用作消费,所有消费一律需在POS机或PMS系统上操作 • 如需手工输入卡号取得消费,必须经过值班经理或主管同意后方可操作,并且要批准人签字证明	• 相较于信用卡,借记卡的安全性较低,故在大额交易时应特别小心

4. 能够掌握代金券管理及操作规范(见表3-26)。

表3-26 前台代金券管理及操作规范

步骤(Steps)	怎样做/标准(How/Standard)	提示(Tips)
(1) 平账	• 在宾客退房时,按要求进行平账 • 在打印的账单上注明代金券号码,注明结账方式为代金券 • 请宾客在账单上签名确认	• 宾客凭代金券可在酒店任意营业点消费 • 票券不进行挂失操作、不退现,无须授权,只能一次性消费
(2) 投款	• 代金券投款时需在右上角处剪去一角,随现金一起投款 • 出纳收到随现金投款回收票券后,在登记表中核销	• 房券需在右上角处剪去一角,并订上"宾客入住登记单"后交稽核 • 作废的票券需加盖"作废"章,随现金一起投出纳

※学生实训——收取宾客款项

学生分两人一组进行角色扮演,模拟宾客入住时收取宾客款项工作,其他同学进行观察并进行活动点评,教师全程指导。

模块二　宾客入店服务

任务导入

学习计划＋"微演讲"——认知前厅接待场景及接待技能

1. 本模块内容主要包括四项任务。据此,各小组课前自习梳理这四项任务的"基础知识"和"实践操作"的内容,拟写一份"前台对客服务准备学习计划"交予任课教师。

2. 全班举办一场"微演讲"活动,以小组为竞赛单位,结合《服务礼仪》《商务礼仪》《旅游心理学》课程相关内容,分别对宾客抵店、宾客离店两个场景下的前台接待服务做一番"前厅服务礼仪之我见"的演讲。可邀请1～3名酒店企业前厅主管、领班或在校相关专业教师参与点评。

任务一　酒店代表服务

高端酒店为了提高宾客消费体验,展现酒店优质的服务水准,方便到达城市的宾客能够更为顺利地抵离酒店,而向城市范围内的交通枢纽机场/车站派出代表,代表酒店热情迎送抵离店宾客,是提供迎送客的延展服务。

掌握机场/车站迎送客服务中的基本工作流程,为1＋X职业技能等级(初级)认证考核中的要求之一。

基础知识

1. 机场代表工作的意义

前厅部是酒店形象的窗口,礼宾部是酒店前厅部的门面,机场代表服务更是从酒店延伸到店外的服务。有的酒店还直接在机场、车站、码头等设立接待点,安排机场代表迎送抵离店宾客。接待点有明显的酒店店名、店徽及星级。通常机场代表除了迎接预订宾客外,还要积极向未订房的宾客推销酒店客房及其他产品,主动为宾客介绍酒店设施与服务,争取更多的客源。因此机场代表的迎送服务同时也是酒店设立的一种配套服务,是酒店所做的一项促销工作。

2. 机场代表工作的要求

(1) 机场代表是宾客见到的第一位酒店服务人员,其仪容仪表、言谈举止、服务礼仪、工作效率会给宾客留下深刻的第一印象,因此机场代表的仪容仪表、言谈举止要温和得体。

(2) 机场代表的工作场所不在酒店内部,需要员工有较强的独立处理问题的能力,要有责任心,思维敏捷,经验丰富,自觉性、灵活性、协调性、独立性要强。

(3) 机场代表必须提前了解预期抵离店宾客名单,安排好车辆,提前到达指定地点,恭候并热情迎送抵离店宾客,并帮助宾客提拿行李,引领宾客上下车,回答宾客的询问,介绍本地及旅游景点。

（4）如迎接宾客，宾客上车后，马上通知前台做好接待准备，如属贵宾，还要通知大堂经理，通知相关领导准备迎接工作。

（5）如出现宾客漏接情况，及时与酒店前厅部联系，查明原因并上报领导，及时补救。

实践操作 ▼

按照酒店机场接送机服务规范要求，完成宾客接/送机服务（见表3-27）。

表3-27 机场迎送服务规范

步骤(Steps)	怎样做/标准(How/Standard)	提示(Tips)
（1）接机准备	·从预订处获取接机任务 ·核实航班信息与宾客信息，制作接机牌 ·按要求安排好接机车辆 ·安排好接机员工班次，填写接机任务单	·至少提前一天领取接机任务，预留准备时间，核实宾客行程与航班信息 ·接机牌文字使用宾客熟悉的语言
（2）接机	·提前核实接机车辆安排，时间要细致计算 ·控制好时间，至少提前半小时到达机场大厅 ·核对航班信息，选择合适的接机位置 ·接到宾客后主动提供行李服务，安排宾客车辆 ·送宾客上车，安排好行李 ·陪同宾客返回酒店，通知酒店前台做接待准备	·前往机场要考虑交通拥堵时间 ·选择醒目的位置迎接宾客，关注所有疑似人员，避免漏接 ·如确实没有接到宾客，应第一时间设法联系宾客，如联系不上，应及时向酒店前厅部反馈
（3）宾客到店	·将行程进度及时反馈给前厅部 ·到店后，协助门童处理好宾客行李 ·将宾客交接给门前应接人员做好事项交接 ·完善接机任务登记表	·可预见的服务内容一定要做好准备工作 ·交接要做到位，避免多次麻烦宾客 ·记录信息要完备
（4）送机准备	·接受宾客送机的预约 ·提前至少一天安排好送机车辆 ·做好送机员工的安排 ·填写送机任务单，做好送机任务的交接	·接受送机预约时，要注意向宾客说明用车、服务等的费用问题 ·送机时要考虑道路交通和办理值机手续用时，采取时间倒推方式
（5）送机	·提前确认送机车辆是否到位 ·提前15分钟与宾客取得联系，确认出发时间 ·送机人员在大堂等待宾客办完退房手续，陪同宾客乘车出发 ·到达机场后，引领宾客前往值机大厅，并协助宾客提拿行李 ·协助宾客办理值机手续 ·送宾客至安检口，向宾客礼貌道别 ·返回酒店交接任务，做好送机工作信息登记	·送机出发时间一定要严格控制，防止误机 ·协助办理值机手续时，应在座位选择、行李托运与安检通行方面给予宾客必要的建议 ·送宾客进入安检口后，待宾客离开视野后再离开

※学生实训——机场代表工作角色扮演

请两名学生角色扮演，其中一名学生扮演机场代表，另一名学生扮演预定宾客。按照接机服务步骤和标准，为宾客提供机场接机服务。其他学生进行观察并进行互动点评，教师全程指导。

任务二 门前应接服务

礼宾部在门前的应接是前厅部个性化服务的代表,是酒店服务中一个十分重要的组成部分,也是酒店留给宾客真实第一印象与最后印象的重要构成。

了解前厅部的基本概念,掌握前厅礼宾部的基本工作流程,能够按照前厅礼宾部服务的规范要求完成对客服务工作,是1+X职业技能等级(初级)认证考核的基本要求。

基础知识 ▼

1. 门童(Door Man)迎送宾客服务

酒店门前迎送宾客服务,主要由迎宾员完成,口语惯称"门童"。门童的工作场所在酒店正门口,是代表酒店在大门口迎送宾客、为宾客提供相关服务的专门人员,是酒店形象的具体代表。其主要职责包括迎宾送客、指挥门前交通、做好门前安保工作、回答宾客问讯等工作。酒店通常选择形象高大魁梧、记忆力强、目光敏锐、接待经验丰富、知识面广的人担任迎宾员,也有部分酒店会聘用女性、长者或外国人做门厅迎宾员。

2. 车门开启顺序

逻辑一:遵从乘车礼仪。一名门童应接时,先开启后排右侧车门,待全部乘客全部下车后,再开启前排右侧车门。二名门童应接时,先同时开启后排两侧车门,再开启前排右侧车门。宾客乘坐出租车抵达时,应等宾客付完车费后再打开车门。

逻辑二:遵从社交礼仪。内宾、长辈、领导优先,外宾、女士优先。

3. 常见情形应对

(1) 在为宾客护顶时,要注意伊斯兰教徒、佛教徒无须护顶;无法判断宾客身份时,可将手抬起而不护顶。

(2) 如遇雨天,应打伞为宾客服务,并礼貌地请宾客擦干鞋底后进入大厅。

(3) 若行李员未能及时到场,将行李从后备箱中拿出、清点。

(4) 如遇行李损坏,须请宾客签字证明;如果是团队宾客,需通知团队陪同及领队。

(5) 若宾客行李较多,应主动提醒宾客清点件数、带好个人物品,然后用手势提示行李员为宾客运送行李。

(6) 若是整团宾客抵离店,团队中如有儿童,应礼貌、委婉地提醒家长陪同,特别是进出旋转门、自动门或穿行于车场时务必注意安全;由于宾客乘坐的是大巴车,宾客上车时,无须护顶,门厅应接员应站在车门一侧把住车门,一边点头致意,一边注意宾客上下车过程,要主动协助行动不方便者上下车。

(7) 团队人员多时,为保证宾客财产安全,要区分非团队的其他人员,密切注意和清除酒店门口附近的闲杂、可疑人员。

实践操作 ▼

1. 按照酒店门厅应接员服务规范要求,完成酒店门前应接宾客的工作(表3-28)。

表 3-28 酒店门前应接规范

步骤(Steps)	怎样做/标准(How/Standard)	提示(Tips)
(1) 岗前准备	· 检查仪容仪表,做好班前交接 · 了解酒店当天 VIP 信息 · 了解酒店当天承接的会议和活动信息	· 门童站在酒店对客服务的最前沿,仪容仪表尤为重要 · 门童的工作场所在酒店正门口,需要时刻做好回答宾客咨询的准备
(2) 应接宾客抵店	· 引领宾客车辆停到合适位置 · 面向车尾,外侧手打开车门至70°,内侧手为宾客护顶 · 面带微笑,礼貌使用敬语欢迎宾客,提醒宾客带好随身行李 · 与行李员做好交接,请行李员引领宾客前往前台 · 做好抵店车辆信息记录	· 注意车上乘客情况,准确判断开启车门顺序 · 宾客下车后须等待其走到安全区域,再轻关车门,避免夹住宾客衣服 · 如果宾客下车后,行李员未及时来交接,门童应主动补位 · 实施护顶时需要尊重宾客的宗教信仰 · 乘坐出租车抵店的宾客,等宾客结完账后再开车门
(3) 送别宾客离店	· 引导宾客乘用车辆到合理位置,协助行李员安放好宾客行李 · 为宾客开车门、护顶,请宾客上车,轻声向宾客致意,祝宾客旅游愉快 · 引导车辆安全驶出门厅区域 · 做好车辆离行记录	· 如果宾客无自用车辆,需主动询问是否需要安排出租车 · 普通宾客先安排行李,再请宾客上车 · VIP 宾客先请宾客上车,再安排行李,实施护顶时需要尊重宾客的信仰

2. 按照酒店迎送宾客服务规范要求,完成对特殊群体(指老、弱、病和残障宾客)的迎送工作(表 3-29)。

表 3-29 对酒店门前特殊群体的迎送服务规范

步骤(Steps)	怎样做/标准(How/Standard)	提示(Tips)
(1) 岗前准备	· 由礼宾部经理将相关信息发至各相关部门 · 根据实际情况,准备轮椅等工具 · 与前台确认并征求宾客意见,将房间分至低楼层并靠近电梯处	· 为特殊宾客提供特殊服务,让宾客感到方便并受到尊重 · 确认若宾客住在酒店,则将信息及时通知值班经理
(2) 迎送宾客	· 根据特殊群体家属的交代,将相关信息发到相关部门 · 征求当事人意见,是否需要酒店员工帮助送进房间 · 如有必要,通知总机、客房部、工程部、人力资源部、餐饮给特殊群体相应的支持 · 做好特殊群体进出酒店的帮助和服务 · 做好口头交班和书面交班,如有必要,将信息反馈至部门领导和酒店管理层	· 保持适当距离,在宾客感觉受到尊重的前提下给予帮助 · 上房服务:提供叫醒、硬板床、低而较硬的枕头、医生进房检查等服务

※学生实训——礼宾门前服务

请两名同学配合,分别扮演宾客与酒店门童,按照标准流程,为宾客提供门前迎接和车门打开服务。其他学生进行观察并进行互动点评,教师全程指导。

任务三 抵店行李服务

行李服务,分为面向散客和团队的抵店行李和离店行李服务,以及面向住店宾客的换房行李服务。服务过程涉及礼仪引领、物品运送、酒店介绍、房间介绍、产品推销与推荐等。酒店行李员岗位位于酒店大堂,通常站立于礼宾柜台横端或正门口内侧两边。

掌握前厅礼宾部的基本工作流程,能够按照礼宾部服务的规范要求,完成散客和团队的抵店行李和离店行李服务,是1+X职业技能等级(初级)认证考核的基本要求。

基础知识 ▼

1. 团队行李牌

向团队宾客收取行李时,要标记宾客的身份信息,而后送房时无须核对宾客的行李交接卡牌,无须为宾客提供行李提取卡,因此,许多酒店会专门设计用于团队行李服务时标注宾客信息的团队行李牌。团队行李牌往往只设计一联,主要信息为宾客的团队号、房号、姓名、日期等,主要的功能是进行行李标记,其体型小、使用方便、印制成本低。

2. 接收行李的规程

(1)当宾客行李送抵酒店大门时,应尽快推出行李车接应。

(2)清点行李件数,检查行李有无破损。如遇破损,须请宾客签字证明;如果是团队宾客,需通知团队陪同及领队。

(3)若宾客的行李属于贵重品、易碎品,则提示宾客随身携带。

(4)宾客下车后,上车检查是否有遗留物品;如宾客乘坐出租车抵店,还要特别记住客人所乘出租车的车牌号。

(5)统计行李件数,请宾客签名确认。

(6)整齐码放行李,全部系上有本酒店标志的行李牌,并用行李网罩住,以防止丢失、错拿。

3. 分检行李的规程

(1)根据前台分配的房号分检行李,并将分好的房号清晰地写在行李牌上。

(2)与前台联系,问明分配的房间是否有变动,如有变动须及时更改。

(3)迅速将已知房号的行李送至房间。

(4)如遇行李的姓名卡丢失的行李,应由宾客确认。

4. 运送行李至客房的规程

(1)将行李平衡摆放在行李车上,在推车入店时,注意不要损坏宾客和酒店的财物。

(2)在进入楼层后,应将行李摆放在门一侧,敲门(按门铃)三下,报出"行李服务"(Bell Service)。

(3)宾客开门后主动向宾客问好,固定门,把行李送入房间内,待宾客确认后方可离开。

(4)如宾客不在房间,应按照房号将行李放在房内行李架上。

(5)对于破损和无人认领的团队行李,要与领队或陪同及时取得联系,以便及时解决。

5. 标准敲门(按门铃)程序及要求

酒店工作人员进入客房时,为防止误开房门或者误闯房间,不论房态是否为住客房,均必须履行标准的敲门(按门铃)程序:敲门(按门铃)→报称→敲门(按门铃)→报称→敲门(按门铃)→报称→开门15°→报称→完全打开房门。

每次敲门,击叩三下,由轻到重,力度适中。等待3秒,再次敲门,直至敲三次为止。酒店硬性规定:平时,每位员工必须养成敲门的习惯。

实践操作 ▼

1. 按照散客抵店行李服务的规范要求,完成对客服务工作(见表3-30)。

表3-30 散客抵店行李服务规范

步骤(Steps)	怎样做/标准(How/Standard)	提示(Tips)
(1) 行李应接	·关注宾客动向,主动问候 ·门童为宾客开车门时,行李员应该主动上前为宾客卸行李 ·行李员接过行李时,应该与宾客或门童确认行李数量与完好程度	·宾客自提行李进店,行李员应主动上前询问是否需要提供行李服务 ·对于宾客要求自提的行李,不应强求 ·行李较多或较重时,应使用行李车运送
(2) 客房引领	·引领宾客至前台办理入住手续 ·站在宾客身后约2米的距离静候 ·按照前台要求引领宾客前往房间 ·沿途介绍酒店各经营场所 ·按酒店标准程序敲门(按门铃)进房,并向宾客介绍酒店房门的开启方式	·等待宾客办理入住手续时,需保持标准站姿,精神饱满,不要东张西望 ·主动为宾客控制电梯,请宾客先进先出 ·上楼梯时请宾客先上,下楼梯时在前引领
(3) 客房进入	·打开房门,确认房态 ·请宾客先进房 ·安放好宾客行李 ·介绍房间内特色设计与房内服务 ·向宾客道别,离开房间 ·退出房间,关闭房门 ·从员工通道返回大堂 ·登记散客待登记表	·快速观察房间物品与设备状态,判断是不是可使用的清洁房 ·采用顺时针或逆时针的顺序,介绍房间设施,避免机械介绍 ·注意提醒宾客关注房内消防设施设备情况 ·留下礼宾部服务电话 ·退出房间时注意礼貌礼节

2. 按照团队抵店行李服务的规范要求,完成对客服务工作(见表3-31)。

表3-31 团队抵店行李服务规范

步骤(Steps)	怎样做/标准(How/Standard)	提示(Tips)
(1) 行李应接	·提前排定团队行李服务员 ·门前迎接,接收行李(若是与团队行李负责人交接,需要填写行李清单,双方负责人签字确认件数与完好程度;若宾客自提行李进店,应为每位宾客的行李上挂上团队行李卡) ·整理收集,临时保管	·大型团队人多、房多、行李多,通常一个团队需要安排两名以上的员工协作完成 ·团队入住手续办理时间和拿房时间较长,等待期间,可将行李在大堂合适位置集中保管,使用行李绳或行李网保障安全

续表

步骤(Steps)	怎样做/标准(How/Standard)	提示(Tips)
(2) 行李送房	• 安排专人负责引领宾客进入房间,安排两名行李员专门负责运送宾客行李进房间 • 从前台拿取团队分房表,根据房号与宾客姓名安排行李送房顺序 • 妥善进行行李装车 • 若宾客不在房间,应请楼层服务员协助开门,行李员不得领取万能钥匙自行开门 • 抵达房间门口,一位行李员负责在门外看守行李车,另外一位行李员取件、敲门、进房、安放行李 • 填写行李服务登记表	• 团队房多、人多、行李多,送房时引领和行李应由不同人员分别负责,或先引领宾客进房,行李稍后再送房 • 对照分房表,安排行李;送房顺序考虑"单次同层、同侧"的逻辑,优化行李车行车路线,提高效率,减少占用电梯与通道的时间 • 行李装车考虑"先上后下、同房同车"的逻辑,方便行李卸车,确保行李安全,减少打扰宾客的频次 • 通过员工电梯上下

3. 团队行李入店会有一些常见的特殊情况,其常规的处理规范见表3-32。

表3-32 团队行李入店常见特殊情况处理基本规范

什么(What)	怎样做/标准(How/Standard)	提示(Tips)
(1) 团队的个别房间行李搞错	• 向宾客了解行李的大小、形状、颜色等特征,与陪同的最新排房表核对,核查是否有增房 • 本批团体行李中多一件或几件行李,应把多余的行李存放在行李房中,同一批多余的行李应放在同一格内,用行李标签写一份简短的说明,注明抵店时间及与哪个团体行李一起送来,然后等候旅行社来查找	• 行李错送的处理:应把非本团行李挂上行李标签,做一个简短的说明后,存放于行李房的一格中,等候别的旅行团来换回行李,或通过旅行社联系换回行李事宜 • 同批团体行李中少了一件或几件行李,亦应在签收单上加以说明,同时与旅行社取得联系,尽快追回
(2) 行李无人认领	• 若是发放团队行李时无人领取,应先将情况向领班汇报 • 若宾客的行李寄存时间早已过期,但无人领取,应及时汇报领班,由领班查找后联系宾客,通知宾客及时取行李 • 若在大堂发现无人认领行李,应先向前台人员了解情况,然后将行李放在行李房,同时检查,根据行李上的线索查找失主 • 及时向上级汇报并做好登记	• 若宾客表示没有时间或不方便领取,应征求宾客意见后做出相应处理,必要时应提供帮助 • 行李员在工作时应常对行李进行整理,以便能及时发现问题 • 将无人认领行李保存到行李房中,做遗留行李待领处理;所有无人认领行李超过三个月要交给酒店管理层处理
(3) 行李破损或丢失	• 在酒店签收前发现破损的行李,酒店不负任何责任,但必须在团体行李进店登记表上登记;签收后,在运往客房的途中,或从客房送至酒店大门的途中破损,应由酒店负责 • 行李抵店前丢失,由旅行社或行李押运员负责;如果酒店押运的行李是在去酒店的途中丢失的,酒店应负责任;但因宾客尚未办理入住手续,还不是酒店的正式宾客,酒店的赔偿责任应轻于住店宾客的行李丢失情况	• 记录有关事项并写出事件报告,内容包括:遗失物品、遗失时间、宾客姓名和房号、接收的礼宾员、跟进过程等 • 某些酒店使用行李专用管理系统,宾客存储行李时会收到一张印有二维码的收据;客人取行李时,礼宾员只要扫描其收据上的二维码即可

※学生实训——行李抵店服务

请两名同学配合,分别扮演宾客和行李员,按照流程标准,为宾客提供散客抵店行李服务。其他学生进行观察并进行互动点评,教师全程指导。

任务四 前台入住接待

前台入住接待包括宾客用房分配、散客入住接待、散客离店结账等服务。其中,团队接待,是在前厅服务过程中按照团队服务接待流程和标准,礼貌周到地完成对团队的服务接待工作,更能体现前厅良好的服务水平。

1+X职业技能等级(初级)认证考核要求:了解散客和团队接待的基本概念,掌握散客和团队接待的基本工作流程,能够按照散客团队接待的规范要求完成宾客入住和离店接待工作。

子任务1 散客(自助)入住接待

基础知识 ▼

1. 散客(Individual Guests)

一般指没有预约、没有规律的零散宾客。这类宾客由于没有合同的约定,在选择消费或服务方面自主性较高。

2. 有效证件(Valid Certificate)

中华人民共和国居民身份证(仅限二代身份证)、临时身份证(在有效期内)、护照、军官证、警官证、士兵证、台胞证、通行证及当地公安机关与出入境管理部门允许登记的其他证件。

实践操作 ▼

1. 能够协助宾客完成自助入住服务。自助入住操作流程适用于有自助机的酒店前厅,其服务工作流程如表3-33。

表3-33 宾客自助入住服务规范

步骤(Steps)	怎样做/标准(How/Standard)	提示(Tips)
(1) 宾客预订	·宾客通过官方渠道预订 ·宾客通过OTA直连渠道预订 ·宾客通过其他渠道预订,并在宾客到店前PMS有预订信息	·有些酒店,宾客可通过酒店App/微信小程序预订并在入住当日在线选房
(2) 办理入住	·引领宾客至自助机,选择自助入住功能 ·将身份证放置在身份证识别区,完成人证核验 ·确认订单信息、房号,取出房卡并办理入住手续	·宾客预留订单信息中需含有住客姓名,自助机才能匹配订单并完成入住办理;无法查询到的订单需人工办理 ·未预付的订单,在自助机办理时可进行支付 ·宾客在自助机办理入住时可以更换房号

续表

步骤(Steps)	怎样做/标准(How/Standard)	提示(Tips)
(3) 礼貌道别	• 向宾客礼貌道别,同时指引电梯或房间方向	• 通过自助办理入住时,自助机打印的宾客"抵/离店时间和房间号"的入住单,由宾客保留

2. 能够办理散客入住手续。要求采用谦虚的有效的方式、合适的步骤,但不能超过5分钟(见表3-34)。

表3-34 散客入住服务规范

步骤(Steps)	怎样做/标准(How/Standard)	提示(Tips)
(1) 问候并询问	• 面带微笑,目光接触,在距宾客三米处向宾客问候:您好,请问有什么可以帮助您? • 询问宾客是否有预订	• 如是回头客、常客或者VIP,应对宾客再次光临表示欢迎和感谢并在入住后赠送果篮
(2) 查询确认宾客预订单或预订房间	• 在PMS中查询宾客预订信息 • 复述/核对预订信息 • 如宾客未事先订房,则礼貌地询问宾客是否曾经住过,操作预订程序后办理入住 • 若已预订,则在PMS中找到预订信息,与宾客确认房型、房量、天数等 • 若是预订代理,则核实预订代理宾客姓名和实际入住宾客姓名	• 若是宾客首次住店,询问宾客是否有特殊要求 • 宾客如有需求,须带宾客参观客房 • 若宾客预订时已支付预付款,且有登记/预付单,则向宾客收回预付单
(3) 读取或输入宾客信息	• 在PMS中分配干净的空房(VC) • 询问宾客入住人数 • 请宾客出示有效证件,核实有效期 • 核实宾客证件信息,确认无误后方可入住 • 核对是否为通缉协办人员 • 读取或输入宾客证件信息至PMS系统 • 宾客证件扫描上传至PSB系统	• 若暂无VC房,则告知宾客需等待的时间,并催促客房部清扫 • 若遇通缉协办人员,正常为宾客办理入住手续,及时上报上级 • 若遇二代居民身份证外的其他证件,须手工输入宾客信息 • 接待外宾须填写境外人员临时住宿登记单,并及时上传报备
(4) 介绍房型,确认房价	• 根据宾客要求和电脑房态状况安排房间,并确定房价 • 向非会员宾客推荐会员卡 • 向宾客推荐优选商品	• 以Upsell(增值销售)为原则,由高向低介绍房型及房价 • 如无特殊订房渠道则按照当日前台卖价
(5) 收取押金/房费,打印入住登记单(RC)	• 确认付款方式并收押金 • 确认是否签单挂账 • 根据押金收取情况开关No Post(不允许挂账) • 现金押金的处理,填制押金收取单 • 不收取押金处理——根据PMS系统显示的金额,向宾客收取房费 • 更改房态,在电脑中做Walk In预订 • 打印入住登记单并请宾客签字	• 预收款计算公式:房价×入住天数(向上百元取整)+100元 • 现金预付的宾客,若需要预收款收据,则前台补打印一份给宾客,并在PMS中做好记录 • 线上支付凭证无须打印,如宾客或特许酒店有特殊需求,也可打印 • 针对无权益早餐的宾客适时推荐购买早餐 • 注意签字的一致性(RC单/信用卡背后、刷卡凭证等)

续表

步骤(Steps)	怎样做/标准(How/Standard)	提示(Tips)
(6) 制作/补办房卡	• 根据宾客预订和实时房态,结合需求分房 • 在 PMS 中制作房卡 • 填写房卡套或房卡贴纸信息 • 告知宾客相关服务项目 • 提醒客房特殊信息,如楼层、朝向等 • 补办房卡须核实宾客身份,并在 PMS 中入账,打印杂项转账单,请宾客签字	• 若酒店门卡系统与 PMS 未对接,则在门卡系统中制作 • 填写信息:房号、宾客(姓氏)+尊称、抵离日期 • 介绍早餐时间、地点及使用房卡用早餐、酒店的保险箱服务等 • 提醒宾客:客房和前台均设有保险箱,可酌情使用
(7) 递交住店资料,礼貌道别	• 整理住店资料,双手递交给宾客 • 告知宾客如需发票,可提前开具 • 询问宾客是否需要行李服务 • 指引注目、礼貌道别	• 递交资料:房卡和房卡套、授权凭证、宾客证件、早餐券和其他单据 • 可通过前台扫码或随行管家预约或实时开具发票 • 避免主动播报宾客具体房号
(8) 整理入住信息并存档	• 根据酒店标准,整理宾客资料,包括核实姓名、地址、联系方式等 • 整理单据,与入住登记单一同存放至客账袋 • 登录 PSB 系统,输入并上传宾客信息	• 向客房部说明有关注意事项 • 单据包括:信用卡预授权凭证、押金单、登记/预付单、杂项转账单 • 注意境外信用卡的处理流程

※**学生实训——散客入住接待**

学生分两人一组进行角色扮演,模拟散客办理入住的接待情景,其他同学进行观察并进行活动点评,教师全程指导。

子任务2　团队入住接待

基础知识 ▼

1. 团队抵店前关注点

(1) 前台及时与销售经理或团队联系人联系,确定团队抵/离店时间、人数以及导游或负责人姓名、联系电话,了解清楚客房物品是否撤换等情况。

(2) 提前统一制作房卡,采取相对集中排房的原则,尽可能安排在同一楼层或相近楼层;房卡准备好之后,及时告知服务中心房号,通知是否置放鲜花和水果等,如团队报到时间较早而预排房时无 VC 房,应告知及时抢做。

(3) 关注指定房,若是会务组已提前指定好房号,应及时准备好指定房如指定房已被占用,应及时告知住客原因,安排换房;若宾客不同意,应及时告知销售经理或值班经理。

(4) 了解团队性质是旅游团队还是会议团队,会议团队如需签到,了解如何收费,提前准备好押金单和发票以及人员签到表。

2. 团队抵店时关注点

（1）若是团队负责人统一拿房，需问清到店人数和具体用房量；先发放 VC 房，在取房表上填写房号；请会务组签字确认用房数，留下签单人的姓名和联系方式。

（2）询问团队付费方式，收取足够押金；如离店时结账，则需销售经理担保。

（3）若是团队分散拿房，一部分由会务组结算，一部分由住客自付，则要在 PMS 内相应房间注明并打印取房表；会务拿房一定要有会务负责人的签字确认，以便核对查账。

（4）若是会务组未到而宾客先报到，应提前与销售经理联系，确认是否先收取押金。

（5）及时在 PMS 中做"入住"标记，提取房表核对房号，并告知客房服务中心做好备注留言（签单人及联系电话、会务组名称等）。

（6）若是旅游团队，注意与导游确定叫早时间，说明用餐地点、时间。

（7）注意与旅行社客房协议价格的保密工作，不得告知领队、全陪或旅游者。

（8）旅行社司陪房是否安排、如何收费等问题，应及时与销售经理沟通。

3. 团队住店期间关注点

（1）关注签单情况，是只能由会务组、导游签单，还是均不能签单；签单人必须出示签单卡并签字，收银账台和楼层报来的费用，一定要确认好签单人。

（2）关注团队所付的押金是否足够，以免所产生的费用超出签单范围而造成退房时的漏结账。

（3）核查团队的身份证登记是否齐全，是否全部传输入 PMS；有外宾的，要及时做好护照登记，看签证时间是否过期，如有过期的或特殊国家的要及时向上级汇报。

（4）团队宾客全部报到入住后，打印好房号清单及取房表与会务组进行核对。

（5）签到人员收取完房费之后及时盘账，在 PMS 上核对入住天数；核查开过的发票数目和应收房费数目是否一致，以免产生"单男单女房"而漏结房费。

（6）检查 PMS 上的房费是否与预订单上的房费一致，如房费不一致，及时与销售经理和当班人员进行核对；核查是否包早餐、是否有司陪工作餐、团队用餐结算方式等。

（7）团队如需开通房间电话或房间有消费项目，看是否已收取足够的押金；如果不够，应及时通知团队负责人到前台补交押金，以免会务组漏结。

（8）夜班收银要及时核对团队每日消费明细账单是否齐全，如有遗漏应及时交接下个班组进行跟进。

（9）关注住店宾客的住房情况，对楼层服务员报来的"房间无行李"情况一定要告知会务组并询问原因，预判是否要按退房处理。

实践操作 ▼

通过对团队入住登记过程进行有效、规范的控制，为宾客提供有效快捷的入住服务，能够高效地为团队宾客办理入住手续（见表 3-35）。

表 3-35　团队入住服务规范

步骤(Steps)	怎样做/标准(How/Standard)	提示(Tips)
(1) 团队到达前	• 仔细阅读团队预订单,查看团队入住时间、具体要求等 • 填写团队入住登记单 • 根据要求及电脑房态分房并做房卡 • 如有特殊要求,及时跟办	• 所有宾客都须有合法证件,需要签证入境的外宾要持有效签证
(2) 团队到达时	• 确认预订后向领队/陪同负责人收取所有住店宾客的有效证件 • 将房号交给领队/陪同分房 • 在团队入住登记单上注明实住人数、领队/陪同房号并要求导游/团队负责人签名,留下联系方式 • 根据团队的付款方式,向领队/陪同收取押金,并确认宾客是否可以签单,同时在电脑中注明,及时开关 No Post(不允许挂账) • 电脑中做入住(C/I)操作,并确认房间是否为干净房 • 核对电脑房号无误后将房卡交给领队/陪同 • 祝宾客居住愉快,并将团队名单送至礼宾部安排行李入房	• 请导游/团队负责人配合酒店实名入住的要求 • 确认叫醒时间、提取行李的时间和用餐安排 • 发卡后将分房表送至前台一份 • 团队宾客若临时提出加床要求,应严格按合同和操作程序处理
(3) 团队离开后	• 将团队信息输入电脑,建立团队总账单 • 将所有文件整理,并放入指定的团队文件夹存档	• 通知客房部、总机、餐饮部等关联部门

※学生实训——团队入住接待

学生分组进行角色扮演,模拟团队宾客办理入住的接待情景,其他学生进行观察并进行互动点评,教师全程指导。

模块三　宾客在店服务

任务导入

表演与竞猜——住店服务技能强化

将学生分成若干小组,预习本模块内容并准备写有电话应接服务、商务活动服务、物品保管服务、问讯服务、访客服务、换房/续住服务等内容的卡片若干,每组派代表抽取一张卡片。抽到卡片的小组,在 3 分钟内通过动作、表情等方式,将卡片上的服务内容表演出来,不能说话。其他小组进行竞猜,猜出表演的是哪种服务。猜对后,教师针对该服务的要点进行简单讲解,完成学习任务。

任务一　电话应接服务

在酒店,电话应接服务由电话总机提供完成。酒店总机以电话为媒介,直接为宾客提供一键式电话服务以及电话叫醒、免打扰、查询、转接等服务,电话服务在酒店对客服务中扮演着重要的角色,其工作代表着酒店的形象,体现着酒店服务的水准。

了解酒店服务的基本概念,掌握酒店总机服务的基本工作流程,能够按照酒店总机服务的规范要求,完成对客服务,是1+X职业技能等级(初级)认证考核的要求。

子任务1 一键式服务

基础知识 ▼

1. 一键通式服务的性质

一键式服务,也称一键通式服务(One Button Service),是指在客房的电话上有一个"服务中心"按键,宾客在需要服务时只要按下这个键,电话就会自动拨到酒店总机;而话务员一旦受理,即可通过酒店内部运作,一次性解决宾客的多个问题,以最短的服务时间提供优质的服务。其实质就是服务的集成、整合,使服务过程变得快捷、方便。

2. 一键式服务的要素

相对酒店而言,一键式服务主要是简化操作流程,提高服务效率,提高宾客满意率。其要素有三:

(1) 目的:充分发挥一键通式服务的优势,便捷、先进、及时、快速地满足客人的需求。

(2) 关键步骤:问候—受理服务—跟踪服务。

(3) 执行关联部门和岗位:总机话务员和前厅部经理。

※小资料——"一键入会"

酒店传统会员卡,在充值、消费等方面均存在约束性,导致会员卡办理的过程和使用都非常困难。自2021年起,我国许多酒店在宾客进入前台后,通过使用刷脸支付设备,即可进行身份核验。核验身份证后,无须打开手机,凭借"刷脸"即可完成支付。在宾客刷脸支付前,支付设备跳转到成为会员页面,进行会员卡支付;在支付完成时,支付成功页出现领取会员卡板块,宾客可一键获取信息立即成为酒店会员。

实践操作 ▼

根据岗位工作需要,掌握服务中心话务员一键式服务的相关规范(见表3-36)。

表3-36 总机一键式服务规范

步骤(Steps)	怎样做/标准(How/Standard)	提示(Tips)
(1) 问候询问	・话务员接起电话首先要问候宾客 ・不管宾客对房内物品有何需求,话务员一定要尽全力满足宾客的需求	・问候要清晰礼貌,听清电话内容
(2) 受理服务	・当话务员接到宾客的需求时,可直接受理,然后将宾客需求记录在宾客关系跟踪控制表上,包括房号、特殊要求等 ・话务员打电话至客房中心文员处,告诉宾客的需求,并记下被通知人的姓名和通知的时间	・话务员除了日常受理房间服务外,还应对房型、失物招领、跟踪事项等有一定了解,中间的沟通与协调作用不容忽视

续表

步骤(Steps)	怎样做/标准(How/Standard)	提示(Tips)
(3) 跟踪服务	• 根据10分钟和30分钟的标准来给宾客确认 • 当时间达到标准后,话务员需打电话至客房让宾客确认需求是否完成;若未完成,则查问相关人员是否已安排人员或机器人承担此工作,并找出尚未完成的具体原因,并落实跟进,直至任务完成 • 如果宾客不在房间,话务员需第一时间打电话至客房中心,确认任务是否完成;若未完成,需提醒文员再次催促服务员加快速度	• 一般的物品派送标准是10分钟,打扫房间的标准是30分钟

※学生实训——一键式服务体验

各小组自设一个情景,由3名组员各扮演宾客、话务员、前厅部经理,依照问候—受理服务—跟踪服务的程序,体验一键式服务的过程。

子任务2　叫醒服务

基础知识▼

1. 叫醒服务的类型

酒店叫醒服务可分为人工叫醒服务和自动叫醒服务。人工叫醒服务一般用于VIP宾客、套房宾客或要求人工叫醒服务的宾客;酒店入住的团队宾客第2天有相同的行程安排,需要整团同一时间叫醒,这种叫醒服务被称为团队叫醒,多见于旅游团队。

2. 叫醒服务的方式

采取何种方式叫醒,因酒店而异。常见的做法是第一次为自动叫醒服务,自动叫醒发出后如果宾客房间没有回应,需要提供第2次人工打电话叫醒,如果宾客房间还是没有回应,酒店会派人上门叫醒,这不仅是确保叫醒宾客,更重要的是确认宾客是否在房间,是否出现其他异常状况。

3. 叫醒失误的原因

叫醒失误的原因可能包括:(1) 服务人员漏叫;(2) 服务人员做了记录但忘了输入电脑;(3) 工作失误,输入电脑时输错房号或时间;(4) 叫醒系统故障;(5) 宾客报错房号,服务人员确认叫醒服务时也没有核实;(6) 宾客房间电话听筒没放好,无法响(振)铃。

实践操作▼

1. 按照规范要求,掌握服务中心员工受理散客叫醒预订的服务流程(见表3-37)。

表 3-37　受理散客叫醒预订基本流程

步骤（Steps）	怎样做/标准（How/Standard）	提示（Tips）
（1）接听电话,问候宾客	·铃响3声或10秒之内接听电话,说出自己的名字及部门,并问候宾客	·遵照酒店标准电话礼仪
（2）认真倾听宾客需求	·获得宾客姓名、房号及叫醒时间 ·在PMS中核对宾客信息,并查询其是不是VIP ·若是VIP,则询问是否需要咖啡或茶;如有需要则告知送至房间的时间	·若是VIP须做出特别提示 ·询问宾客是否需要第二次叫醒
（3）复述细节,获得确认	·重复叫醒信息,如宾客房号、××日××点需要叫醒服务、咖啡或茶会于××点送至房间(若无咖啡/茶,此举省略),确保信息无误	·称呼宾客为××先生或女士 ·取得宾客对信息的确认
（4）感谢宾客,结束预订	·询问宾客是否还有其他需求 ·若有,则为宾客提供更多服务;若无,则感谢宾客来电结束预订,挂断电话	·等宾客先挂电话后才可挂断

【特别提示】如果宾客到前台预订叫醒服务,本表第2步和第3步服务相同

2. 按照规范要求,掌握服务中心员工受理团队叫醒预订的服务流程(见表3-38)。

表 3-38　受理团队叫醒预订基本流程

步骤（Steps）	怎样做/标准（How/Standard）	提示（Tips）
（1）接听电话,问候宾客	·铃响3声或10秒之内接听电话,说出自己的名字及部门,问候宾客	·遵照酒店标准电话礼仪
（2）获得宾客信息	·获得要求提供叫醒服务的宾客姓名、房号及其所在团队名称	·须在PMS中核实信息或与相关销售人员确认
（3）认真倾听宾客需求	·获得叫醒时间及需要叫醒服务的所有房间号码;询问是否有VIP宾客需要特殊服务	·如有VIP须做出特别提示
（4）复述细节,获得确认	·重复叫醒信息,如团队名称,所有房间号码,××日××点需要叫醒服务,咖啡或茶会于××点送至××房间(若无咖啡/茶,此举省略),确认信息无误	·取得宾客对信息的确认
（5）感谢宾客,结束预订	·询问宾客是否还有其他需求,若有,则为宾客提供更多服务;如无,则感谢宾客来电,挂断电话	·等宾客先挂电话后才可挂断
（6）核实信息	·在PMS中核查所有房号,确认预订人所提供的房号准确无误,如果遗漏其他房号,需联系预订人再次核实确认,否则按酒店服务标准提供服务	·若房间不多,可在第3步宾客提供房号时核实

3. 按照规范要求,掌握自动叫醒服务流程标准(见表3-39)。

表3-39 自动叫醒服务基本流程

步骤(Steps)	怎样做/标准(How/Standard)	提示(Tips)
(1)制作自动叫醒服务录音	·酒店自动叫醒服务录音措辞准确,语音语调标准,服务用语规范	·自动叫醒服务录音是标准服务,适用于每个宾客
(2)将叫醒信息录入交换机	·在机台输入房号和叫醒时间	·须准确、无误
(3)核实信息	·核实输入机台的信息	·如有VIP须做出特别提示
(4)填写叫醒记录	·在叫醒记录表上按时间顺序登记宾客的房号和叫醒时间并签名确认	·填写完毕后,签名前需再次核查
(5)夜班核查	·夜班工作人员再次核查叫醒宾客信息及房号 ·检查叫醒系统是否正常工作	·信息要准确,系统应正常
(6)核实信息,完成叫醒服务	·确认自动叫醒服务按时完成并收到宾客回应 ·若有未回应宾客,务必启动第2次人工叫醒 ·确认叫醒服务完成,保存完整叫醒记录	·若第2次宾客仍未回应,酒店派人上门叫醒

※学生实训——叫醒服务

酒店可以根据宾客需要叫醒服务的目的和时间,在提供叫醒服务时向宾客介绍当天的天气情况、机场进出港航班情况、交通路况等信息,以体现酒店服务的人性化。请各学习小组自行组织设计具体叫醒情景进行练习。

子任务3 免打扰服务

基础知识 ▼

1. 免打扰服务总要求

宾客入住酒店,因私人原因,往往要求做保密及免打扰等一些特殊的服务。服务中心在接到客人的这类要求时,应与客人进一步沟通,了解清楚客人的要求,如是否拒绝所有来电、是否接听内部电话、如有来电寻找怎样回答等。

在处理此类特殊的要求时,一方面要考虑住客资料的保密性,使客人信任酒店的工作;另一方面也要考虑电话应答的技巧,生硬地回答会使住客与来电者双方产生误会,令客人对酒店失去信心。

2. 免打扰服务注意事项

(1)话务员设置"请勿打扰"后,所有电话除了话务员外均无法打入宾客房间。

(2)话务员应有交接记录,让所有总机员工知晓此事,并把房号写在总机房白板上,便于时刻查看"请勿打扰"设置是否掉线(如掉线则需立即重置)。

(3) 一旦客人要求的期限时满,话务员须为宾客房间删除"请勿打扰"的程序,电话系统将恢复正常操作。

实践操作 ▼

根据岗位工作需要,掌握服务中心话务员免打扰服务的相关规范(见表3-40)。

表3-40 免打扰服务规范

步骤(Steps)	怎样做/标准(How/Standard)	提示(Tips)
(1) 接收电话免打扰服务	·话务员应仔细询问住客的房号、设定时间、持续时间和取消时间及其他指示内容	·话务员向住客重复相关信息,要确保所有信息的准确性 ·将住客的要求详细记录在免打扰服务记录本上
(2) 设置免打扰状态	·按照住客要求的设定时间,将住客房内的电话设置为"请勿打扰"状态 ·若在话务台上不能成功设置,则通过PMS系统手动设置	·话务员可在话务台上用快捷键为住客设置"请勿打扰" ·设置成功会显示字样"Do Not Disturb On"
(3) 取消电话免打扰服务	·接到住客取消免打扰服务的通知或到达宾客设定的免打扰服务时间后,按照操作程序取消宾客房间的免打扰服务 ·在交接班本上注明取消时间	·在住客接受免打扰服务期间,若有人来电要求与宾客通话联系,应将宾客不愿意被打扰的信息礼貌地告知来电者,建议其留言或是等宾客取消免打扰服务之后再进行联系

※学生实训——免打扰服务练习

有条件的学校组织各小组进入模拟总机房,依照受理"请勿打扰"服务—设置"请勿打扰"—相关注意事项的程序,进行一次酒店总机免打扰服务训练。

子任务4 客用品需求服务

基础知识 ▼

1. 酒店客用品的概念

酒店客用品多指放在房间内供宾客免费使用的用品,包括矿泉水、茶包、咖啡(多为速溶咖啡)、毛巾、浴巾、香皂、沐浴液、洗发液、护发素、牙膏、牙刷、剃须刀、漱口水、指甲刀等。每个酒店具体提供哪些用品并没有统一规定,不同的酒店有不同的标准,基本上奢华的酒店提供的选择会多一些,产品质量也会更好一些。

2. 酒店客用品的保管与配置

酒店客用品传统上均保存在管家部,宾客需要时均由管家部服务员送至宾客房间。自从京沪等地的相关管理部门出台政策要求酒店不能主动提供6小件客用品(包括一次性牙刷、拖鞋、牙膏、香皂、浴液、梳子)后,许多酒店会在前台备存这些客用品。

值得一提的是:因现阶段许多宾客仍习惯于酒店提供这些用品而不会自备,且常会至前台索要;前台也会主动问入住宾客是否有携带这些用品以免宾客进房间后拨打电话到服务中心索要。当然,随着AI技术的发展,许多酒店采用送货机器人给宾客房间运送物品,这在某种程度上缓解了酒店里人工的紧张程度。

实践操作 ▼

根据宾客的需求,完成客用品服务的操作(见表3-41)。

表3-41 客用品服务基本操作程序

步骤/什么(Steps/What)	怎样做/标准(How/Standard)	提示(Tips)
(1)接听电话	·礼貌地接听宾客的电话	·接电话时应面带微笑
(2)询问需求	·询问宾客所需物品的种类、数量、规格等信息,并在纸上做好记录	·手边应随时备好笔和纸
(3)记录需求	·根据做好的笔记在住客服务系统中新建任务,详细输入服务内容	·重复自己记录的内容让宾客确认
(4)跟进结果	·关注任务完成情况,必要时督促相关岗位及时处理	·与宾客确认是否获得所需用品

【特别提示】在当下数字化时代,有些酒店的宾客不用给服务中心拨打电话要求配送客用品,而是通过手机扫描放在客房内的二维码,就能看到酒店可给房间内配置的客用品名录,宾客只需勾选并填报其所需品名及数量,客房服务员或者服务机器人很快就能将所需品送至房间

※学生实训——服务中心提供客用品需求服务

将学生分成组,两两配合,一组为酒店服务中心工作人员,另一组为酒店宾客,角色扮演如何提供客用品需求服务。

子任务5 接转电话服务

基础知识 ▼

1. 文本留言处理要求

(1)当宾客要求文本留言时,话务员应该落实被留言人的姓名、房号或部门,留下留言人的姓名、联系方式、留言内容以及留言时间等,并重复所有信息确保留言的准确性。

(2)按照留言条的要求,将以上信息准确填写在留言条上。

(3)将留言条的客用粉联用信封封起来,第一时间通知礼宾员送到宾客的房间。

(4)将留言条的另一白联放于总机保存,以备查询。

(5)无论是内部员工还是宾客的留言一定要确保及时、快捷。

2. 语音留言处理原理

(1) 宾客房间电话拥有一个语音指示灯。若宾客需要语音留言,话务员会将来电者的电话转入宾客房间,铃响四声之后无人接听,电话会自动跳入语音信箱,此时可根据语音提示给宾客留言,留言后指示灯将亮起来。

(2) 宾客回房后发现指示灯亮了,按下电话上的提取留言的红色按钮就可以听到留言内容了。宾客提取语音留言后,电话上亮起的留言灯将自动关闭。

3. 接转电话的注意事项

(1) 接听电话第一步要做的就是报岗,让致电者清楚是哪里在接听电话,具体操作内外线是不一样的。因为话务员一接起电话就要马上反映报岗内容,所以这段话术必须非常熟悉,达到惯性本能的反应。

(2) 若住客接听,则将电话转接到房间;若住客不接听,则婉拒外线宾客。

(3) 当来电者不清楚要找的部门或分机时,总机应询问对方:"请问您有什么需要帮忙?"根据宾客所提供的资料转入相应的部门,转电话之前应知会宾客,如"请稍等,我帮您转接到××部门";有宾客要找的同事放假时,则应告知来电者相关同事部门的上班时间;总经理的外线电话,一般由总办秘书代为接听;如有高层管理人员的来电,在将电话转相关部门前应告知:"现在有经理电话。"

实践操作 ▼

根据工作需要,掌握服务中心人员在处理电话转接服务的相关规范(见表3-42)。

表3-42 电话接转服务操作规范

类别(Category)	怎样做/标准(How/Standard)	提示(Tips)
(1) 接听电话	·电话铃响3声或10秒内,拿起电话。 ·若是外线,拿起电话说:"您好(早上/下午/晚上好),××酒店,请问有什么可以帮您?" ·若是内线,拿起电话则说:"您好(早上/下午/晚上好),电话服务中心,请问有什么可以帮您?"	·问候要清晰礼貌,听清电话内容
(2) 外线电话找住客	·按外线键接听电话并问候,询问来电者住客信息 ·在PMS系统中核对住客资料 ·询问来电者的姓名或公司 ·征求住客意见(如"请问××先生电话要接听吗") ·迅速准确地转接电话	·转接电话时播放音乐 ·必须征得住客同意后,才可将电话转接或者告知访客房号
(3) 外线电话转各部门	·按外线键接听电话并问候 ·判断分机号码是否正确 ·迅速准确地将电话接入来电者想找的部门或分机	·要熟悉各部门的分机号码

续表

类别(Category)	怎样做/标准(How/Standard)	提示(Tips)
(4) 内线电话之间转接	·按内线键接听电话并问候 ·听清楚对方的要求或要转的分机 ·准确地将电话接入对方想找的部门或分机	·要熟悉各部门的分机号码
(5) 内线电话转外线	·按内线键接听电话并问候,询问对方的全名和职位 ·记录对方要转的号码 ·准确快速地将电话转接出去 ·将相关员工转外线记录于电话记录本上	·务必听清要转给对方的号码、姓名等信息
(6) 电话无法接通的处理	·电话占线处理:礼貌地问候;及时跟宾客说明占线情况;请宾客稍后再试或留言 ·电话没人接听处理:向宾客说明电话没人接听的情况;主动征询宾客是否愿意稍后再拨打或留言	·对来电宾客的等候要表示抱歉 ·若需留言,务必认真聆听并复述留言内容

※学生实训——话务用语训练

组织学生自我训练本任务"应会要务"中的话务员规范用语,要求达到产生惯性本能反应(其标准由任课教师判定)。

子任务6 总机特情处理

基础知识 ▼

1. 宾客/员工/消防中心的紧急报警

总机除了为宾客提供一般性服务以外,还要灵活处理宾客的其他服务需求,同时充当酒店的临时指挥中心,特别是处理宾客及员工紧急报警和消防中心紧急报警等情况。除此以外,有些酒店的总机还负责酒店的背景音乐选择及播放、闭路电视监测、收费电视点播等工作。

2. 残疾人客房的警铃报警

残障人士客房内设施应能满足残障人士生活起居的一般要求,且应在明显位置设置便于操作的呼叫按钮。呼叫按钮的响应端以警铃的方式安装在总机房内,当宾客按下呼叫按钮,总机房内的警铃会随之响起。在日常工作中,总机话务员应当随时关注警铃状态。当警铃响起时,应依据如下规范处理:听到警铃声,首先关闭警铃;致电残障人士房间,询问宾客是否需要帮助;如需协助,联系值班经理或相关部门解决,如宾客误按警铃,通知客房部将警铃复位即可。

实践操作 ▼

按照电话接听及酒店消防规范要求,完成宾客及员工紧急报警的处理(见表3-43)。

表 3-43 宾客及员工紧急火情的处理操作规范

步骤(Steps)	怎样做/标准(How/Standard)	提示(Tips)
(1) 接到紧急报警	·首先告诉报警人要保持冷静 ·询问报警人有关信息：报警人姓名、报警人所在部门、出事地点、何物燃烧及火势大小 ·迅速将有关内容准确记录在案，并告诉报警人：我们会立即通知有关部门及人员，请您马上寻找紧急出口撤离	消防中心报警的处理： ▼接到紧急报警 ·认真仔细听清报警地点、报警人姓名；重复报警地点及报警人姓名；把报警迅速准确记录下来 ▼通知相关部门 ·白天需通知客务经理、保卫部值班室、总经理办公室及消防值班领班 ·夜间需通知呼叫值班领导、客务经理、保卫部值班室及当日部门值班经理 ▼填写报警记录 ·须写明报警时间、地点及报警人姓名 ·若为白天报警，需填写以下人员姓名：客务经理、保卫部值班人员、总经理办公室接到报警电话的人及消防值班领班 ·在夜间需填写店领导、客务经理、保卫部值班室接到报警电话的人、当日部门值班经理的姓名
(2) 通知消防控制中心	·立即通知消防控制中心必要信息：报警人姓名、报警人所属部门、着火地点、燃烧物、火势大小及话务员姓名 ·记录受话人姓名	
(3) 记录报警	·准确地将接到处理的有关报警内容记录在报警本上	
(4) 等待消防中心报警	·消防中心会立即派人实地查询，若情况属实，立即会从出事地点向总机报警	
(5) 接到消防中心报警	·通知相关部门 ·记录消防中心报警的相关处理信息 ·记录消防中心报警人和话务员姓名	

※学生实训——住客紧急电话处理

深夜当值话务员收到1203房间住客电话，该住客声音虚弱，很艰难地说出他现在非常难受，然后就没有任何声音了。请4名同学为一组角色扮演完成该问题处理，其中1名同学为话务员，1名同学为客房服务中心人员，1名同学为值班经理，1名同学为宾客。注意在实训过程中要展示"急宾客之所急"的解决思路。

任务二 商务活动服务

酒店商务中心通常设置于前厅且便于与前台联系的地方，并有明显的指示标记牌。它能够提供复印、打字、秘书等五种以上的商务性服务。在办理服务项目上，与礼宾部的工作有一定的交叉。

本任务虽未被列入1+X职业技能等级认证考试指定范围，但在酒店前厅实际接待工作中常见且重要。

基础知识 ▼

1. 商务中心员工业务要求

商务中心服务人员应修养良好，责任心强，能使用普通话及两种以上外语提供服务，待客礼仪规范，服务语言准确，能够机智灵活地与宾客进行有效沟通。熟悉商务中心工作内容和程序,熟知酒店设施、服务项目和各类产品促销推广信息,熟练掌握各种设备性能、作用和操作技术,能对工作设备用品进行简单保养和故障排除。

2. 商务中心岗位工作要求

商务中心岗位工作流程一般为:提前五分钟到岗,进行交接班并了解上一班的情况→阅读"交接班簿"并在上面签字→检查工作设施→进行清洁维护→开始日常工作。

3. 商务中心服务项目

传统的大、中型酒店的商务中心,一般会提供文稿复印和打印、互联网上网、手提电脑出租、会议室出租、会议记录、文稿翻译等商务性质的服务项目。但随着5G互联网、客户接受终端等新技术的发展,以上服务需求不断被弱化,仅有会议室出租、会议记录和翻译服务等较为常见。

实践操作 ▼

按照商务中心制度及工作规范,完成洽谈(会议)室租用、会议记录和翻译等服务(见表3-44)。

表3-44 商务中心常规服务项目基本工作规范

类别(Category)	怎样做/标准(How/Standard)	提示(Tips)
(1)洽谈(会议)室租用	·了解相关服务信息,如洽谈(会议)室使用时间、参加人数、服务要求、设备要求等 ·受理出租:主动向宾客介绍洽谈(会议)室出租收费标准;当宾客确定租用后,按要求办理预订手续;提前半小时准备好洽谈室 ·会议服务:主动引领宾客到洽谈(会议)室,请宾客入座、为宾客上茶,会议中每半小时为宾客续一次茶水;尽量满足宾客提出的其他商务服务要求 ·结账致谢:按规定请会议负责人办理结账手续,向宾客致谢	·我国《旅游涉外饭店星级的划分及评定》规定,四、五星级酒店商务设施应有可以容纳不少于10人的洽谈(会议)室 ·宾客服务要求主要包括座席卡、热毛巾、鲜花、水果、茶水、文具等方面的信息要求 ·会后立即清扫洽谈室,整理室内物品,恢复室内原貌
(2)会议记录服务	·介绍价格:向宾客讲清酒店收费标准 ·了解会议议程:事先要了解会议的议程 ·确定标题:即单位名称、会议事由(含届/次)加上"记录"组成 ·会议记录:记录会议基本情况和会议内容 ·结账致谢:请会议负责人办理结账手续,向其致谢	·现场记录是原始记录,一般需要整理 ·会议基本情况:开会时间和地点、出席人、缺席人、列席人、主持人、记录人等,以示负责 ·会议内容:主要写会议议程、议题、发言内容、会议决议等
(3)翻译服务	·向宾客提供相关翻译公司收费标准及期限;说明"翻译费用与酒店没有任何牵连" ·了解宾客需求以及相关事宜(语言/页数等) ·了解宾客是否愿意接受相关价钱和时间 ·与宾客确认无误后,联系翻译公司并与其落实宾客的相关要求 ·与宾客签订相关凭证单,将文件和有宾客签名的凭证一同交给宾客 ·做账后,送别宾客	·提醒翻译公司自己是××酒店宾客中心,并向该公司解释宾客需求;核对公司报价和宾客需求;在规定的时间内向翻译公司索要翻译好的文件 ·传送文件的渠道无论是传真、微信、QQ邮箱抑或其他,若文件内容过多或者属于机密,则要求公司来取

※学生实训——情景再现

场景展示：

某日 14:35，某酒店 1008 号房宾客邦德先生（宾客甲）来到前厅的商务中心，邦德先生告诉接待员小郭（接待员甲），15:05 左右将有一份他的加急传真，要求收到后立即派人送到他的房间。15:00，接待员小谭（接待员乙）前来接班，小郭马上嘱咐小谭 5 分钟后有一份加急传真，要立即给 1008 号房的邦德先生送过去，然后按时下班了，15:05 加急传真准时发到了商务中心。

此时，恰巧一位宾客手持一份急用的重要资料要求打印并向小谭交代打印要求；而另有一位早上打印过资料的宾客（宾客乙）因对打印质量不满而要求小谭马上修改。忙乱之中，直到邦德先生打电话询问他的传真到了没有，小谭才想起来，急忙让行李员（接待员丙）把传真给邦德先生送去，而此时已经是 17:30 了。看了传真内容后，邦德先生大怒，并拒绝接收。同时，邦德先生找到值班经理表示，由于酒店没能及时将加急传真送给他，导致他将损失 5 万美元的利润，因此强烈要求酒店要么赔偿他的损失，要么开除小谭。

实训要求：

（1）请 6 名同学，分别扮演宾客甲、宾客乙、接待员甲、接待员乙、接待员丙和值班经理，重现以上场景。

（2）依据所学知识与技能，针对以上宾客甲和宾客乙的服务需求，重新设定规范的应接服务流程（接待业务流程再造）并加以演练，使宾客甲——邦德先生满意。

任务三　物品保管服务

前厅服务与运营管理过程中，宾客随身携带的大件行李或贵重物品，使其在店消费活动变得不方便。酒店为提高宾客消费体验，制定行李及贵重物品保管服务标准，为宾客提供行李及贵重物品保管服务，以体现前厅良好的服务态度和服务水平。

了解酒店行李及贵重物品保管服务的基本概念，掌握宾客寄存行李及贵重物品保管服务的基本工作流程，能够按照酒店行李及贵重物品保管服务规范要求，完成对客服务工作，是 1+X 职业技能等级（初级）认证考核的要求。

子任务 1　行李保管服务

基础知识 ▼

1. 行李保管的限制

（1）行李保管服务的对象：酒店通常仅为住店宾客提供行李保管服务。

（2）行李的范畴：住店宾客随身携带的大件、非贵重物品。易燃、易爆、易损、易碎、有毒、易腐蚀的物品以及易腐败变质的食物、活物等均不可视作行李办理保管手续。

（3）行李保管期限：酒店会根据行李流量确定保管期限，通常最长不超过 6 个月。

2. 寄存牌与登记表的使用要求

(1) 行李寄存牌:酒店定制的行李寄存、保管和提取凭证,通常分上下两联,且两联印有相同编码,上联填写后系于保管的行李上,下联交由宾客保管,作为提取行李的凭证。行李寄存牌上联通常需要填写的内容包括寄存日期、宾客房号、宾客姓名、行李件数、宾客签名、行李员签名和备注事项;下联通常需要填写的内容包括提取日期、宾客签名、行李员签名、备注和行李保管服务注意事项说明。

(2) 行李寄存登记表:对每天接收的行李和提取的行李进行登记,每日依据行李寄存登记表进行库存行李交接。行李寄存登记表的内容包括寄存时期、宾客房号、宾客姓名、行李件数、接收人员签名、提取日期、操作人员签名等。

3. 工作环节

行李保管服务的工作环节:行李寄存、行李保管、行李提取。

实践操作 ▼

1. 按照行李保管接待规范,完成宾客行李保管接待工作(见表 3-45)。

表 3-45 行李寄存与提取接待操作规范

步骤(Steps)	怎样做/标准(How/Standard)	提示(Tips)
(1) 招呼与询问	• 主动上前问候,行注目礼,表情自然 • 询问服务需求	• 先于宾客问好,以示尊重 • 注意礼貌用语
(2) 核实身份并介绍保管规定	• 确认宾客服务需求 • 核实宾客身份(住客) • 介绍酒店行李寄存有关规定	• 介绍要耐心、全面 • 以房卡为核实住客身份的依据 • 非住店宾客需要寄存行李时,需耐心解释,必要时请示上级
(3) 检查行李情况	• 礼貌地请宾客取出需要寄存的行李 • 确认行李完好度、数量以及是否存在不适合作为行李寄存的物品	• 对于行李损坏的情况,应该委婉地向宾客提示、明确 • 对于不适合寄存的物品,应该给宾客提供合适的建议
(4) 办理寄存手续	• 行李员代宾客填写行李寄存牌 • 礼貌地请宾客在行李寄存牌上联"宾客签名"处签字 • 将行李寄存牌下联撕下交给宾客,并提醒宾客了解行李寄存注意事项,告知宾客需本人凭房卡与行李寄存牌下联提取行李 • 向宾客道别	• 行李寄存牌下联内容应在宾客提取行李时再填写 • 宾客行李如存在异常情况,在与宾客当面核实后,需作为备注事项记录在行李寄存牌的上、下联上 • 行李寄存牌下联交给宾客时务必做好告知与提醒
(5) 保管行李	• 将行李寄存牌上联系在行李上(宾客寄存多件行李时,需将行李系在一起,防止行李丢失或错拿) • 将行李送入行李房进行暂放 • 登记行李寄存登记表	• 送入行李房的行李需要妥善存放于行李架上,轻的、小的放在高处,重的、大的放在低处,避免叠压 • 存放于行李房的行李,需在每日交接班时进行清点

续表

步骤(Steps)	怎样做/标准(How/Standard)	提示(Tips)
(6) 行李提取	• 主动问候,并确认服务需求 • 请宾客出示房卡与行李寄存牌下联,并签名持行李寄存牌到行李房中取出宾客寄存的行李 • 请宾客确认行李件数与完好程度 • 与宾客道别,填写行李寄存	• 提取行李时需核对行李寄存牌上、下联的宾客签名笔迹,确认宾客身份 • 办理正常行李提取手续的行李寄存牌填写完整后,需在行李房保管不少于一周的时间

2. 按照行李保管接待规范,完成行李寄存服务特殊情况处理工作(见表3-46)。

表3-46 行李寄存服务特殊情况处理规范

什么(What)	怎样做/标准(How/Standard)	提示(Tips)
(1) 他人领取	• 当代领人来领取行李时,请其出示存放凭据,报出原寄存人的姓名、行李件数、行李特征 • 收下行李寄存单下联并与上联核对编号,再查看行李寄存记录本记录,核对无误后将行李交给代领人 • 请代领人写收条并签名(或复印其证件),将收条和行李寄存单的上下联订在一起存档并做好记录	• 若住客寄存、他人领取,须请住客将代领人的姓名、单位或住址写清楚,并请住客通知代领人带行李寄存单的下联及证件来提取行李 • 行李员须在行李寄存记录本的备注栏内做好记录
(2) 凭证遗失	• 若宾客遗失行李寄存单,须请宾客出示有效证件并核查签名 • 请宾客报出寄存行李件数、特征及原房号等信息 • 将宾客所写的证明、证件复印件、行李寄存单上联订在一起存档	• 确定是该宾客行李后,须请其写张领取寄存行李的说明并签名,同时复印其证件 • 若宾客房卡丢失,应先请宾客到前台补办
(3) 其他特情	• 若宾客行李寄存时间早已过期,但无人领取时,行李员应及时汇报领班或值班经理并做好登记,由领班或值班经理查找后联系宾客,通知宾客及时领取行李	• 来访宾客留存物品,让住客提取的寄存服务,可采取留言的方式通知住客,并参照寄存/领取服务有关条款进行

※学生实训——行李寄存和提取

请两名同学分别扮演员工和宾客。按照操作标准开展行李寄存和提取服务。

子任务2 贵重物品保管服务

基础知识 ▼

1. 贵重物品保管的对象与范畴

(1) 贵重物品保管服务的对象:酒店通常仅向住店宾客提供贵重物品保管服务。

(2) 下列物品被视为贵重物品:珠宝首饰;手机、相机、录像机、iPad、手表、电器等;钱包、所有外国货币、人民币现金、信用卡或支票;工作证、证明、身份证、回乡证、护照等物件。

(3) 下列物品被视为一般物品:眼镜、钥匙;日常用品;价值100元人民币以下的物品;已开启的食物、饮料及药物。

2. 保险箱的使用要求

(1) 贵重物品保险箱:贵重物品保险箱采取双锁式,使用期间两把钥匙分别由宾客与贵重物品寄存处分管,两把钥匙同时使用才能开启保险箱。

(2) 贵重物品寄存服务采取"一人一箱"式保管,酒店通常按酒店房间数的15%~20%配备不同大小的保险箱。

3. 贵重物品保管环节与"三不"原则

(1) 贵重物品保管服务的工作环节:寄存、保管、提取。

(2) 对于宾客寄存的贵重物品,服务员遵循"三不"原则:不看、不碰、不问。

4. 贵重物品保管受理原则

(1) 仅为住店宾客提供免费保险箱服务,店外宾客需总经理同意。

(2) 需客人出示相应房卡,核对签名及电脑资料。

(3) 房间已退,宾客要使用保险箱时必须经过接待经理签字确认,否则不予办理。

(4) 住店宾客租用保险箱时,必须以前台登记房号、姓名为准,真实填写"客用保险箱登记卡"。

(5) 住店宾客的朋友以其名义要求租用或开启保险箱时,原则上不予办理。

(6) 除前厅经理或值班经理工作需要外,其他部门要求租用保险箱时,需有前厅经理签字担保,否则不予办理。

实践操作 ▼

1. 按照贵重物品保管接待规范,完成宾客贵重物品保管服务工作(见表3-47)。

表3-47 贵重物品保管服务操作规范

步骤(Steps)	怎样做/标准(How/Standard)	提示(Tips)
(1) 招呼并询问	• 主动上前问候,行注目礼,表情自然 • 询问服务需求	• 先于宾客问好,以示尊重 • 注意礼貌用语
(2) 核实宾客身份	• 确认宾客服务需求 • 核实宾客身份(以房卡为核实依据)	• 介绍要耐心、全面 • 非住店宾客需要寄存时,需耐心解释,必要时请示领导
(3) 填写贵重物品寄存单	• 礼貌地请宾客出示房卡和身份证,并登记 • 根据寄存物品大小,选择合适的保险箱,并填写保险箱号码 • 请宾客在"宾客寄存签名处"签字	• 注意礼貌用语与礼貌行为 • A/B两把钥匙均在钥匙里的保险箱为"未启用",仅一把的为"已使用"

续表

步骤(Steps)	怎样做/标准(How/Standard)	提示(Tips)
(4) 办理寄存手续	• 打开保险箱,取出储物匣 • 将储物匣拿到宾客面前,请宾客自行将物品置于储物匣内 • 将储物匣放回保险箱,锁闭箱门,同时拔出保险箱钥匙 • 将保险箱的A钥匙和贵重物品寄存单上联、宾客身份证件、房卡一并交到宾客手里,请宾客务必保管好保险箱钥匙 • 提醒宾客须本人凭身份证件、房卡、贵重物品寄存单和保险箱钥匙取回寄存物品 • 填写贵重物品保险箱使用登记表	• 服务员取出A/B两把钥匙,须同时使用;要妥善保管保险箱B钥匙 • 注意"三不"原则 • 服务员全程操作须在宾客视野内完成 • 服务员不要触碰宾客物品 • 务必向宾客强调保险箱的安全性和钥匙的重要性 • 务必向宾客说明钥匙丢失需要承担保险箱破坏性开启的赔偿责任
(5) 中途开启保险箱	• 礼貌问候、确认宾客服务要求 • 请宾客出示身份证件、房卡、贵重物品寄存单和保险箱钥匙,核对宾客信息 • 取出酒店留存联,与上联合并复写开箱记录,请宾客签名 • 取出酒店保管的B钥匙,与宾客保管的A钥匙一起,同时使用打开保险箱,取出储物匣 • 将储物匣拿到宾客面前,请宾客自行拿取其中物品 • 宾客取物后,操作人员再将储物匣送回保险箱,锁闭箱门,同时拔出保险箱钥匙 • 将保险箱的A钥匙和贵重物品寄存单上联、宾客身份证件、房卡一并交到宾客手里,请宾客务必保管好保险箱钥匙 • 妥善保管保险箱的B钥匙	• 开箱宾客必须是寄存人本人,且所持凭证齐全 • 服务员全程操作须在宾客视野内完成 • 服务员不要触碰宾客物品 • 再次向宾客强调保险箱的安全性和钥匙的重要性 • 务必提醒宾客须本人凭身份证件、房卡、贵重物品寄存单和保险箱钥匙取回寄存物品 • 再次向宾客说明钥匙丢失需承担保险箱破坏性开启的赔偿责任
(6) 物品提取	• 前6项做法/标准与"中途开启保险箱"相同(见上格) • 妥善保管保险箱A/B两把钥匙 • 填写贵重物品保险箱使用登记表	• 前3项提示与"中途开启保险箱"相同(见上格) • 送回保险箱后,在寄存单上记录退箱日期、时间及经手人签名 • 办理正常贵重物品提取手续的寄存单填写完整后,需在贵重物品寄存处保管不少于两周的时间

2. 按照贵重物品保管接待规范,完成宾客贵重物品保管特殊情况处理工作(见表3-48)。

表3-48 贵重物品保管特殊情况处理规范

什么(What)	怎样做/标准(How/Standard)	提示(Tips)
(1) A宾客存,B宾客取	• 如宾客主动提出,则应耐心向客人解释,必要时可向领导汇报,不应为此与客人发生争执	• 出于安全考虑,贵重物品寄存不允许出现这种现象

续表

什么(What)	怎样做/标准(How/Standard)	提示(Tips)
(2)凭证和身份证丢失	·宾客遗失了贵重物品寄存单,须核实宾客有效身份证件并留取证件复印件 ·若宾客房卡丢失,应先请宾客到总台补办,再来办理贵重物品提取手续 ·若宾客遗失身份证件,原则上请宾客通过公安或外事部门取得合法证件后再来领取,酒店可向宾客承诺为其妥善保管 ·若宾客遗失保险箱钥匙,按酒店贵重物品保险箱钥匙遗失应急处理方案执行	·对于贵重物品寄存单丢失的宾客要求开箱取物的,先按规定取出,再重新寄存 ·按酒店贵重物品保险箱钥匙遗失应急处理方案执行时,通常在两名以上高管共同监督下,启用保险箱备用钥匙

※ 学生实训——贵重物品寄存和提取

请两名学习者分别扮演员工和宾客,按照操作标准开展贵重物品寄存和提取服务。

任务四　问讯服务

前厅问讯服务是酒店为宾客提供的一种常规性服务项目,包括解答询问、提供留言服务、处理邮件等。大、中型酒店一般设置问讯员,分两班制,主要负责白天及晚间的相关工作,有关问讯的夜间工作则由接待员完成。目前,多数酒店不设专职的问讯处及其问讯员,其工作由前台接待员、礼宾部接待员和客服中心(总机)话务员等前厅服务人员兼任。

了解问讯接待服务的基本内容、基本工作流程,能够按照其服务规范,完成对客服务工作,是1+X职业技能等级(中级)认证考核的基本要求。

子任务1　信息查询

基础知识 ▼

1. 前厅问讯信息类别

(1)住客信息。住客信息主要包括五个方面:一是常规信息,包括姓名、国籍、电话号码等;二是消费特征信息,包括客房种类、房价、餐费、信用卡号等;三是预订信息,包括预订方式、订房季节、订房类型等;四是个性信息,包括兴趣爱好、生活习俗与禁忌、宗教信仰等;五是反馈意见信息,包括对酒店的表扬、投诉、建议记录等。

(2)酒店内部信息。有关酒店内部信息的问讯通常涉及:中西餐厅、酒吧、商场、商务中心所在的位置、营业时间、服务项目及特色;宴会、会议举办的时间、场所及主办单位等;酒店提供的其他服务项目、营业时间、收费标准等;住店散客或团队宾客的有关信息,如有无退房、有无在店、有无留言等。

(3) 酒店外部信息。前厅应准备和储存的信息资料一般应包括:国内、国际航空线的最新时刻表等;最新铁路和最新轮船时刻表、里程表等;出租车市内每公里收费标准、目的地的距离等;酒店所在地至周边主要城市、景区的距离、特色及抵达方式等;酒店所在地的交通情况、治安情况及有关各领事馆、大使馆、博物馆、政府部门、大专院校、著名餐馆、购物中心等的名称、地址、方位、距离、抵达方式等。

2. 信息展示媒介

为了做好问讯服务,前厅应备有多种资料、工具书、各种平台 App 及微信公众号等,以便问讯员随时查用。随着网络技术的普及,为了满足宾客智能化生活的需求,越来越多的酒店正利用多媒体向宾客提供问讯服务。宾客可通过电视屏幕了解当天的各种新闻、体育赛事、股票行情、天气预报以及交通等信息。为了方便住店宾客,增加酒店竞争优势,突出酒店产品差异,有些酒店可让住客在房间内的电视机屏幕上查到各种有用信息,如留言、预订机票、办理旅行委托、查阅银行服务范围、外汇牌价、购物指南、特色服务信息等。

※小资料——问讯的智能化＋定制化

随着智能化时代的到来,智慧型酒店发展也是势在必行。为了解决劳动密集型酒店用工荒的难题,同时满足现代消费者的科技体验感,在信息问讯服务方面,越来越多的酒店采用智能设备,提高服务效率,降低人力资源成本。如采用语音机器人,宾客可随时和机器人进行交流,获知所需信息;也可用触摸屏提供店内店外大量的信息,甚至可以提供智能的外出计划定制服务,包括交通、景点、购物、休闲等一条龙服务设计供宾客参考。

实践操作

按照问讯接待要求,完成问讯接待服务工作(表3-49)。

表3-49 问讯接待服务操作规范

步骤(Steps)	怎样做/标准(How/Standard)	提示(Tips)
(1) 接受问讯	·仔细聆听宾客的要求或问题,并记录要点 ·做到热情、耐心、清楚、准确、快速回复 ·做到首问式服务(一站式服务) ·为宾客指引道路/方向	·员工接到宾客问讯时,应负责解决和指引,不得以任何理由推托、拒绝或敷衍 ·了解酒店内设施、服务项目和开放时间 ·了解酒店外部相关信息
(2) 查阅资料	·无法立刻回答时,可查阅: ①PMS 中的酒店周边信息 ②酒店内部信息手册	·前厅经理负责收集酒店周边交通、娱乐餐饮、商务、医疗等信息,录入 PMS 中的酒店周边信息,或制作成酒店信息手册
(3) 寻求帮助	·对比较复杂的问题,应及时寻求上级或其他同事的帮助	·确实无法回复的问题,应及时向宾客致歉 ·注意核实相关信息的准确性

※**学生实训——提供出行方案**

一位住客前来咨询,告知在酒店住了几天,一直忙于公务,恰好明天有空,想去走走,问前厅问讯员有什么推荐。请两人一组模拟完成问讯服务,要求根据宾客的客源地、人数、可支配时间、需求等为宾客提出合理性的建议方案。

子任务 2　留言处理

基础知识

1. 留言及传送的含义

酒店留言服务一般分为访客留言、宾客留言等。所谓访客留言是指来访宾客为住店宾客留言,住客留言是指住店宾客为来访人留言。前厅工作人员不管面对的是访客留言还是住客留言都必须热情对待,并注意为宾客保密。员工接受留言时注意措辞准确、意见表达完整、传送及时。

当然,随着信息化管理和移动互联网的发展,留言服务在酒店的应用性有下行趋势,传统的留言受理方式也发生了变化,留言内容可以通过微信公众号推送和房间电视显示屏幕展示,使服务更加快速便捷。

2. 访客留言的类别

(1) 夜班核查留言。夜班接待服务人员每天零点打印当天留言记录表,取消当天在电脑中的留言,关闭房间里的留言灯,再将钥匙盒中的留言附联取出、销毁。

(2) 有关预抵宾客的留言。电脑留言方法和住店宾客留言一致,只是留言储存在电脑中,等宾客入店登记后由打印机自动打出。手工留言存放在问讯处档案中,每天查询,在宾客到店的当日将其取出,与宾客住店登记卡放在一起,以便宾客入住登记时及时看到。

(3) 需要婉拒的留言。如时间要求紧迫的留言、内容涉及合同条款的留言、已结账离店宾客的留言和其他非住店宾客的留言(除非离店宾客有特殊要求)以及内容含有恐吓、威胁等语言的留言。

3. 住客留言的类别

(1) 记录宾客留言。记录宾客房间号码、离开和返回的时间、告知的外出地点及特别服务要求,存档备查。

(2) 设置宾客留言的信号。及时准确地设置该房 DND(暂停接听电话)功能:在系统上输入房号,在 DND 栏按 On 键;再按 Update 键,显示已设置"请勿打扰"功能,利用分机进行测试。

(3) 提供宾客外出留言服务。在转接电话时发现该房间有 DND 信号,应立即了解住客留言的内容并向来电者转达,或将来电转接到相应的联系电话。

实践操作 ▼

按照访客留言服务规范,完成访客留言接待工作(见表3-50)。

表3-50 访客留言接待基本操作规范

步骤(Steps)	怎样做/标准(How/Standard)	提示(Tips)
(1) 在电脑中查询宾客信息	· 当接到要求留言的电话后,迅速在电脑中查询宾客的名字、房号是否与留言者所提供的相符合 · 核对宾客是否正在住店,是否预抵但尚未登记入店,除非宾客已结账离店,否则应做留言	· 事前保证电脑的正常运行 · 确认住客是否有保密的要求,有的话直接婉拒留言 · 注意宾客姓名、房号的准确性
(2) 简要记录留言内容	· 在便笺上记录留言方姓名、电话号码、号码归属地 · 记录留言内容	· 在聆听留言时要做好判断是否属于不应接受的留言 · 注意记录笔迹要易认易辨
(3) 重复留言内容	· 将对方姓名、住店宾客姓名、电话号码及留言内容重复一遍以获确认 · 感谢对方信任	· 对于涉及数据或者合同协议方面的留言,建议对方直接留下联系方式,让住客和访客直接沟通具体内容
(4) 将留言输入电脑或工整地抄写在手工留言纸上	· 将留言内容输入电脑,然后打印出来 · 电脑留言纸由礼宾员在30分钟之内送往宾客房间 · 若留言比较复杂或遇到电脑出故障时,应采用手工留言纸	· 若酒店属于智能型管理,可将留言录入相应房间的系统 · 若使用微信入住的方式,可将留言内容通过公众号推送
(5) 亮留言灯	· 通过电话系统打开宾客房间电话上的留言灯,以便通知宾客查询留言	· 应注意留言处理的及时性 · 应注意房号的准确性
(6) 取消留言	· 在宾客收到留言后,应将电脑中的留言信号标注取消 · 检查以上工作步骤的准确性	· 属于智能信息化管理的酒店,住客进房门打开电视屏幕后,留言信号灯可以自动熄灭

※学生实训——留言服务

酒店8080房的住客毛江勇先生留言:他中午12:00要到酒店三楼中餐厅用餐,如果有来访者可以告知对方到三楼餐厅寻他或者拨打他的手机。

请两名同学为一组完成该住客留言服务的处理。

任务五 访客接待

酒店不仅仅是住客休息的地方,随着社交的要求,很多宾客利用酒店商务区等设施和服务,将酒店作为会谈、商务往来的场所。这种情况下,宾客住店过程中就会有亲朋好友或者商务伙伴到酒店与其沟通见面,酒店则需要提供相应的访客服务。

了解访客接待的基本内容,掌握访客接待的基本工作流程,能够按照访客接待的规范要求完成对客服务工作,是1+X职业技能等级(中级)认证考核的基本要求。

基础知识 ▼

1. 访客接待的基本要求

访客接待时,接待员通常要在不触及宾客隐私的范围内回答,确保宾客避免遭受无关人员或者不愿接待的访客的打扰;也需要接待员的接待工作迅速、准确。

2. 保密住客的访客接待要求

(1) 请访客告知住客信息,包括住客的姓名、房号、性别等。

(2) 查询PMS相关信息:如果显示保密,则告诉访客酒店没有该住客的住店信息,请访客自行联系住客。

(3) 访客有把握确认住客入住的准确信息时,可找个理由到接待处后台联系住客,征得住客同意才能将住客信息告知访客;如果住客不同意或者暂时联系不上,还是坚持对访客回复没有该住客的入住信息,并请访客谅解。

(4) 访客离开后,将访客的来访信息记录下来,并尽量及时告知住客。

实践操作 ▼

按照访客接待规范,完成访客接待服务工作(见表3-51)。

表3-51 访客接待服务操作规范

步骤(Steps)	怎样做/标准(How/Standard)	提示(Tips)
(1) 问候招呼	• 主动问候,真诚、自然	• 面带微笑,目光注视访客并问候访客
(2) 查询核对	• 将来访者提供的住店宾客信息与PMS中的信息进行对比 • 请来访者出示证件,并核对 • 电话征询住店宾客的意见	• 如无此住店宾客或宾客事先要求保密,应该婉言拒绝访客,切忌透露宾客房号 • 不可让外卖人员直接去宾客房间,尽量安排人员陪同或让宾客至大堂拿取
(3) 办理访客登记手续	• 请来访者填写访客登记单 • 核对证件和填写信息 • 核实访客证件照片是否和本人相符 • 核对访客是否为通缉协查人员 • 提醒访客结束时间为晚上11:00	• 将登记单访客联交给宾客,访客登记单可按当地公安机关要求调整内容 • 若遇通缉协查人员,则为访客办理手续后,及时向上级汇报;根据当地公安机关规定,扫描上传访客证件
(4) 提供指引	• 向来访者指引电梯方向和楼层	• 帮助来访者刷电梯卡至到访楼层
(5) 通知访客离店	• 晚上11:00,查看当天的酒店访客登记单,检查是否有未离店的访客 • 致电宾客房间,通知访客离店	• 若宾客继续接待访客,则建议宾客在大堂接待或办理同住

※学生实训——访客接待

1010房的李艳芝女士是酒店的住客,在办理入住登记时向接待处提出保密需求,经确认,李女士要求保密的对象是全部访客,时限为住宿全过程。此时有一位毛先生前来前厅

要求查询李女士信息,并说他是李女士的秘书,刚刚公司突发紧急事件需要马上请示李女士,但李女士手机关机。

根据以上材料,请两位学生为一组进行模拟演练接待工作。

任务六　换房/续住服务

宾客房间更换和房间续住工作基本上属于前厅对客个性化服务范畴,涉及换房原因查询、房态变更、账单转移、换前房间退房、换后房间登记、房卡更换、行李换房等一系列服务,体现着酒店对客服务的效率和水平。宾客房间续住服务一般包含散客续住、延时退房以及客房加床、增加住客的具体工作,办理时先要确认相关费用及其付款方式,并将有关信息及时、准确地输入PMS中。

宾客房间更换和房间续住服务,虽未被列入1+X职业技能等级认证考核项目中,但均为常见前厅对客服务内容。因此,需要认真学习并掌握相关服务技能。

子任务1　换房及其行李服务

基础知识 ▼

1. 换房注意事项

(1) 避免投诉升级。因酒店设备设施无法正常运转而导致宾客投诉,以至于需要更换宾客房间并不少见。此种情况下酒店应通知工程部检查及维修,值班经理需要亲自查看宾客将要搬去的房间并测试其设备设施是否运行正常,以避免宾客再次不满而导致投诉升级。

(2) 注意安保工作。若宾客因事外出并委托酒店代为其办理时,应通知宾客预先把行李整理好,并请宾客填写"换房单"(客房变动授权),同时通知值班经理。行李员必须由值班经理或客房服务员陪同前去处理。

(3) 其他注意事项。如房价有变更,须在宾客提出换房要求时告诉宾客,并在房价变更处签字;换房后如遇宾客有未返回的洗衣,应及时通知客房和洗衣房;换房后如遇宾客有叫醒服务,应及时取消原房间叫醒,按照新的房间号码重新设置叫醒服务;换房完毕更新PMS和PSB系统,并通知相关部门。

2. 换房时的行李服务注意事项

(1) 如果宾客在房内,尽量请宾客自己整理细小东西或按宾客的要求帮助整理和搬运。

(2) 如果宾客不在现场,行李员不能独自一人进入宾客房间,应事先征得宾客同意并请宾客整理好行李,然后值班经理或客房服务员一起进入房间搬运行李。

(3) 进入客房后,如果宾客的行李仍未整理好,要记住宾客行李件数、种类、摆放位置,行李搬到新的客房后应按原样放好。采取"少触碰、少整理、原址归位"的原则进行处置。

实践操作 ▼

1. 按照 PMS 预订房间及为宾客分配房间的标准，完成换房的基本操作（见 3-52）。

表 3-52　换房服务操作规范

步骤（Steps）	怎样做/标准（How/Standard）	提示（Tips）
（1）锁定房号	·在 PMS 中锁定宾客将要更换的房号 ·若 PMS 内已锁定房间不是可卖状态，则立即与客房部沟通，通知其此房的用途及何时需要清理干净 ·与客房部沟通完毕，再次锁定所需房号	·一定要在 PMS 中做特殊说明，以免其他前台同事为宾客办理入住时占用被锁定的房间，必要时还应口头通知相关的每一位同事
（2）确认房态	·确认房间是"可用"状态 ·即便在 PMS 中已锁定的房间是"可用"状态，也应与客房部再次确认	·与客房部的两次确认前，必须确保 PMS 运行无异常 ·注意避免出错而造成投诉升级
（3）联系宾客	·联系宾客，确认更换房间的时间，并告知将会安排礼宾部服务员帮助其搬运行李 ·若宾客不在酒店，也无法在时限前回到酒店换房，应首选尽量满足宾客时间需要 ·若宾客不同意，只能待其回酒店后再处理，但要规避该宾客同时占有两间房	·以宾客愿意接受的方式联系宾客 ·若宾客同意服务员帮其搬运行李，应对搬运行李前的现场做必要记录并保留备查 ·行李搬运前需要检查行李完好程度，如有异常，须及时向宾客和有关上级说明并征求相关处理意见
（4）更换房间	·按照与宾客协商的要求更换房间 ·将要更换的房间在 PMS 内改为"在住"状态，并制作新房卡 ·持新房卡前往宾客现住房间帮助其搬运行李，并将新房卡交给宾客	·提醒宾客保险箱内是否还有储存物品 ·更改房态后，须在 PMS 中将挂在住房号下的账单全部转入将要更换的房号之下
（5）更改房态	·在 PMS 中，将宾客原住房间改为"退房"状态	·必要时及时通知客房部已退出的房号

2. 按照换房行李服务的规范要求，完成对客服务（见表 3-53）。

表 3-53　换房行李服务操作规范

步骤（Steps）	怎样做/标准（How/Standard）	提示（Tips）
（1）接收任务	·接收前台通知 ·安排人员与行李车	·换房时的行李服务往往由前台通知行李员，行李员需要配合前台工作
（2）进房	·携带大号行李车，先到前台询问任务要求，协助前台办理部分换房手续 ·从员工通道前往宾客原房间 ·按标准程序敲门（按门铃） ·协助宾客装运行李	·换房时，宾客行李一般较散、较多，通常需要携带大号行李车，便于行李搬运 ·宾客开门后，若未完成物品收整，可先在门口等待

续表

步骤(Steps)	怎样做/标准(How/Standard)	提示(Tips)
(3) 换房	·引领宾客前往新的房间 ·按标准程序敲门进房 ·确认房态无误后,请宾客进入房间 ·按照宾客要求,安放好行李,介绍房间特色设计、设施设备及用品 ·将新房间的房卡交由宾客管理 ·完成前台交办的其他任务	·首次进入的房间,由行李员开门 ·核实房态是 VC 房后,再请宾客进入 ·如房态有异常,应暂停宾客进入,注意保护宾客隐私 ·新的房型如果与原房间不同,则应重点介绍,如果房型一致,也可只做简单介绍 ·注意礼貌礼节
(4) 返回	·向宾客道别,祝宾客住店愉快 ·退出房间,关闭房门 ·从员工通道返回大堂 ·到前台进行交接,交还代办任务资料 ·填写行李服务登记表	·离开房间时,后退一两步,然后再转身走出房间 ·关门时,注意要以退出房间的姿态面朝房内轻关房门

※学生实训——换房处理

某宾客入住酒店,临睡前洗澡时发现酒店下水道不畅,导致浴室的水流漫出,淹浸了走廊的地毯。于是,宾客表示"要严重投诉"并要求酒店立即换房。请扮演前台接待员,为宾客做换房处理。

子任务 2 续住服务处理

基础知识 ▼

1. 公司付费的房间续住

(1) 告知宾客房间续住如仍由公司付费,需要公司发一份续住付费的确认传真,如不能确认,则不能享受原房价。

(2) 如果在宾客退房时没有收到公司的确认传真,酒店将依照基准价格收取费用。

2. 房费已付的房间续住

(1) 在 PMS 中查看房间是否已结账,如房费已结,需请宾客重新缴纳预付金。

(2) 在 PMS 中更改宾客的离店日期,向宾客要回旧房卡重新制作。

(3) 旅行社凭单结账或已付房费房间的处理应向宾客重申付款方式、房价,如不能享受原房价,需向宾客说明,必要时请示上级。

3. 房费未付的房间续住

(1) 在 PMS 账务系统中查看宾客的押金是否足够;如不足,需请宾客补交押金(使用信用卡的宾客需再做一次预授权)。

(2) 在 PMS 中更改宾客的离店日期,向宾客要回旧房卡重新制作。

4. 换人房间的续住

(1) 在 PMS 中查看房间是否已结账。

(2) 征得原住客同意后,做好新入住宾客登记,注明"换人续住"。
(3) 确认新住客的付款方式,按规定办理入住手续。
(4) 在系统中为原住客办理退房,将新住客资料输入 PMS。
(5) 将新住客的登记单等资料整理后,放入该房间的档案中保存。

5. 网络订房的续住

(1) 查看 PMS 相关信息,若有房,则提供订房服务。
(2) 按酒店规定和网络订房流程、要求及相关注意事项处理订房信息。
(3) 若宾客没有通过原预订渠道进行续住订房,须按其所用预订渠道的价格订房。

※小资料——延迟退房处理的关键点

前台接待员收到宾客延时退房要求时,要根据酒店当天客房预订情况处理,尤其在市场需求旺盛、酒店有大量预抵宾客抵店时,要严格遵守酒店既有的标准作业程序(Standard Operating Procedure,SOP),根据其职位的授权情况考虑是否答应宾客要求。

绝大多数酒店标准退房时间为 12:00,如果不存在预抵宾客等房的情况下,答应宾客免费延迟退房至下午 2:00 比较常见,酒店也会根据其实际运营情况对延迟退房时间灵活处理;但如果宾客要求延至下午 4:00 点后甚至更晚退房,酒店会考虑收取房费。总之,延迟退房的具体处理办法会因酒店而异,会因不同状况下发生的延迟退房要求而异。

实践操作 ▼

1. 根据前台问题处理规范与要求,完成前台处理散客续房/延时退房的工作(见表 3-54)。

表 3-54 散客续住/延时退房服务操作规范

步骤(Steps)	怎样做/标准(How/Standard)	提示(Tips)
(1) 查询	• 根据各类客源规定退房时间,提前 30 分钟,查看 PMS→订单→"应走未走列表",了解当天"应走未走"信息,确认余额不足的房号,并记录(须注意排除协议公司、团队房)	• 非会员延时至 12:00 • E 会员延时至 12:00 • 银会员延时至 13:00 • 金会员延时至 14:00 • 白金/钻石会员延时至 15:00 注:以上时间不同酒店或有不同
(2) 致电宾客	• 致电宾客,询问宾客是否续住:"××先生/女士,您好!我是前台,请问您今天还续住吗?" • 确认续住,应婉转地提醒宾客支付预付款	• 如联系不上宾客,则在 PMS 中备注并跟进 • 若确认不续住,则礼貌告知宾客延时退房所需支付的房费,或建议宾客将行李寄存在前台 • 如续住收取现金或者银行卡,需打印登记/预付单
(3) 续住服务	• 确认续住天数,并查询流量 • 查询客源渠道,确认是否需重新下单 • 修改离店时间,加收预付款或直接收取房费,并录入 PMS • 修改房卡离店日期,并制作房卡 • 双手递交房卡给宾客,礼貌道别	• 通过线上渠道预订并入住的宾客,续住时需重新下单,推荐使用酒店 App 下单 • 宾客住店期间,预授金额超过 5 000 元,应先结清后再做预授 • 若续住期间房价发生调整,须提前告知宾客 • 若续住更换房号,填写新房卡套
(4) 复核	• 19:00 后重复以上两个步骤,避免遗漏	• 在 21:00 后对余额不足、无行李且未联系到宾客的房间,可做欠款离店处理

2. 根据前台问题处理规范与要求,完成处理客房加床/增加住客的工作(见表3-55)。

表 3-55 客房加床/增加住客服务操作规范

类别(Category)	怎样做/标准(How/Standard)	提示(Tips)
(1) 客房加床	·礼貌询问客人加床床型、加床天数等,并告知宾客加床费用 ·若客人同意,应记录宾客房号、姓名,致电客房部确认是否有床 ·加床前应立即致电宾客,取得答复后,开具杂项单请行李员送至客人房间签字确认 ·将相关信息输入电脑PMS,留底备查	·若客人在前台要求加床,则立即开单给其签名确认 ·通知客房部加床并跟进 ·加床到期或此房续住时,应与宾客确认是否撤床或继续加床,并立即通知客房部
(2) 客房增加住客	·了解此房是否可以增加住客 ·询问宾客住店的天数 ·查看押金是否足够 ·在电脑上复制新钥匙给宾客 ·将资料输入PMS	·登记需要加入宾客的证件 ·若是房间增加住客,应先与住店宾客确认,在其同意的情况下方可办理 ·若房间已满员,则该房间无法增加住客,要提醒宾客另开一间客房

※学生实训——模拟练习

学生分组进行角色扮演,模拟调换房间情景和续住服务情景,其他学生进行观察并进行互动点评,教师全程指导。

模块四 宾客离店服务

> 任务导入

角色交流——掌握退房结账/收银审核服务技能

1. 各小组利用学校的前厅实训室,在任课教师指导下进行"接待员""收银员"和"住店宾客"角色上的交流,教师提出实训目标要求并对学生的角色交流进行点评。

2. 任课教师结合PMS讲授有关前台办理宾客离店服务的知识与技能。

任务一 宾客退房接待

当下酒店的退房接待服务模式传统与智能并行,方式多种多样,作为前台接待员掌握不同的退房处理方式是必练的基本功。

1+X职业技能等级(初级)认证考核要求:根据前台结账操作规范和要求,掌握散客和团队离店结账方式和技能,能够按照散客和团队退房的规范要求完成宾客离店接待工作。

> 基础知识 ▼

1. 办理散客退房离店手续注意事项

(1) 常规退房程序:与办理入住相比,退房程序相对简单,常规的方式需要宾客到前台将房卡交回,酒店查房清点房间物品及迷你吧消费,结清账目,根据宾客需要决定是否开发票,退房即完成。

(2) 信用住退房程序:"信用住"由阿里旅行在2015年3月针对酒店行业推出,1.0版本以支付宝芝麻信用分为基础,具备用户免押金入住、离店免查房、先离店后支付等功能。2016年,携程也推出了信用住(闪住),用户在携程上绑定信用卡并开通快捷免密码支付即可使用。携程利用信用担保也能实现离店后付款。

2. 办理团队退房离店手续注意事项

(1) 查团队房时:①查团队房时,要尽量将不同团队分开查,每个团队房整体查完后统一通知收银台;②团队房和散客房一起退房时,先查散客房;团队房账目较多,有时不在同一楼层,退房程序比散客房复杂,会让散客等得太久,甚至引起投诉。

(2) 团队退房时:①若是团队统一退房,应注意通知客房服务中心提前准备,以提高退房效率;②若是住客分散退房,对宾客退回的房卡进行房号核对,并判断是退还一个住房卡,还是退掉整个房间(若是宾客自付房费的,应按散客退房程序进行退房);③团队若要延时退房,一定要根据酒店的相关制度与程序由相关人员办理(不可事后审批),否则按正常的延时房收取房费;④对已到退房时间而迟迟不退房的宾客,应及时提醒;如联系不到宾客而房间又有行李的,应及时通知团队负责人协助解决;⑤房间有赔偿费用而团队负责人不负责承担的,可酌情向住客索要一定折扣的赔偿费。

3. 即时消费收费

即时消费收费,指宾客临近退房前的消费费用,因送到前台收银处太迟而没能在宾客退房前入账。在这种情况下,对酒店来说,从已退房离店宾客那里收款是较为困难的事。为减少宾客临近退房前消费而带来的损失,收银员在宾客打印账单前,应确认宾客有无仍未入账的消费。

※小资料——免查房、简流程

目前,国内很多酒店都优化了退房流程。宾客退房时免查房,只需将房卡交回前台,如果没有要结的账目便可离店,这是高档酒店对客服务的升级,是酒店在对宾客的尊重的基础上衍生出来的高度信任,是为了尽可能地提升宾客的体验。有些酒店属于复杂综合楼群的一部分,宾客从前台到客房电梯间要走很远的路,有些酒店简化到宾客不用花时间走去前台交房卡,而是在宾客所住那栋楼的一楼宾客出入的必经之路放置一个箱子,宾客离开时只需要顺手将房卡投到那个箱子里即可完成退房。

2025年,华住集团升级的"华掌柜"系统已可以实现0秒退房;同年,国内新兴的智慧酒店品牌"云栖酒店"全面推行基于物联网与移动支付技术的"无感退房"方案。宾客离店时,酒店通过房间内的智能传感器识别宾客离开状态,同时结合手机APP的定位信息,自动触发退房流程,在宾客走出酒店大门的同时,完成退房操作并将电子发票发送至宾客手机,实现真正意义上的全程无感知、零停留退房体验。

实践操作▼

1. 根据前台散客离店结账操作规范和要求,掌握散客离店结账方式和技能(见表3-56)。

表 3-56　散客离店结账服务操作规范

步骤(Steps)	怎样做/标准(How/Standard)	提示(Tips)
(1) 问候与招呼	·主动热情地问候宾客 ·礼貌地询问宾客房号	·有多位宾客需要同时结账时,礼貌地招呼宾客,但不要同时结账,避免出错
(2) 查验房卡	·收回、查验宾客房卡,确认宾客身份	·查看 PMS,核对确认房号、姓名等信息
(3) 通知客房	·有押金宾客退房:前台用对讲机通知客房查房;客房服务员反馈查房情况 ·无押金/无等待宾客退房:及时读取宾客房卡信息,通知客房部查房;前台如有"房卡投递箱",则应随时取出投递箱内房卡,读取房卡确认房号后报客房部	·客房退房检查时间控制在 3 分钟以内 ·前台:"客房,8205 退房,客房,8205 退房。" ·客房:"前台,8205 退房,收到。""前台,8205 查房完毕。"
(4) 核对宾客账目	·取出客账袋内所有单据,检查是否均已入账 ·根据 PMS 结账数据与宾客确认总消费金额	·检查宾客是否有使用保险箱,并在 PMS 中查询宾客是否有租借物品信息 ·宾客如对账目产生异议,应仔细检查账目并礼貌地向宾客说明情况
(5) 结账操作	·询问付款方式:根据宾客需求,选择是否打印宾客账单(明细),并询问宾客的付款方式 ·选择相应结账方式进行结账	·"××先生/女士,请问您用现金、微信、支付宝还是银行卡支付?" ·如宾客用现金或银行卡支付,则打印宾客账单,并请其确认消费明细后签字进封包
(6) 发票服务递呈发票和零钱	·询问并根据消费项目及金额开具发票 ·宾客可以扫描二维码下载电子发票	·"××先生/女士,请问您需要开票吗?" ·"请扫描××位置二维码,下载电子发票。"
(7) 主动询问宾客是否需要送机服务	·根据宾客需求,选择是否为宾客提供送机服务	·送机服务可为酒店带来额外的增值利润,同时可体现酒店对宾客的人文关怀,以增强宾客入住酒店的愉悦感
(8) 主动征询宾客意见	·询问宾客对酒店服务有哪些意见和建议	·搜集宾客的意见反馈,做好日后培训工作,提高酒店服务质量和宾客满意度
(9) 感谢和道别	·适时地感谢宾客,礼貌地与宾客道别	·"××先生/女士,欢迎您再来,再见!"

2. 根据团队离店服务规范要求,正确地完成团队离店结账操作(见表 3-57)。

表 3-57　团队离店结账服务操作规范

步骤(Steps)	怎样做/标准(How/Standard)	提示(Tips)
(1) 准备工作	·收银员要及时了解当日离店团队的情况,提前打印离店团队的消费明细单,如同日有多个团队离店,则按时间顺序排列账单 ·团队宾客结账时,收银员要分清公司账和个人账,对于公司账由接待单位支付,对需要个人付费的项目在结账明细上标注清楚	·在团队离店前半小时,收银员最好主动与团队的领队、陪同等相关人员联系,要求协助收款 ·排列账单时切忌忙中出错
(2) 问候与招呼	·关注进入大堂的宾客,与宾客眼神接触时,应微笑致意,主动问候宾客 ·若宾客有意结账,则询问宾客房号	·有多位宾客需要同时结账时,礼貌地招呼宾客,但不要同时结账,避免出错

续表

步骤(Steps)	怎样做/标准(How/Standard)	提示(Tips)
(3) 核对房号	·双手接过宾客房卡 ·验收房卡,确认宾客身份 ·读取房卡信息后,根据信息用姓氏称呼宾客,并注销房卡信息,进行账务处理	·查看PMS,核对确认房号、姓名等信息 ·准备好适时应答宾客可能提出的询问 ·注意态度的友善
(4) 通知客房楼层	·将结账退房团队名称、团号通知客房部,以便检查客房酒水使用情况,控制宾客结账后可能发生的动态费用,切断或锁上房内电话的国内和国际直拨功能 ·通知客房楼层查房,问明宾客是否有额外消费费用 ·有押金宾客退房:前台用对讲机通知客房查房;客房服务员反馈查房情况 ·无押金/无等待宾客退房:及时读取宾客房卡信息,通知客房查房;前台如有"房卡投递箱",则应随时取出投递箱内房卡,读取房卡确认房号后通报客房部	·客房退房检查时间在3分钟内 ·前台:"客房,8205退房,客房,8205退房。" ·客房:"前台,8205退房,收到。""前台,8205查房完毕。"
(5) 核对宾客账目	·取出客账袋内的所有单据,检查是否均已入账 ·检查宾客是否有使用保险箱并在PMS中查询是否有租借物品信息 ·根据PMS结账数据,与宾客确认其总消费金额	·宾客如对账目产生异议,应仔细检查并礼貌地向宾客说明
(6) 结账操作	·询问付款方式 ·根据宾客需求,选择是否打印宾客账单(明细),并询问宾客的付款方式,选择相应结账方式 ·取出宾客明细账单,并打印对账单请宾客核对签字	·如宾客用现金或银行卡支付,则打印宾客账单并请宾客确认消费明细后签字
(7) 发票服务	·询问:"××先生/女士,请问您需要开票吗?" ·客人可以扫描二维码下载电子发票 ·将宾客资料(登记单、押金单或信用卡单等)整理好	·注意顺手整理好宾客资料,目的是便于装订上交财务进行核查
(8) 感谢并道别	·适时地感谢宾客 ·礼貌地与宾客道别	·"××先生/女士,欢迎您再来,再见!"

3. 按照行李服务的规范要求,完成散客和团队预约行李离店服务工作(见表3-58)。

表3-58 离店行李服务操作规范

什么(What)	怎样做/标准(How/Standard)	提示(Tips)
(1) 散客离店行李预约	·电话预约或当面预约 ·做好记录与交接 ·根据预约时间准时前往宾客房间 ·按酒店敲门(按门铃)标准进房 ·协助宾客搬运行李 ·引领宾客前往前台办理退房手续 ·携李站在宾客身后2米左右的位置等待 ·引领宾客离店,与门童做好交接,为宾客安排车辆,安置好宾客行李	·若宾客要求立即离店,则应立刻前往宾客房间 ·若宾客提前预约,须核实宾客房号、姓名,确认好退房时间 ·对于预约的行李服务,须做好详细交接,并安排人员 ·由于宾客退房行李的量很难预估,取件时尽量携带大号行李车 ·抵达房间时,若宾客仍未收拾完行李,应先在门外等待,尊重宾客隐私 ·引领时注意礼貌礼节 ·前台等待阶段应该注意个人形象

续表

什么(What)	怎样做/标准(How/Standard)	提示(Tips)
(2)团队离店行李交接	·在团队离店前一天与团队负责人确认次日退房宾客需要转运行李的时间 ·与宾客进行个别行李交接 ·协助宾客装运行李 ·填写行李服务登记表	·填写的行李清单,需要双方负责人签字确认件数与完好程度 ·如果与宾客进行单人交接,需根据宾客证件和退房记录单,查询行李标牌,依次发放 ·行李装车需轻拿轻放,杜绝暴力装卸

※学生实训——离店结账

学生分组进行角色扮演,模拟团队离店结账服务,其他学生进行观察并进行互动点评,教师全程指导。

任务二 遗留物品处理

宾客在酒店入住消费或者游玩的过程中,抑或是结账离店后,由于各种原因会在客房或其他区域遗留下一些物品。而酒店对于出现在客房楼层、公共区域和由客房部转交的遗留物品以及遗留的贵重物品的处理方式不尽相同,这就需要前厅服务与管理人员特别重视。

遗留物品处理虽未被列入1+X职业技能等级(初/中)认证考核项目中,但均为常见前厅对客服务内容。因此,需要认真学习并掌握相关服务技能。

基础知识 ▼

1. 客房楼层的遗留物品处理

(1)楼层服务员查房发现房间有遗留物品时,应立即电话联系前台接待员,告知物品详细信息,同时将情况报服务中心进行登记。

(2)前台接到信息后,如宾客仍在前台,应立即告知宾客并当面与其确认处理方式;如宾客表示物品不需要时,应将情况告知服务中心,由中心文员通知楼层服务员进行处理。

(3)如宾客已离开前台,应电话告知楼层服务员,遗留物品存放在客房部服务中心。

(4)若遗留的物品属贵重物品且宾客已离店,前台接待员收到楼层电话后应立即通知值班经理。

2. 服务中心转交的遗留物品处理

(1)服务中心收到楼层的遗留物品后,应致电前台获取宾客联系方式,并主动与宾客联系,确认处理方式。

(2)服务中心在接收遗留物品时,必须将拾获人、拾获地点、拾获时间、宾客信息、物品信息、已知的宾客联系方式等记录在客房部"遗留物登记本"上,并对物品进行清点、分类,且按相应的柜子存放物品(湿的棉织品由洗涤部处理后再打包保存)。

(3)如宾客回店领取或邮寄,服务中心应在遗留物品上挂出标签,需填写物品单并转交给礼宾部跟进,并在客房部"遗留物登记本"上进行签收。

(4) 礼宾部必须在登记本上进行记录,并存放于礼宾部短期寄存架的指定位置,等待宾客到店领取或为宾客邮寄。

(5) 贵重物品由服务中心登记后转交给值班经理保管与跟进。

(6) 无法联系宾客的遗留物品继续存放于客房部服务中心,按照相关的规定时间处理。

(7) 未经许可,无关人员不得擅自查阅遗留登记资料及处理遗留物品。

3. 公共区域的遗留物品(大堂或各部门拾获)处理

(1) 各部门营业场所拾获宾客遗留物品,应及时转交至礼宾部。

(2) 礼宾部在接收时必须将拾获人、拾获地点、拾获时间、物品信息记录在登记表上。

(3) 在遗留物上挂上标签,注明相关信息,存放于礼宾部短期寄存架的指定位置。

(4) 如果遗留物品为手机、电脑等贵重物品,礼宾部应马上通知值班经理继续跟进。

4. 贵重物品处理

(1) 值班经理收到客房或公共区域交来的贵重物品时,必须与保安部主管、当事部门主管、拾获者共同进行清点检查,做好记录且三方签名确认,并妥善保管。

(2) 值班经理到前台获取宾客联系方式,并主动与宾客联系,确认处理方式。

(3) 在交班本与贵重物品登记表中进行记录,将情况记录到值班经理日报上。

实践操作 ▼

按照酒店遗留物品处理规范和要求,完成特殊情况下的遗留物品领取工作(见表3-59)。

表3-59 特殊情况下的遗留物品领取工作规范

什么(What)	怎样做/标准(How/Standard)	提示(Tips)
(1) 下次入住时认领	·客房服务中心经查证住客的身份和遗留物登记本的记录相符合,与宾客联系,宾客明确说下次住店再认领的情况,由客房服务中心人员负责按照宾客所提供的时间要求,将遗留物品送至宾客房间	·面交宾客时要逐项清点,让宾客在"遗留物登记本"上签名确认
(2) 通过电话回来认领	·总机接到宾客寻找遗留物品时,应询问宾客丢失地点,若在房间内丢失,则转到客房服务中心;若在大堂、餐厅等其他区域丢失,则转到礼宾部 ·凡宾客通过电话回来认领的物品,若查证登记本所记录的确实和宾客所述相符,应立即回电将结果告知宾客,并征询宾客的处理意见	·若宾客要求寄回,则费用由宾客自付 ·若到店认领的,则按照上方的处理方式跟进即可
(3) 通过亲属、朋友或委托他人来认领	·凡通过他人来认领时,须问清楚宾客姓名、遗失物品的详细特征、数量、遗失地点、遗失时间以及失主的联系方式	·所有资料相符时才可将物品交给来人,并需要来人签名代收

续表

什么(What)	怎样做/标准(How/Standard)	提示(Tips)
(4) 其他特殊情况处理	• 若宾客来认领物品,但酒店方经过核查没有发现该物品时,须给宾客一个明确的答复 • 若宾客报失物品而又匆忙离店时,可要求宾客先留下联系方式,待查清楚后再明确答复宾客 • 若员工不慎把物品丢失事后又找回,而宾客要求寄回时,费用由当事人支付并接受行政处罚	• 若员工不小心把宾客物品丢失而无法找回,宾客要求索赔时,则应根据具体情况,由客房部及值班经理针对宾客提出的要求进行沟通协调,当事人做出经济和行政处罚

※学生实训——失主认领物品

假设失主到前台或礼宾部认领物品,请按照酒店遗留物品处理规范和要求,完成对宾客贵重物品的领取工作。

模块五　其他对客服务

▶ 任务导入 ▶

前厅个性化服务——掌握增值性对客服务技能

模块内容开始学习之前,任课教师需做好预习安排:

1. 向学生提出以下观点:随着消费的不断升级和宾客个性的解放,宾客对酒店服务提出了越来越多富有挑战性的个性化需求;为了满足宾客的这些需求,酒店不断推出特殊的个性化服务。继而提问:本模块所包含的值班经理服务、酒店VIP接待、行政楼层服务、贴身管家服务、金钥匙服务和酒店会员管理服务属不属于个性化服务?为什么?

2. 邀请合作酒店企业的宾客关系主任(GRO)或"金钥匙"(Golden Key Concierge)到校做一次"数字化背景下酒店个性化服务的现状与问题"的报告。

任务一　值班经理服务

值班经理(Duty Manager)一般为主管级或领班级员工,通常向前厅部经理汇报,也有一些酒店直属于总经理或住店经理管辖。

值班经理的工作是酒店前厅个性化服务的代表之一,1+X职业技能等级(初级/中级)认证考核中主要涉及其工作中的投诉处理、延迟退房处理、突发事件处理、VIP接待等任务。

基础知识 ▼

1. 值班经理的素质要求

(1) 领导和管理能力。能够有效领导和管理前台团队,协调各项工作并解决问题,具备高度的责任心和执行力,能够按时完成任务,并保证工作质量和效率。

(2) 沟通能力。具备良好的团队合作精神沟通和协调能力,能够与员工、客人和其他部门进行有效的沟通和协调,保持良好的工作关系。

(3) 客户服务技能。具备出色的酒店客户维护技能,能够满足客人的需求并提供高质量的服务,确保客户满意度。

(4) 应变与决策能力。能够冷静、灵活应对各种突发情况和挑战,能够在紧急情况下做出迅速而明智的决策,保障宾客和酒店的利益。

(5) 专业知识。具备酒店行业的专业知识和经验,了解酒店前台服务的相关流程和规定,能够熟练操作酒店管理系统和其他相关软件。

2. 值班经理的工作职责

(1) 代表酒店迎、送 VIP 宾客,处理主要事件及记录特别贵宾的有关事项。

(2) 处理关于宾客结账时的问题及其他询问;追收在住宾客所欠的账目。

(3) 处理门锁系统出现的问题并做好相关记录。

(4) 处理宾客投诉,解决问题;处理贵重物品遗失及寻获的问题。

(5) 参与接待工作,了解当天及以后的客房销售走势。

(6) 与宾客谈话时推广酒店设施;替宾客安排医护或送院事宜。

(7) 检查房间是否达到标准;处理客房部报房表上与接待处有出入的差异房。

(8) 巡查酒店内外部,以保证各项功能运行正常,及时排除可防范的弊端。

(9) 与保安人员及工程人员一同检视发出警报的房间、区域(如烟感警报等)。

(10) 留意酒店内部正在进行的工程;检查大堂范围内需维修的项目。

(11) 遇危险事故和紧急事件务必及时汇报至上级值班领导处。

(12) 完成总经理、副总经理及直属上司指派的工作,并反映有关员工的表现、宾客意见。

(13) 熟知酒店各类产品及其销售政策的详细内容。

实践操作 ▼

1. 能够熟悉值班经理早/中班的工作流程(见表 3-60)。

表 3-60 值班经理早/中班日常工作流程

步骤(Steps)	怎样做/标准(How/Standard)	提示(Tips)
(1) 签到准备	·签到、交接"万能钥匙",并在交班本上签名 ·通知总机员工值班 ·与上一班值班经理交班并阅读交班本 ·查看电脑、阅读报表,熟悉 VIP 抵达时间、当日预抵团队情况、酒店大型活动或其他宴会情况等信息 ·跟查完成上一班未完成的工作	·注意接待人员、贵宾馈赠单、宴请、用车、行程等的实际情况 ·注意掌握房间分配、钥匙制作、特别安排的落实情况 ·注意欢迎牌与指示牌的摆放

续表

步骤(Steps)	怎样做/标准(How/Standard)	提示(Tips)
(2) 做好巡视查控工作	• 检查前厅各分部员工到岗情况及仪容仪表 • 检查酒店外围区域卫生，确保大堂在任何时候都能保持整洁及主要门口畅通；地面保持干净、整洁；保证所有烟盅及烟灰桶干净；酒店玻璃门应保持一尘不染；指导门童和保安人员指挥交通及保证车道畅通；如遇风雨天，监督礼宾部做好客用雨伞的收、借工作 • 管控在大堂内流动的宾客，特别是"早团"的离店、节假日来参观照相的宾客及其所带的小孩 • 征询宾客对酒店的意见并将之反馈到酒店管理层及相关部门 • 在结账高峰期，帮助前台完成宾客结账及其他接待、问讯工作 • 检查餐厅收餐情况	• 不少于两次巡视大堂及公共区域的卫生、设施设备等，并做详细记录；若发现有损坏的设施设备，应立即下工程维修单或联系、知会有关部门处理 • 不定时巡查前厅工作情况及酒店各营业场所经营情况 • 不少于两次检查前厅对客离店工作情况，督促询问住客在店感受等
(3) 做好VIP接待	• 根据各部门提供的VIP姓名、身份与准确的到达、离店时间等资料，在VIP到达前一小时完成检查VIP房的准备工作 • 代表酒店在大堂门口迎接VIP • 将宾客带入房间，介绍酒店设施和房间设备 • 协助VIP办理登记手续	• 注意所在酒店对VIP的类别划分以及相关待遇要求 • 注意了解VIP有无宗教信仰及相关禁忌 • 随时关注VIP的需求
(4) 其他工作	• 参加部门工作会 • 催预离：13:00督促应离未离宾客的催离单派发情况，16:00前尽量处理好此类房间 • 接收宾客遗留物品，填写"宾客遗留物品登记表"，知会有关部门，并随时做好交回宾客托交物品的准备 • 处理酒店及值班经理与宾客的有关来往信件 • 协助前厅经理处理其他日常事务 • 每周将具有参考价值的内容编成周报，并附上分析意见和建议上报给总经理	• 交回宾客托交的物品时，要求宾客填写签收表一份 • 随时准备处理宾客的投诉和职责范围内发生的事情 • 任何的事件、事故、偷盗、投诉都要详细记录并呈报酒店管理层
(5) 签退下班	• 与下一班值班经理交接班，签退下班	• 勿忘在交班本上签名

2. 能够熟悉值班经理夜班的工作流程(见表3－61)。

表3－61 值班经理夜班日常工作流程

步骤(Steps)	怎样做/标准(How/Standard)	提示(Tips)
(1) 签到准备	• 签到、交接"万能钥匙"，并在交班本上签名 • 通知总机员工晚上值班，确定办公电话等使用正常 • 与中班值班经理交班并阅读值班经理交班本 • 阅读报表，熟悉房间回收、团队数量、宾客抵离、VIP接待标准及要求等相关内容 • 检查交班本和相关报表日期的准确性	• 阅读报表须熟悉的具体内容：前天房收情况；是否有预离宾客，询问具体原因；当日到达团队数量；有无团队或VIP未到达

续表

步骤(Steps)	怎样做/标准(How/Standard)	提示(Tips)
(2)做好巡视督查工作	·检查礼宾部员工到岗情况及其仪容仪表 ·查看预订未到宾客名单及房号,如有水果或其他酒店提供的礼品,通知客房部撤出 ·督促确认团队叫醒、早餐、行李、离店时间,并送至其他相关部门签收 ·督促前台做好夜班账务、登记单并在PMS里输入信息 ·检查酒店门童是否按时将各项报表送至总经理办公室 ·检查餐厅员工是否到岗,早餐餐具是否摆出	·事前,应关注宾客订车情况 ·如前台宾客较多,帮助夜班员工对客服务 ·系统输入包括PMS和PSB,且要做好相关记录
(3)其他工作	·协助有关部门经理检查各部门人员夜班工作情况 ·完成一系列报告报表,如值班经理值班报告、值班经理查房记录表、前台当天订房入住报告、营业统计报告等 ·做好每日部门加班、补休及考勤 ·协助前厅经理处理其他日常事务(含事故、投诉等) ·帮助前台夜班安排早到的宾客登记或较早离店宾客的结账工作	·当日工作文件和报表须存档 ·任何事件、事故、偷盗、投诉均要详细记录并呈报酒店管理层
(4)签退下班	·与下一班值班经理交班,签退下班	·勿忘在交班本上签名

※学生实训——值班经理角色扮演

各小组分别创设值班经理"早/中/夜班巡视"工作场景,并进行演练。其他学生进行观察并进行互动点评,教师全程指导。

任务二　酒店VIP接待

VIP(贵宾),即Very Important Person的简称。掌握VIP接待服务流程和礼貌礼节要求,能够按照VIP服务标准规范,圆满完成对客接待服务,是1+X职业技能等级(初级)认证考核的技能要求。

基础知识▼

1. VIP接待的地位

VIP在社会上一般有较高的地位,具有较大的影响力和号召力,做好VIP接待服务关系重大。对于酒店来讲,VIP宾客的接待服务工作做得如何直接体现了酒店的服务水准和档次,对酒店树立良好形象、提高知名度和美誉度等方面起着至关重要的作用。

2. VIP的等级划分

目前,我国酒店对VIP等级一般有两种划分。

第一种,按级别高低依次为V1、V2和V3,即:

V1:对酒店主题运营有着显著影响的宾客、重要的大客户决策者以及著名企业首席执

行官、总裁、大使等；

V2：对酒店有明显影响的宾客和大型会议活动的决策者、机构高管、总经理；

V3：需要酒店特别对待的宾客；会议的组织者、小型团队负责人；主要展会商及酒店较重要的宾客。

第二种，按级别高低依次为 VA、VB、VC 和 VD，即：

VA：国家元首、国家部委领导、省主要负责人等；

VB：各政府部门领导、市主要领导、企业高层管理者、同星级酒店董事长和总经理、省级国旅总经理、对酒店有过重大贡献的人士、酒店邀请的宾客等；

VC：社会名流（演艺界、体育界、文化界）、酒店邀请的宾客（业务客户）；

VD：个人全价入住酒店豪华客房 3 次以上的宾客、个人全价入住酒店客房 10 次以上的宾客、酒店邀请的宾客等。

实践操作 ▼

1. 根据 VIP 接待标准及酒店相关政策要求，完成 VIP 的入住接待工作（见表 3-62）。

表 3-62 酒店 VIP 入住接待操作规范

步骤(Steps)	怎样做/标准(How/Standard)	提示(Tips)
(1) 确定接待标准及优(免)服务项目	·V1：由酒店总经理或常务副总经理、副总经理亲自迎接，前厅部经理、市场销售部经理或指定其他部门经理级管理人员陪同迎接，值班经理引导 VIP 入房，专用电梯接送 ·V2：由酒店副总经理迎接或指定酒店总监级管理人员或前厅部经理、市场销售部经理迎接，值班经理陪同迎接并带房入住 ·V3：由值班经理迎接并引导 VIP 登记入住，必要时部分 VIP 须由前厅部经理或市场销售部经理迎接	·如属国宾级 VIP，需由酒店总经理率部门经理级以上管理人员列队迎送 ·VIP 赠品项目：V1 赠送花果（总统套房为特制花果），赠送红酒一瓶；V2 赠送花果，赠送红酒一瓶；V3 赠送花果
(2) 通知相关部门，打印入住登记单	·销售员接到有关 VIP 的订房，应立即下单给预订部，所有订单应注明宾客抵达时间 ·预订部接到 VIP 单后，立即输入 PMS ·通知客房部提前准备，提前打印好宾客的房卡、欢迎信，并将鲜花水果单送至送餐部，并做好分房 ·客房部彻底检查房间内设施设备是否完好 ·值班经理提前检查房间及鲜花水果摆放情况 ·VIP 到达前应通知相关领导迎接 ·楼层主管及服务员提前 15 分钟到宾客所住楼层迎接宾客，宾客到时应立即送上欢迎茶	·若 VIP 第二天抵店较早，值班经理应在宾客抵店前一晚检查房间，确保房间一切正常；在 VIP 抵店前 2 小时查房并留意鲜花水果是否按规格摆放 ·值班经理提前确认 VIP 具体抵店时间并提前 15 分钟在大堂内等候宾客
(3) 制作房卡/迎接 VIP	·提前确认 VIP 入住天数、房型及特别要求，做好房卡 ·准备 VIP 入住文件夹及欢迎物品 ·VIP 抵店前，及时通知楼层服务员预先打开房门，按 VIP 人数备好欢迎茶	·值班经理可根据情况专控电梯和根据 VIP 的重要程度，通知总经理部门经理出面迎接

续表

步骤(Steps)	怎样做/标准(How/Standard)	提示(Tips)
(4)办理入住手续,确认服务需求	·迎接VIP,整理着装,手持装有VIP入住资料的VIP皮夹,提前15分钟在酒店正门等候 ·VIP抵达后,礼貌地上前迎接,引领宾客直接到房间办理入住登记手续,请宾客在入住登记表上签字 ·礼貌地和宾客交换名片,预祝宾客住店开心愉快	·VIP在入住登记表上签名后,将房间钥匙(房卡)和欢迎卡交给宾客,询问宾客在酒店入住期间或离店时是否需要代办订车、订票等服务

2. 根据VIP接待标准及酒店相关政策要求,完成VIP的退房接待工作(见表3-63)。

表3-63 酒店VIP退房接待操作规范

步骤(Steps)	怎样做/标准(How/Standard)	提示(Tips)
(1)通知相关部门	·值班经理通知各部门办理VIP退房相关事宜 ·如宾客费用自付,前台应在前一天晚上准备好账单并送入宾客房间核对 ·如费用转账,应与有效签单人提前确认 ·如需酒店送机,立即通知车队做好车辆安排	·值班经理应提前一天与接待单位确认宾客的离店时间 ·做好VIP离店欢送准备工作
(2)打印账单	·若一个账页内的账务处理包含多种付款方式,必须打印一份与PMS中该账页全部账务内容一致的总账单 ·每一种付款方式均须打印一份独立的账单附在总单后	·总单必须由宾客签名确认 ·接待员日结时分类核对装订,由稽核分类保存 ·独立账单数据要与总账单对应准确
(3)确认签名	·账单放在VIP夹内交值班经理请宾客签字	·签名后交回接待处做退房处理

※学生实训——VIP接待

学生分组进行角色扮演,模拟VIP入住接待工作情景,其他学生进行观察并进行互动点评,教师全程指导。

任务三 行政楼层服务

高星级酒店将一层或几层的客房相对划分出来,用以接待对服务标准要求高并希望有良好商务活动环境的高端商务宾客,这些楼层称为行政楼层。每一位入住行政楼层的宾客都将受到贵宾般的接待,享受细致快捷的服务。

本任务未被列入1+X职业技能等级(初级/中级)认证考核指定范围,其主要内容涵盖入住/离店接待(不含VIP接待)、酒廊接待等子任务。

子任务 1　宾客入住/离店服务

基础知识 ▼

1. 行政楼层接待员早班工作内容

(1) 检查仪容仪表,以最佳的工作状态上岗。

(2) 检查工作台,保持工作区域干净整洁,为一天的正常营业做好准备工作。

(3) 查看交班本,处理待办事宜。

(4) 检查夜班所打报表,了解前一天营业情况及收入情况。

(5) 了解行政楼层当天的预订情况,及时下鲜花水果单,做好配送鲜花水果的工作。

(6) 更换过期刊物,摆放当天报刊于书报架。

(7) 为行政楼层宾客做好客房指引、早餐指引、下午茶指引等指引服务。

(8) 为入住宾客提供送达行李物品、开启房门、泡茶等服务。

(9) 负责行政酒廊日常接待工作,包括可免费享受行政酒廊待遇的宾客的接待和自费宾客的接待。

(10) 完成宾客其他服务要求。

(11) 完成上级交代的其他工作内容。

2. 行政楼层接待员中班工作内容

(1) 检查仪容仪表,以最佳的工作状态上岗。

(2) 做好工作交接,并仔细阅读交班本,处理待办事宜。

(3) 随时了解当天房态,了解当天售房、在住及预订情况。

(4) 填写晚间问候卡,检查客袋并确定需要催账的客房。

(5) 制作行政楼层住房报表和当天免费茶点报表。

(6) 制作当天的营业报表和商务秘书服务报表。

(7) 完成宾客其他服务要求以及上级交代的其他工作内容。

(8) 填写好当班交班本,收回阅览休息室及接待台上的书籍。

(9) 下班时关闭所有电器电源,锁好贵重物品,将楼层灯光调整到节能状态。

实践操作 ▼

1. 按照行政楼层管理制度及工作规范,完成行政楼层宾客(不含 VIP)入住服务工作(见表 3-64)。

表 3-64　行政楼层宾客(不含 VIP)入住接待操作规范

步骤(Steps)	怎样做/标准(How/Standard)	提示(Tips)
(1) 服务准备	• 每日行政楼层晚班当班人员需打印次日抵店宾客报表,了解次日预计抵店宾客的信息	• 信息包括抵店宾客姓名、房号 • 抵店时间等

续表

步骤(Steps)	怎样做/标准(How/Standard)	提示(Tips)
(2) 迎接宾客	• 宾客抵店后应由值班经理或宾客关系主任陪同，前往行政楼层办理手续；与此同时，前台接待应立即电话通知行政楼层接待员在门口迎接 • 当宾客抵达行政楼层后，行政楼层接待员应用酒店标准的欢迎语问候宾客并自我介绍	• 热情、周到迎接宾客，使宾客感觉像回家一样 • 礼仪形式要专业合规
(3) 办理入住手续	• 引领宾客至座位休息并为其送上欢迎饮料及毛巾 • 将准备好的入住登记单取出，请宾客签字确认 • 将已备好的行政楼层欢迎信及房卡交给宾客 • 主动介绍酒店及行政楼层的设施设备和服务项目，包括早餐时间、下午茶时间等	• 在宾客签字入住登记单时，注意检查并确认宾客的有效证件、付款方式、离店日期与时间等内容(此过程2分钟内须完成)
(4) 送客入房	• 当行政楼层宾客办理完入住手续，待宾客用完欢迎饮料后，需由一位行政楼层接待人员引领宾客进入房间 • 抵达房间门口时，演示房卡的使用方法 • 进入房间后向宾客介绍房间内的设施设备的使用，之后询问宾客一些具体要求 • 礼貌地告别并预祝宾客入住愉快 • 通知礼宾部，10分钟内将行李送至宾客房间	• 引领宾客进入房间时走在宾客侧前方 • 介绍的设施设备主要包括：取电槽、照明电源开关、空调温度调节器、小酒吧、客用保险箱、宽带服务、电话功能、SOS报警按钮及逃生图等
(5) 入住信息储存与传递	• 将宾客资料准确输入电脑，并复查 • 将宾客的服务需求信息通知相关部门，并做好记录 • 按房号将登记单及宾客账单放入文件夹内	• 建立、录入、补充客史档案 • 注意房号单的排列顺序

2. 按照行政楼层管理制度及工作规范，完成行政楼层宾客(不含VIP)离店服务工作(见表3-65)。

表3-65　行政楼层宾客(不含VIP)离店接待操作规范

步骤(Steps)	怎样做/标准(How/Standard)	提示(Tips)
(1) 打印账单，通知相关部门	• 行政楼层早班接待员，需按照宾客离店时间，提前准备好宾客的账单，并提前打印好账单 • 当宾客前来行政楼层前台要求退房时，引领宾客到座位上休息并为宾客准备饮料 • 确认房号后立即通知客房中心查房并立即通知李员来运送宾客的行李 • 请宾客在事前准备好的账单上签字确认，办理结账手续	• 打印宾客最终账单须与有宾客签字的账单进行比对：若账单一致，则将房间在PMS中退房，刷卡后将信用卡单与相关附属文件一同交给财务部；若账单不一致，则使用信用卡分别收费，再将房间在PMS中退房并提交相关附属文件至财务部
(2) 征询意见	• 询问宾客对行政楼层服务的意见，或请宾客填写"宾客意见表" • 询问宾客是否需要送车服务，如果需要，立即通知礼宾部准备车辆 • 询问宾客是否需要帮助安排下一行程的房间预订，是否需要做"返回预订"	• 对行政楼层的宾客要提供快速结账服务，可直接在客房内办理结账手续 • 宾客离店时只需将填写好的快速结账服务信及签过字的账单交还给行政楼层接待即可离店

续表

步骤(Steps)	怎样做/标准(How/Standard)	提示(Tips)
(3) 送别宾客	·当宾客办理完退房手续之后,接待员应送宾客至电梯口 ·通知宾客关系主任在大堂等候送别宾客,目送宾客离开后方可返回酒店	·通知宾客关系主任时应详细告知宾客乘坐的电梯号、宾客姓名、房号及宾客的基本特征

※学生实训——入住/退房接待演练

将学生适当分组,创设行政楼层对普通宾客的接待情景,分别就宾客入住、退房环节进行演练。

子任务2 快速结账服务

基础知识 ▼

1. 快速结账的前提与特点

酒店往往为行政楼层宾客提供快速结账服务(Express Check-out)。快速结账服务的前提是宾客须使用信用卡结账且授权酒店可使用其信用卡对其在酒店的消费进行结算。快速结账服务的特点是宾客不必等候退房,只需将相关签署过的文件交给行政酒廊接待员,这项服务为赶时间的宾客节省了宝贵时间。

2. 快速结账委托书

宾客离店前一天,往往会填好快速结账委托书,允许酒店在其离开时为其办理结账退房手续。快速结账单上宾客的签名将被视为信用卡签购单上的签名,酒店财务部凭信用卡签购单和该单向银行追缴。为了方便宾客备查,酒店最后将账单寄给宾客。

实践操作 ▼

按照行政楼层管理制度及工作规范,完成行政楼层宾客快速结账服务工作(见表3-66)。

表3-66 行政楼层快速结账服务操作规范

步骤(Steps)	怎样做/标准(How/Standard)	提示(Tips)
(1) 提前了解相关情况	·提前一天向宾客确认结账日期与时间 ·提前了解宾客结账地点、付款方式、行李数量、是否需要代订交通工具、是否住得开心等 ·在21:00前打印宾客账单明细,放进信封提前交给宾客审核	·如付外币现金,请宾客提前兑换外币 ·及时检查客房内酒水使用、长途话费等情况
(2) 通知相关部门	·通知行李员取行李,按宾客需要代订出租车或酒店用车等 ·21:00前将快速结账服务信封交给礼宾部送至宾客房间	·询问行李是否要包装或寄存等

续表

步骤(Steps)	怎样做/标准(How/Standard)	提示(Tips)
(3)结账送别	•宾客结账时,请宾客在账单上签字,将第一联呈交给宾客;收取费用,请宾客在账单上签字,将其中一联呈交宾客 •感谢宾客入住,送客至行政楼层电梯处礼貌道别	•若宾客使用信用卡结账,须注意该卡是否超限额、印迹是否清晰

※学生实训——结账对比

将前台收银处的散客结账工作和行政楼层的快速结账工作加以对比,找出其操作流程及标准要求的差异。

子任务 3　会议室服务

基础知识 ▼

1. 行政楼层会议室管理的制定

为充分利用行政楼层会议室功能,使会议室的管理和使用更加规范化、合理化,酒店往往会特别制定行政楼层会议室管理的制度,其主要应在会议室的使用流程、预订方式和秩序,包括会议室的预订时间、使用时间、设备使用和清洁要求等几方面做出具体规定。

2. 行政楼层会议室服务注意事项

(1) 应询问宾客是否需租借其他设施设备,并告知宾客相应的费用。

(2) 应提前半个小时准备会议所需的设备和物品,检查卫生,确保安全、洁净。

(3) 会议结束后应尽快打扫会议室。

(4) 未经前厅部经理(或行政楼层经理)允许,禁止酒店内部人员使用行政楼层会议室。

实践操作 ▼

按照行政楼层管理制度及相关服务规范,完成行政楼层会议室服务工作(见表 3-67)。

表 3-67　行政楼层会议室服务操作规范

步骤(Steps)	怎样做/标准(How/Standard)	提示(Tips)
(1) 了解会议需要的相关业务	•向宾客详细了解会议室使用的时间、参加会议的人数、交通方式以及会务设备、用品、会议资料、人员签到、现场布置等方面的具体要求信息 •确认会议保密程度、与会人员习惯	•用品:座席卡、香巾、鲜花、点心、茶水、文具、手提电脑、投影仪、白板等 •茶歇标准
(2) 出租受理	•主动向宾客介绍会议室的出租收费标准 •当宾客确定租用后,按规定办理预订手续 •再次确认会议开始时间及大约散会时间	•查询宾客住店资料 •确定租费支付方式 •明确会议室,填写预订记录
(3) 会前准备	•清洁会议室,保证场地干净,室内无异味 •提前半小时按宾客要求准备好食品和饮料及会议设备用品等	•检查会议设施、设备是否正常 •再次确定会议召开时间

续表

步骤(Steps)	怎样做/标准(How/Standard)	提示(Tips)
（4）会场服务	• 当宾客到来时,主动引领宾客进入洽谈室,请宾客入座 • 按照上茶服务程序为宾客上茶 • 会议中每隔20～30分钟为宾客续一次茶水	• 如宾客在会议中提出其他商务服务要求,应尽量满足 • 关注参会者的个性化需求 • 确保会场安全
（5）送客结账	• 会议结束,礼貌地送走与会宾客 • 按规定请会议负责人办理结账手续并致谢道别	• 对整个会务服务过程进行总结

※学生实训——会议室服务演练＋讨论

将学生适当分组,结合有关餐饮服务知识,创设行政楼层的接待情景,就行政楼层的会议室的服务过程进行演练,并讨论行政楼层"会议室服务"与酒店商务中心所提供的"会议服务"的异同点。

子任务4 行政酒廊服务

基础知识

1. 行政酒廊营业时间和服务内容

（1）营业时间一般为6:30—23:00。除固定时间提供的早餐、下午茶及鸡尾酒服务外,行政楼层宾客可在营业时间内任何时间自由出入行政酒廊,享受免费提供的软饮、咖啡、茶和餐食,也可在行政酒廊享受到免费商务及秘书服务。

（2）早班工作时间一般为6:00—14:30。各项早餐准备工作应于6:30前准备妥当,6:30准时打开行政酒廊大门,以良好的精神状态微笑迎客。

（3）晚班工作时间为14:30—23:00。21:00之前,在不打扰宾客休息的前提下,做好行政楼层宾客的礼仪电话(Courtesy Call)工作;征询宾客是否需要次日叫醒服务或其他服务,若宾客第二天离店,则询问宾客具体离店时间并详细记录做好交班。

2. 行政酒廊服务的一般标准

（1）问候。对客服务从一句亲切的问候语开始,紧接着进行快捷有效的服务。

（2）顺序。严格按先女后男、先宾后主、先老后少的顺序为宾客服务。所有的服务按顺时针方向进行;所有的服务在宾客的右边进行。

（3）卫生。确保所用的杯子及餐具是干净干燥的;保持台面的清洁,空杯的餐具要及时收走,除了大餐碟外,其余餐具一律用托盘去收或换。

（4）时间。宾客点饮料、咖啡、茶后2分钟之内必须得到服务;宾客点鸡尾酒后3分钟之内必须得到服务。

（5）装配。所有饮品必须带有杯垫(除带杯碟的饮品,如咖啡等);所有的饮料都需用规定形制的饮料杯装盛,同时配上小吃和餐巾。

实践操作 ▼

1. 按照行政楼层服务要求和餐饮服务规范,完成行政酒廊早班服务工作(见表3-68)。

表3-68 行政酒廊服务早班工作操作规范

什么(What)	怎样做/标准(How/Standard)	提示(Tips)
(1) 早班准备	• 6:00前到前台索取行政楼层房卡,向前台夜班了解前一晚行政楼层开房情况,并了解有无特殊事项 • 打开所有电源开关,并检查各种设备是否完好可用 • 检查电视机能否正常收看,放置好当天报纸、杂志 • 验收由餐饮部送上的各种食品并检查其质量 • 摆放早餐位和自助餐台,要求台面干净、无污渍,餐具、器皿干净、摆放整齐	• 酒廊早班工作时间一般为6:00—14:30(含半小时员工用餐时间) • 各项早餐准备工作应于6:30前准备妥当,6:30准时打开行政酒廊大门
(2) 早餐服务	• 接待用早餐的宾客,并做好登记(包括宾客喜好) • 如发现食物或者饮料等数量不够,应提前10分钟通知餐饮部准备,并请其尽快送达 • 早餐结束后,关闭电视,打开音响,收早餐并清洁自助餐台、休息室和备餐间 • 完成工作日志,与晚班员工进行交接 • 下班前把所有用过的餐巾及垃圾清走	• 管事部是酒店餐饮部附属部门,其主要职责是负责餐饮部后台卫生工作及餐饮部物资财产管理工作,必要时支援各餐饮部门临时需求
(3) 早班其他服务	• 将餐具消毒、擦拭后分类摆放回指定处 • 检查摆放的装饰插花质量,完成当日卫生清洁工作 • 招待当天前来办理入住及退房的宾客,提供日常的餐饮服务 • 13:00换布草、折叠口布,补充冰箱里的饮料;如发现有饮料和日常单据、办公用品不足现象,应提前两天准备领货单,提交经理签字后及时领回	• 插花不够标准的,则与花房联系更换 • 根据酒廊的光亮程度,可关掉部分电灯 • 完成早餐服务统计后需填写行政楼层工作统计表(餐饮服务栏)

2. 按照行政楼层服务要求和餐饮服务规范,完成行政酒廊晚班服务工作(见表3-69)。

表3-69 行政酒廊服务晚班工作操作规范

什么(What)	怎样做/标准(How/Standard)	提示(Tips)
(1) 晚班准备	• 正常交接班 • 了解入住和结账离店人数、在住房号及宾客姓名 • 检查咖啡豆、茶叶、果汁等是否足够并补齐	• 需要晚班知晓或跟进的事宜必须交代清楚
(2) 晚班用餐服务	• 提前10分钟按要求准备好下午茶台,并做好记录 • 做好鸡尾酒会的准备及接待工作,且详实记录每桌酒水消耗情况 • 通知管事部清洁"欢乐时光"时段使用的餐具 • 盘点并补充冰箱内的酒水 • 做好酒水消耗及冰箱内剩余酒水的记录 • 准备好第二天需用的餐巾和其他早餐物品 • 及时通知餐饮部收餐,完成工作日志 • 下班前关闭照明设施及夜间不需开启的电器,并清走垃圾	• 行政楼层下午茶服务时间一般为每天15:00～17:00,而17:00～19:00为行政楼层宾客提供免费的鸡尾酒及各种含酒精饮料,通常这一时间段被称为"欢乐时光"(Happy Hour)

续表

什么(What)	怎样做/标准(How/Standard)	提示(Tips)
(3)晚班其他服务	• 负责完成宾客委托代办服务工作 • 打印行政楼层次日预抵宾客名单,并按宾客预订要求安排房间,准备好登记单和房卡 • 准备次日上交的行政楼层报表,确保数据的准确及时	• 要将欢迎鲜花、水果的数量及等级书面通知客房部及餐饮部 • 在22:30前完成第二天的部分早餐台和自助餐台的摆放工作

※学生实训——行政酒廊早餐接待

学生两人一组,完成行政酒廊早餐服务接待工作,其他学生观察并点评互动,教师全程指导。

任务四 贴身管家服务

贴身管家服务(Butler Service)在高星级酒店中非常流行,这是一种更专业和私人化、个性化的一站式酒店服务,它是集酒店前厅、客房和餐饮等部门的服务于一人的高品质服务。

本任务被列入1+X职业技能等级(高级)认证考核指定范围,其主要内容涵盖宾客入住/离店接待、宾客在店期间的个性化服务等。

基础知识 ▼

1. 贴身管家的服务内容

贴身管家,既是服务员,又是秘书;既负责宾客的生活琐事,也操办宾客的商务活动。诸如拆装行李、入住退房、客房服务、叫醒服务、订餐送餐、洗衣、订票、旅游安排、秘书服务、客史档案的收集与管理等。

2. 贴身管家的基本素质要求

(1) 具有大专以上学历或同等文化程度,接受过酒店管理专业培训,形象气质佳,具有良好的语言沟通能力,至少熟练运用一门外语;具备丰富的知识,有较强的抗压能力,具有至少两年的基层服务工作经验。

(2) 具有较强的服务意识、大局意识,工作责任心强,能够站在宾客的立场和角度提供优质服务;具有较强的沟通、协调及应变能力,能够妥善处理与宾客之间发生的各类问题,与各部门保持良好的沟通、协调。

(3) 了解酒店的各类服务项目和酒店所在地区的风土人情、旅游景点、土特产等。

(4) 熟悉酒店前厅部各个分部门的工作流程及工作标准;具有餐饮酒水知识及服务技能,掌握客房服务的工作流程及标准;具有一定的商务知识,熟练掌握各种商务设备的使用,能够简单处理宾客相关的商务材料。

实践操作 ▼

按照贴身管家素质要求及其服务规范,完成贴身管家服务的基本工作(见表3-70)。

表3-70 贴身管家服务操作规范

什么(What)	怎样做/标准(How/Standard)	提示(Tips)
(1)宾客抵店前后服务	·检查宾客的历史信息,了解宾客抵离店时间、宾客喜好和特殊要求 ·宾客抵店前2小时检查客房和餐食的准备情况,准备宾客的房间赠品,了解房间的布置是否符合宾客的喜好、生活起居习惯和宗教忌讳等 ·与关联部门沟通,及时跟进宾客喜好安排 ·与各部门密切配合,安排宾客房间水果和报纸配备、夜床服务及餐前服务的准备工作 ·携带相关旅游、商务等信息资料,提前10分钟到达大厅迎候宾客	·应做好24小时为住店宾客提供细致和周到服务的准备 ·提供客房服务时还应注意宾客的性格,注意宾客安全、隐私保密,并注意房间温度、气氛及音乐是否调至适宜 ·酒店产品、当地旅游信息和商务信息等资料须准确
(2)宾客离店前后服务	·征询宾客住店期间的意见,进一步了解宾客的消费需求,并及时与关联部门沟通落实 ·掌握宾客离店的时间,为宾客安排车辆、叫醒服务和行李服务 ·了解宾客对酒店的满意度,确保宾客满意离店 ·做好宾客档案管理	·注意宾客洗衣、订票、旅游安排、秘书服务等服务信息的及时、准确处理 ·注意做好宾客遗留物品的处理工作
(3)宾客在住期间服务	·引领介绍:宾客抵店后,严格按规范要求引领宾客至客房;介绍酒店设施及房间情况,递送欢迎茶及小毛巾,并适时推荐酒店产品与服务;告知宾客自己的联系方式 ·提供个性化服务:提供宾客所需服务;做好宾客喜好的观察和收集,妥善处理好宾客的意见和建议 ·提供其他服务:根据宾客需求每日为其提供房内用餐、洗衣、叫醒、商务秘书、日程安排、用车、当日报纸递送、天气预报、会议室租用等服务	·及时将宾客饮食习惯反馈到餐饮部,将点餐单送到客房 ·致力于提高个人的业务知识、技能和服务质量,保持与其他部门良好的沟通关系 ·做好酒店各部门的沟通和跟进工作,以满足宾客需求,力求超越宾客的愿望

※学生实训——贴身管家角色扮演

各小组分别创设贴身管家服务场景,并进行演练。

任务五 金钥匙服务

在酒店中,经常可以看到胸前别着两把金钥匙的工作人员,他们是礼宾部的工作人员,被人们称为金钥匙(Golden Key Concierge)。金钥匙常被宾客视为"万能博士""百事通"及解决问题的专家。

本任务为1+X职业技能等级(高级)认证考核的指定内容。认识金钥匙理念,了解酒店金钥匙的岗位职责与素质要求,具备金钥匙服务的优秀品质等,是前厅服务学习上非常适合汲取的知识营养。

基础知识 ▼

1. 金钥匙的概念

金钥匙的本意,是指酒店前厅部委托代办工作中服务质量最高的工作表现以及由此形成的一种特有的荣誉标志。国际金钥匙组织(UICH,其标志见图3-4)起源于法国巴黎,是一个由酒店委托代办员组成的民间互助组织。自1929年至今,是全球唯一拥有90余年历史的网络化、个性化、专业化、国际化的品牌服务组织,被誉为"服务皇冠上的钻石"。

图3-4 中国和国际酒店金钥匙组织标志

金钥匙既是一种专业化的服务,又是对具有国际金钥匙组织会员资格的酒店礼宾部(有的酒店称为委托代办组)职员的特殊称谓。酒店委托代办员以个人身份通过推荐,申请加入金钥匙组织,经过培训与考核成为组织会员。

金钥匙是一个国际的服务品牌,拥有先进的服务理念和标准,是一位服务的专家、服务的榜样,也是一个服务的网络。目前,金钥匙服务已从酒店行业延伸到更多的服务行业。随着社会的现代化发展,金钥匙服务已成为全球服务行业一种追求极致精神的代名词。

2. 酒店金钥匙服务宗旨

在不违反法律和道德的前提下,为宾客解决一切困难。酒店金钥匙为客排忧解难,"尽管不是无所不能,但也是竭尽所能",要有强烈的对客服务意识和奉献精神,为宾客提供"满意+惊喜"的个性化服务。

3. 酒店金钥匙组织原则

酒店金钥匙组织的工作口号:"友谊·协作·服务"(Friendship, Through, Service)。

酒店金钥匙的人生哲学:在宾客的惊喜中找到富有乐趣的人生。

※小资料—— 中国金钥匙

中国是国际金钥匙组织的第31个成员国。据中国金钥匙官网介绍,自1995年被正式引入中国以来,目前覆盖到全国300余个城市、3 100多家高端企业,拥有5 000多名金钥匙会员。中国金钥匙是集酒店、物业、景区及高端服务企业的品牌服务经理人组成的一个网络化、个性化、专业化、国际化的服务品牌。2008奥运会、2010世博会、2022冬奥会、G20峰会、亚洲博鳌论坛、金砖国家领导人会晤等大型国际会议上均出现了金钥匙服务团队的身影。金钥匙服务已被国家文旅局列入国家星级酒店标准。

实践操作 ▼

按照金钥匙服务宗旨,追求能体现金钥匙服务精神的工作目标(见表3-71)。

表 3-71　追求金钥匙服务精神的工作目标和做法

目标(Target)	怎样做/标准(How/Standard)	提示(Tips)
(1) 服务体现可靠度	·处理事情及时,改正错误迅速,始终如一 ·结账等服务准确,柜台服务符合标准	·严格按承诺提供规范服务
(2) 服务体现可信度	·完整回答宾客问题 ·宾客进入酒店任何场所时感到舒适,立即获得尊重 ·主动提供房单、餐单、酒单或展示商品、介绍产品,如房状或菜肴成分、加工方法等信息 ·服务操作表现出有教养、职业性、富有经验,可增加宾客的安全感和可信度	·对知识、礼仪把握适度,在沟通中显示出信任与自信 ·服务操作表现出的职业性,能够给宾客带来职业美感
(3) 服务体现灵敏度	·时刻提供快捷服务,竭力满足宾客特殊需求,从不说"不" ·员工之间互助合作,保证服务速度、质量	·乐于帮助宾客,并能竭尽全力提供快捷服务
(4) 有形服务体现完美度	·建筑外观、停车场、庭园醒目,有吸引力;装修、装饰、布局、陈设档次与价格相符 ·餐厅分区、商场、通道等醒目,有吸引力 ·客房、餐厅、卫生间、商场等各类服务场所前后台整齐、清洁;菜单、宣传品醒目、完好,有吸引力,符合酒店形象 ·时时保持床铺、座椅、桌面、车辆等整洁、舒适,且在布置上体现高雅与热情	·员工着装整洁、美观、合适 ·仪容仪表、设施、设备、环境维护等状况良好 ·酒店各出入口便利、顺畅,环境宜人
(5) 无形服务体现充实度	·时时微笑,让每位宾客都感受到特别礼遇 ·主动、细心体察,预料到宾客个人需求、愿望,而非呆板地从属于规范、制度 ·为每一过失细节负责,表示歉意、同情,并保证事不过二	·无微不至,有针对地对应宾客个性 ·以宾客获得最大利益为己任

※学生实训——深入了解金钥匙细节服务内容

早在2014年2月,金钥匙官方网站就公布了《99条金钥匙服务细节,体现用心极致》的文章,请上网浏览一下。同时,通过该网站知晓金钥匙会员的入会条件及程序、所在地酒店金钥匙服务案例,并深度思考:如何使推动金钥匙理念的发展与进步成为酒店前厅员工追求的工作目标。

任务六　会员管理服务

前厅运营管理过程中,应熟练掌握会员系统的操作方法,掌握会员卡的销售技巧,热情周到地为宾客做好接待服务,使普通宾客转化为酒店会员,提高复住率,从而提高酒店的营业收入。

本任务为1+X职业技能等级(中级)认证考核的指定项目,要求了解会员管理的基本内容,掌握会员管理的基本工作流程,能够按照会员管理的规范要求,完成会员的住宿服务工作。

基础知识

1. 酒店会员特权

（1）酒店会员可享受酒店住房和餐厅菜品执行价的优惠；享受酒店的消费积分奖励。

（2）所有会员住房可延迟退房，免收半天房租；预订延时保留，因故未能在预订保留时间内抵达酒店时，经电话确认后，酒店将为会员适当延长保留时间至20：00。

（3）免费受邀参加酒店举办的各类会员联谊活动和抽奖活动；在酒店客房紧张时，会员将享有客房预订优先权；生日当天在酒店消费的会员可获赠一份生日礼物；定期专人回访和实施个性贴心服务。

2. 酒店会员卡功能

（1）打折功能：按照卡内的折扣信息给予住房和餐品相应折扣。

（2）储值功能：会员卡可提前预存金额，以方便消费。

（3）积分功能：根据消费金额累计积分。

3. 酒店会员管理系统

会员管理系统包括宾客资料、宾客消费记录、积分、储值、计次、库存管理、折扣管理、电子优惠券、服务（关怀）计划、短信服务及各类综合统计报表。

通过会员管理系统，酒店可实施各类会员制营销，以吸引新宾客消费，防止老宾客流失；实施各类服务计划，如短信服务的利用，可有效进行宾客关怀，促进酒店和宾客之间的沟通。

4. 酒店会员卡营销方法

（1）设置多个等级。每个等级会员卡对应不同服务，等级越高折扣就越大。常见的酒店会员等级有银卡、金卡、钻石卡等；会员等级可通过会员累计充值或消费积分来获得。

（2）明显区分会员类别。注重会员服务质量，明显区分会员与普通宾客之间的区别。会员是身份的一种象征，要充分体现出会员的优越性。

（3）出台会员活动。定期、不定期地出台相关活动，如积分兑换小礼品、积分抽奖等。在会员生日的时候，系统自动给会员发送生日祝福短信，会员生日当天可享受双倍积分。

（4）把握销售时机。宾客办理入住时、宾客续住时、晚上需要帮助时、宾客办理退房手续时都是会员卡的销售时机。

5. 酒店会员卡销售方法

（1）功能介绍法：介绍免费早餐、会员打折、积分奖励、储值功能以及延时退房等特权。

（2）代客分析法：计算出会员相较于普通散客而获得的优惠金额。

（3）品牌分析法：对比其他酒店，突出本酒店的特色与优势。

（4）带客参观法：在宾客犹豫时，主动提出带宾客参观本酒店的房间。

（5）后期跟进法：在宾客结账时，若发现宾客未办理会员卡，应及时提醒宾客办理会员可获得的优惠及特权。

（6）欲擒故纵法：对于不愿意办卡的宾客放弃本次销售，向宾客致谢并表示今后将以更好的服务欢迎其再次入住。

实践操作 ▼

能够合理运用营销技巧,完成会员管理服务工作(见表3-72)。

表3-72 会员管理工作操作规范

什么(What)	怎样做/标准(How/Standard)	提示(Tips)
(1) 会员卡分类	• 可售卖卡:金卡、银卡、钻石卡	• 会员卡类型因酒店产品与相关服务的不同而异
(2) 新会员注册	• 请宾客出示身份证件 • 点击PMS中的"购买升级",为宾客注册新卡 • 填写相关必填信息:姓名、性别、证件类型、证件号码、手机号码、省份、验证码 • 系统打印会员加盟登记表,请宾客签字确认 • 询问宾客办卡费用的支付方式	• 会员卡积分原则:宾客入住时,输入PMS的姓名、身份证号码和卡号,与"会员管理"中该宾客注册时的姓名、身份证和卡号核对相符,方可积分
(3) 会员卡办理	• 确定办理会员卡方式:宾客入住并同时办理,会员卡费用可入房账,宾客仅办理会员卡业务时,点击PMS"现付账",收取费用后,按杂项收入(现付)单入账 • 将证件、会员卡双手递交给宾客 • 在会员发放登记本上做好记录	• 杂项收入(现付)单需请宾客签字确认 • 填写会员加盟登记表,并请宾客签字确认
(4) 会员单据整理	• 杂项收入(现付)单与会员加盟登记表一起装入客账袋 • 夜审前,打印当天每日现付入账明细表,核对无误后与杂项收入(现付)单会员加盟登记表一起装入封包	• 注重会员单据整理的有效性、及时性

※学生实训——酒店会员加入

分小组创设前台接待情景,利用商务宾客毛江勇先生首次入住酒店之际,争取使之成为酒店会员。提示:功能介绍法、品牌分析法、代客分析法、带客参观法和欲擒故纵法任选其一,或综合使用。

◆项目小结

本项目根据宾客入住酒店的一个活动周期,介绍了宾客抵店前、住店中和离店后3个环节的对客服务,内容涵盖了酒店市场营销部预订、前台Walk-in预订、前台接待准备、问讯/访客服务、收银结账、礼宾服务、商务(服务)中心服务等常规性服务,以及值班经理服务、VIP接待、行政楼层服务、贴身管家服务、金钥匙服务和会员管理服务等增值性服务的内容。本项目是前厅服务的核心内容,是前厅运营管理的基础,也是1+X职业技能等级(初/中级)认证考核的重点。

◆应用与提高

案例分析 ▼

住错楼层的 VIP

某酒店接待一批宾客,其中有两位是某跨国公司高级行政人员,深圳方面负责人为其预订行政楼层客房并要求 VIP 接待,其他宾客被安排在普通楼层,酒店各部门做好准备。然而,宾客到店时,接待员因工作失误,只核实了一位宾客信息,将本应入住行政楼层的 VIP 宾客与其他普通宾客一同安排在普通楼层。发现错误后,酒店在行政楼层为宾客留房,在其房间留致歉信。值班经理在宾客回店后亲自道歉并询问是否转房,宾客表示满意现住客房,无须转房。宾客离店时,值班经理再次当面致歉,宾客表示不介意此次经历,对酒店的重视感到满意。此次事件虽因接待员失误引发问题,但值班经理妥善处理,成功平息事件。

分析总结共享:

(1) 对 VIP 宾客的接待,未能引起每个当值员工足够的重视,当值主管未尽其监督之职。

(2) 工作不细致,未在宾客抵店时仔细查询宾客预订。VIP 宾客未入住已准备好的客房,使酒店相关部门为此次接待所做的一切准备工作付之东流,虽然经酒店方的努力,宾客接受了道歉,但此次接待任务的失败势必使宾客对酒店的印象打了折扣。

[资料来源:1+X 职业技能等级认证培训教材《前厅运营管理(中级)》中国旅游出版社,2021]

课内实训 ▼

1. 小组讨论

有一位宾客投诉商务中心一名员工在为其办理订票业务时,多收了 300 元好处费。此事投诉到值班经理那里,然后由保安部协助调查。经过调查和通过对员工的问话,最终这名员工承认了自己从机票预订中得到了 230 元的回扣。请讨论:

(1) 应对此名员工做何处理?这名员工对酒店造成的负面影响到底能有多大?

(2) 酒店对此要不要负责?如果要负责,酒店应承担哪些责任?

2. 分组训练

使用代客分析法(计算出会员相较于普通散客而获得的优惠金额)和品牌分析法(对比其他酒店以突出本酒店的特色与优势)对首次入住酒店的宾客进行会员卡的销售。

课外拓展 ▼

1. 学生分组,每组 2～3 个人,给所在地区某高星级酒店发出邮件,预订某个具体日期的一间需住两晚的客房,要求酒店给出折扣价格。看看是否能收到回复,以及酒店是如何回复的,并根据学到的知识对回复结果展开点评。

2. 以班级为单位,举办一次有两三家合作酒店的大堂值班经理或前厅部主管参加的

"圆桌会议",会议主题设置为:如何适时追踪宾客的个性化需求。

3. 上网查找利用 LEARN(倾听/同情/道歉/修复/培养)原则成功解决酒店宾客投诉的三个案例,并分析总结 LEARN 原则的使用价值有哪些。

4. 利用某次学术班会集体讨论:自 2024 年初突现网络的众多 AI 技术(软件),对职业院校酒店管理或旅游管理专业在校生学习前厅运营技能和未来职业发展将会带来哪些深度影响?

管理篇

项目四　前厅管理专项技能实操

◆ 德技并修

【立德树人】树立前厅管理的职责就是帮助酒店组织利用其有限资源实现组织目标的意识,做一名业精于勤、意志力强、努力提高管理技能水平的准职业人。

【应知理论】了解前厅部常见文案的类别、要求和会议主持需要的能力。

【应会技能】能够按规范要求撰写通知、公文,主持前厅部月度工作总结会及班组的班前班后工作会议。

本项目分文案编制和会议主持两个模块,涉及的所有任务内容,是前厅部管理正常运行的基础技能之一,也是1+X职业技能等级(中级)认证考核的内容。

模块一　文案编制

任务导入

文案训练——文体知识竞赛+拟写培训通知

1. 学生重温《大学语文》有关应用文的写作知识。专业教师请文化课教师协助,组织一次有关通告、通知、通报、请示、意见、计划和总结等常用文体的知识竞赛。

2. 学生先期自学本教材项目五模块一任务四的相关内容,为酒店人力资源部和前厅部共同安排的前厅服务新员工入职培训代写一份新员工入职培训通知。

任务一　常用文书编写

酒店内部的日常管理和对外商务活动均离不开文案。文案格式规范、讲究写作技巧,是帮助酒店建立制度化、规范化、标准化管理系统的基础之一,对提高前厅服务与管理办事效率,实现酒店持续高效发展目标具有积极的促进作用。

1+X职业技能等级(中级)认证考核要求有三项:了解前厅部常用文书种类,掌握前厅部文书编写规范,能够按照规范编写文书。

基础知识 ▼

1. 前厅部常用文书种类

（1）决定:用于对重要事项或重大行动做出安排。

（2）通告:用于在一定范围内公布应遵守或者周知的事项。

（3）通知:用于颁布规章和行政措施,转发政府部门、上级、同级或不相隶属单位的公文,批转下级办理、执行的事项,任免干部等。

(4) 通报:用于表彰先进或批评错误。

(5) 报告:用于向上级汇报工作、反映情况。

(6) 请示:用于向上级请示某一事项的指示或批准。

(7) 批复:用于答复下级请示的事项。

(8) 会议纪要:用于传达会议精神,要求有关部门共同贯彻、遵守和执行。

(9) 意见:用于对某一重要问题提出的设想、建议和安排。

(10) 函:用于向同级或不相隶属单位相互商洽工作、询问和答复问题,向同级有关主管部门请示某一事项的批准等。

2. 公文及会议纪要格式

(1) 公文格式:即公文规格样式,是指公文中各个组成部分的构成方式,它和文种是公文外在形式的两个重要方面,直接关系到公文效用的发挥,包括公文组成、公文用纸和装订要求等。公文格式的三大要素:版头、主体、版记。

(2) 会议纪要格式:会议纪要标识由"×××会议纪要"组成;其标识位置用红色小标宋体字,字号由发文机关酌定。

3. 公文编写要素

(1) 文件版头:正式公文一般都有版头,标明是哪个机关的公文。

(2) 公文编号:一般包括机关代字、年号、顺序号。几个机关联合发文的,只注明主办机关的发文编号。

(3) 签发人:许多文件尤其是请示或报告,需要印有签发人名,以示对所发文件负责。

(4) 机密等级:机密公文应根据机密程度划分机密等级,分别注明"绝密""机密""秘密"等字样。

(5) 紧急程度:这是指公文送达和办理的时限要求,分为"特急""加急"。

(6) 阅读范围:根据工作需要和机密程度,有些公文还要明确其发送和阅读范围。

(7) 附件:一般是指依据需要作为正文的补充说明或参考材料,非每份公文都有。

(8) 印制版记:由发文机关名称、印发日期及两条横线组成。

实践操作 ▼

1. 按照文书编写的规范要求,完成新员工培训通知的撰写(见表 4-1)。

表 4-1　新员工培训通知撰写基本规范与标准

步骤(Steps)	怎样做/标准(How/Standard)	提示(Tips)
(1) 召开前厅部工作例会	・分析新员工群体特征,确定培训要求 ・确定培训时间、培训地点 ・确定培训内容、培训讲师 ・商议对新员工培训的其他相关事宜	・注意参加培训人员的工作班次,合理制定培训时间;如有时间、地点的变化,则另行通知
(2) 撰写前厅部新员工培训通知	・合理正确填写特征标题 ・通知正文内容完整	・正确填写报送和抄送部门
(3) 发布培训通知	・需收到参加新员工培训的员工的回复	・注意未回复信息的新员工,以免人员遗漏

2. 根据酒店前厅工作需要,掌握公文编写的规范要求(见 4-2)。

表 4-2 常见公文撰写的基本规范与标准

步骤(Steps)	怎样做/标准(How/Standard)	提示(Tips)
(1) 撰写标题	• 须由发文机关、发文事由、公文种类三部分组成	• 称为公文标题"三要素"
(2) 确定主送机关	• 主送机关一般写在正文之前、标题之下,顶行写 • 在标题下空 1 行,左侧顶格用 3 号仿宋体排印,回行时顶格,最后一个主送机关名称之后用全角冒号 • 一般只写一个主送机关,如需同时报送另一机关,可采用抄报形式	• 上级机关对下级机关发出的指示、通知、通报等公文,叫普发公文,凡下属机关都是收文机关,即发文主送机关
(3) 撰写正文	• 准确地传达发文机关的有关方针、政策精神,写法力求简明扼要,条理清楚、实事求是,合乎文法,切忌冗长杂乱 • 文中的结构层次序数应准确掌握和使用	• 此乃公文主体,是叙述公文具体内容的,为公文最重要的部分 • 请示问题应当一文一事,不要一文数事
(4) 写明发文机关	• 写在正文的下面偏右处,一般要写全称(也可盖印,不写发文机关)	• 机关印章盖在公文末尾年月日的中间,作为发文机关对公文生效的凭证
(5) 写明发文日期	• 位于公文末尾、发文机关下面并稍向右错开 • 应用阿拉伯数字编写成文日期,在正文之下一般空两行;右边空 4 个字,用 3 号仿宋体排印,发文单位署名在成文日期上一行,与日期居中对齐	• 发文日期须写明发文日期的全称,且一般以领导人签发日期为准 • 经会议讨论通过的决议、决定等以会议通过的日期为准
(6) 写明抄送单位	• 抄送机关名称标注在印制版记上方、主题词下方,用横线把主题词和印制版记隔开,抄送机关名称前加"抄送"两字,用 3 号仿宋体字左边空 1 字排字,后标全角冒号 • 抄送机关名称之间用顿号或逗号隔开,末尾用句号;一行不够用两行,两行与冒号后对齐	• 需要了解此公文内容的抄送机关,一般均用上下两条线隔开 • 抄送指除主送机关以外的其他需要告知公文内容的上级、下级和无隶属关系的机关(应当用全称或规范化简称、统称)
(7) 加盖印章	• 用印端正、着色均匀,骑年盖月,上不压正文或附件名称、下不压版记	• 党政机关联合行文的,左右用印,两个印章中间约空开 3 毫米

※**学生实训——撰写表彰通报**

根据公文编写规范,分组拟写前厅服务礼仪培训通知、酒店前厅部年度优秀员工的表彰通报。

任务二 客户意见征询表设计

前厅客户意见征询表是为了收集客户对前厅服务的反馈意见和建议,以便前厅改进和提高对客服务质量,其设计属于前厅运营管理开展客户意见征询工作的起始阶段。

客户意见征询及意见表设计,是 1+X 职业技能等级(初级)认证考核的内容。

基础知识 ▼

1. 客户意见表设计的规范要求

客户意见表主要由标题、问候、邀请和感谢、客户基本情况、正文、落款签字和日期组成。

(1) 标题:客户意见表(宾客意见反馈表、宾客意见调查表等)。

(2) 问候:您好。

(3) 诚意邀请,表示感谢。

(4) 客户基本情况:包括宾客姓名、性别、单位、房号、联系电话等信息。

(5) 正文。

- 第一部分:客观选择。宾客对酒店各个部门服务的印象及意见,可包括对员工工作态度、服务质量、仪容仪表等的印象和意见;也可以不细分,直接请宾客对前厅相关服务进行评价(非常满意、满意、一般满意、不满意、非常不满意或者 5 分、4 分、3 分、2 分、1 分等)。

- 第二部分:主观填写。请宾客填写对某一服务的意见和建议,可设多项。

(6) 落款签字:宾客签字,成文日期。

2. 客户意见表的优点与缺陷

(1) 优点:打扰宾客最少、客观性较强、信息量较大及信息收集的范围广泛。

(2) 缺陷:易使宾客热情降低、易受宾客情绪影响、信息获取深度不够及核实难度大。

3. 设计表格应符合运转体系要求

(1) 设计表格要比较"投入"与"产出"的关系。"投入"指制作、发放、保存表格所需花费的时间与精力;"产出"指使用表格的机会与效果。

(2) 前厅管理者只有在酒店确定了组织机构、职责范围后,才有可能设计出符合运转体系、适合规章制度的表格,才有可能做好各类表格的衔接与配套工作。

(3) 当运转体系发生变动后,前厅部管理者应考虑部门使用的表格的种类与内容是否有必要做相应的更改。

4. 设计表格时应考虑多项因素

(1) 明确为什么设计此表格,以及表格名称、制作过程及使用要求;表格的内容应简明扼要,排版应合乎逻辑、便于阅读、形式美观。

(2) 确定分发对象的原则是将表格发给需要的部门与人员。

(3) 明确什么尺寸最便于存档,所设计的行距是否适于书写、打字。

(4) 在决定与纸张和印刷有关的一系列问题前,需首先考虑的因素是此表格是否与宾客见面,然后再考虑纸张质量与成本、印刷的数量与费用、复写的方式、颜色的选择、字体的选用、装订的方法以及是否需要编号等。

5. 设计表格应列项正确

(1) 表格设计应包括确定表格的种类与内容两个方面。确定表格种类时,需要考虑的关键问题是此表是否有保留及使用的必要性。

(2) 前厅部管理者应该考虑,如没有这类表格将会对工作产生什么影响,此类表格能否由其他表格代替。

6. 定期审查、修正已投入使用的表格

(1) 每年至少审查一次正在使用的表格。

(2) 在进行修正工作前,应广泛征求使用者及设计者的意见,认真研究所有新设计的表格及需要修正的表格的内容。

（3）表格的设计、修正工作完成后，要经过培训、试用、审查、再次修正（有必要时）等阶段，才能正式印制、使用。

【特别提示】使用中的任何表格若增加、变更、删减，必须得到前厅部经理的批准，必要时，还需请示酒店分管总经理。前厅部经理应将部门正在使用的所有表格汇集在样本册内，样本册内的表格按序号排列前应加上必要的说明。

实践操作 ▼

按照客户意见表设计的基本要件，完成前厅客户意见表的设计（如表4-3）。

表4-3　××酒店前厅客户意见表（样表）

尊敬的客户：
　　您好！我们诚意邀请您对我们酒店前厅服务与管理进行评价并提供意见。
　　您的宝贵意见将给予我们莫大的帮助，非常感谢！

第1部分　您对前厅服务的印象

1. 您对总台接待人员的服务态度印象如何？
　　□很好，服务非常热情，有宾至如归的感觉　　□较好，基本满意，比同级别酒店略好
　　□一般，没什么特别感觉　　□较差，我很不满意
2. 您对前台服务人员的服务质量印象如何？
　　□很好，随叫随到，服务非常热情　　□较好，服务比较周到热情
　　□一般，没什么特别感觉　　□较差，服务员没什么服务意识
3. 您对前厅员工的仪容仪表印象如何？
　　□很好，着装统一，仪容庄重大方　　□较好，基本满意，比同级别酒店略好
　　□一般，没有注意　　□较差，与同级别酒店比还有很大差距
4. 请您对大堂卫生质量打分（1为最低分，5为最高分）：
　　□1分　　□2分　　□3分　　□4分　　□5分

第2部分　请您对前厅服务做出整体评价

项目（请在相应的下面打"√"）	很满意	较满意	基本满意	不满意	很不满意
前厅大堂环境					
硬件设施设备					
接待服务质量					
大堂卫生质量					
员工态度礼仪					
酒店客房价位					

第3部分　请您填写对前厅部服务与管理的意见或建议

1. _____
2. _____

　　　　　　　　　　　　　　　　　　　　　客户签名：_____
　　　　　　　　　　　　　　　　　　　　　　　年　　月　　日

※**学生实训——抄写或设计意见表**

每位同学照样抄写一份表4-3,或依照此表样式设计一份《前厅数字化运营课程教师实训教学意见表》,教师督导完成。

任务三　安防预案制定

公共场所安全管理预案的设计与编制,是1+X职业技能等级(高级)认证考核的要求,也是前厅管理一项必须特别重视的工作,故将此项任务列入本教材。

1+X职业技能等级(高级)认证考核的具体技能要求:了解国家公共场所安全法规及管理要求,了解工作领域及公共场所安全管理相关工作内容,能够掌握预案编写规范与要求,结合工作实际完成公共场所安全管理预案的制定。

基础知识 ▼

1. 制定安防预案的目的

制定安防预案的目的,一是预防意外事件的发生;二是当意外事件一旦发生时,前厅部能够按照有关部门制定的预案,及时、迅速、高效地控制事态的发展,保证酒店和宾客的生命财产安全。

2. 前厅常见的违反治安行为

(1) 扰乱公共秩序:前厅服务现场容易发生的扰乱公共秩序的行为有扰乱前厅营业秩序、侮辱妇女、结伙斗殴等。

(2) 侵犯公私财物:以非法占有为目的,偷窃、骗取、抢夺公私财物和故意损坏公私财物的行为。

3. 前厅常见的犯罪行为

(1) 危害公共安全行为:故意或过失实施危害多数人的人身和公私财产安全的行为,主要有放火、爆炸、投毒等。

(2) 侵犯财产行为:以非法占有为目的攫取公私财物,或者故意、非法毁坏公私财物的行为。

实践操作 ▼

能够总结前厅公共场所安全管理的工作任务及要求,完成前厅安全预案的制定工作(见表4-4)。

表4-4　前厅安全预案制定基本流程与标准

步骤(Steps)	怎样做/标准(How/Standard)	提示(Tips)
(1) 成立处置意外事件指挥机构	·应规定指挥机构的成员和职责范围 ·应明确无论什么时候发生意外事件,指挥机构都能在自己的职权范围内做出处置决定	·责任要明晰,责任落实到岗,任务落实到人 ·还要有响应机制

子任务 1　管理会议

基础知识

1. 会议类别及其内容

酒店常规会议一般有店务会、总经理办公会、协调会等(见表 4-5)。

表 4-5　酒店主要会议类别及内容要求

类别	主要内容	备注
店务会(全体员工会议)	·通过向员工通报酒店近期工作计划和近期酒店工作成果情况,满足员工的知情权,提高员工参与管理的积极性 ·请酒店月度、季度先进员工登台发言,以激励先进、带动一般、促进后进 ·修正因各层级管理者的综合素质、管理水平和演讲水平不一致而出现员工队伍思想上的混乱 ·说明并修正酒店各项工作指标达不到酒店预期经营、管理目标的局面	·统一思想、端正认识尤为必要 ·组织召开者是酒店总经理,会议参加人员为酒店全体员工 ·店务会(员工大会)的召开时间一般是淡季每月一次,旺季每季度一次 ·会议组织者要认真准备材料,收集酒店近期的经营情况、近期的工作总结、预期的工作计划、员工们关注的问题等 ·每逢酒店重大活动开始或结束,须及时召开全体员工大会进行动员或总结
总经理办公会	·除了在年头、年尾因讨论有关酒店发展战略方针,对酒店当年工作进行总结、来年工作计划进行商定等会议召开较为频繁外,一般是每月召开一次或总经理根据工作需要临时通知召开 ·会议内容一般是就近期酒店总体工作进行总结,检查酒店预算工作完成情况,安排部署下月工作计划等	·酒店召开的最高级别的管理会议 ·组织召开者为酒店总经理,参加者为酒店总经理、副总经理等总经理办公会会议成员,根据需要也可临时安排相关部门经理参加 ·该会议主要是讨论有关酒店发展战略层面以及重大人事任免等方面的问题,高层应互通信息,协调一致
部门经理会	·酒店各部门经理向总经理汇报部门上周工作完成情况、本周工作打算、工作中存在的问题以及需要协调和请示的各项工作 ·酒店总经理对各部工作进行讲评以及传达相关的各项信息 ·由运营副总经理就本周工作进行具体部署,并由总经理决定是否下发会议纪要	·一般每周召开一次,时间一般放在周一进行,由酒店运营副总经理主持,会议内容由总经理办公室相关工作人员进行记录、存档 ·由总经理办公室相关人员和人力资源部质检人员负责对各部门任务完成情况进行监督检查,并及时反馈给酒店高层
中层干部会	·同酒店其他层级会议相比,中层干部会的培训职能大于管理职能 ·除了对本周工作进行例行总结和通报外,更重要的是对酒店全体中层、基层管理人员进行管理知识培训,培养后备管理干部	·中层干部会一般放在周五下午进行,参加的对象可扩大到领班级 ·培训授课人可由酒店总经理办公室成员以及部门经理轮流担任,根据需要也可以从院校或行业专家中聘请人员到店讲课

续表

类别	主要内容	备注
协调会	·协调会可分为两种,一种是各部门经理必须参加的协调晨会,由运行副总主持,对当天的客情进行通报,对需要协调的问题进行协调解决;另一种是部门专项工作协调会,一般根据需要每月进行一次 ·协调议题由各部门收集准备,交由运营副总审议后,由总经理办公室安排时间进行	·有关协调的问题,相关部门经理能私下协调解决的尽可能私下协调解决,私下协调解决不了的再提交会议协调解决 ·协调会议一定要达到协调问题、解决问题的目的,千万不能开成扯皮会 ·会议主持人一定要对需要协调的问题进行事先调研,经过会议研讨后当场拍板
培训会	·酒店整体培训(如安全消防培训、管理层培训等)由人力资源部组织实施 ·各部培训会由各部自行制订培训计划,报人力资源部核准后自行组织实施	·培训会由人力资源部根据酒店整体培训计划组织实施 ·人力资源部负责对各部培训效果进行监督、检查

注:有关酒店的部门管理例会和班组工作会的相关知识,另见项目六模块一之任务一。

2. 会议的组织与落实

(1)酒店一级的会议应由总经理办公室签发会议通知单通知酒店前厅、客房,前厅部负责会议室控制,客房部负责会议室的布置准备服务工作。

(2)酒店一级的会议也应由总经理办公室事先下发参加会议的人员名单、地点、时间等,如有变动,另行通知;同时,总经理办公室还负责会议会场布置的指导与验收、会议内容的记录存档和通报、会议内容的跟办落实与检查等工作,人力资源部负责会场纪律的检查等。

(3)需要进行拍照、录像等对外宣传工作的,则由酒店公关销售部负责协调新闻媒体予以进行。

(4)酒店各部门会议需要使用会议室的可由各部门填写会议通知单并由分管副总批准后按规定程序进行。

3. 会议决议的落实

会议形成的任何决议,最终都要落到实处。所以,酒店各级领导者一定要抓好会议的落实工作。酒店一级会议所形成的决议,可由酒店总经理办公室和人力资源部(负责酒店质检)负责跟踪落实。各部门会议所形成的决议的落实工作,由各部门管理人员负责跟踪落实。

4. 会议纪律要求

(1)要求参会人员提前抵达会场,准时签到;对未及时履行请假手续的迟到者、未参会者予以相应的处罚。

(2)参会人员必须携带笔记本和笔,做好会议记录;参会人员必须按照酒店规定穿着工作装。

(3)参会人员必须遵守会场秩序,不得交头接耳说话;参会人员必须在会议开始时关闭通信工具,如有紧急工作情况,可由会议服务人员进行转达;参加全体员工大会,各部门必须遵守指定的入场时间和顺序,在指定位置落座,会议结束后按顺序离场。

(4)酒店质检人员在会议最后一排就座,对会场纪律进行监督检查。

(5)会议的发言要按指定的发言顺序在规定时间内完成,未事先指定发言的人员如有发言要求,可以用纸条形式请求会议主持人批准;对会议主持人、主要组织者所讲的问题存有异议的,可会后单独反映,不得打断会议议程,当场申辩。

实践操作 ▼

掌握前厅部月总结会的管理工作流程(见表 4-6)。

表 4-6 前厅部月总结会议管理基本流程

步骤(Steps)	怎样做/标准(How/Standard)	提示(Tips)
(1)会议准备	·确定会议的目的、主题、时间、地点和参会人员 ·发布会议通知,相关发言人提前准备发言内容、PPT、会议资料 ·提前布置会议场地	·必须科学计划,精心安排 ·注意发布参加会议的人员名单、地点、时间等;如有变动,另行通知 ·注意签到小程序的有效性
(2)会议现场组织	·扫码签到 ·主持人宣布会议开始(必要时全体成员起立、唱店歌) ·前厅部经理讲话 ·为优秀员工颁奖并合影留念 ·优秀员工代表发表获奖感言 ·相关负责人宣布本月工作计划和前厅部任务指标及酒店奖励政策 ·前厅部经理总结发言 ·主持人宣布会议结束	·做好仪容仪表自查和检查工作 ·安排会议督导进行会议现场纪律检查 ·注意二维码的有效使用 ·注意会场座次安排的合理性 ·注意做好会场音响、影像等设备的有效和高质量运行控制 ·注意员工受奖、合影等相关事项的细节处理 ·会议结束,注意离场秩序维护
(3)会议记录形成	·整理会议资料,图片、视频存档 ·编制会议简报并发放给相关联的部门和个人	·留存的会议资料是后期管理工作的依据

※学生实训——会议操练

按照所提供的条件,模拟召开2024年5月××酒店前厅部员工大会。

(1)活动目的:增强前厅部员工的内部凝聚力,提升酒店的竞争力,激发团队工作热情;对2024年5月前厅部工作进行总结,对酒店发展趋势进行分析,明确下月度工作方向和目标;表彰前厅部业绩突出者、优秀员工。

(2)大会主题:2024年5月前厅部员工大会。

(3)大会时间:2024年5月30日(周五)13:30—14:30。

(4)大会地点:酒店一楼宴会厅。

(5)参加人员:前厅部全体人员。

要求:按照会议管理的规范要求,完成会议的准备、组织和记录工作。

工具：微信签到小程序、店歌、相关资料、幻灯片、会议记录本、笔等。

场地：模拟会议室。

角色：10位同学为一组进行模拟演练，1人扮演前厅部经理，3人扮演优秀员工，1人扮演会议主持人，1人扮演会议组织者，1人扮演会议监督人，其余人员扮演酒店员工。

子任务2　主持会议

基础知识 ▼

1. 会议主持词的构成

会议主持词一般由导语、过渡语和结束语三部分组成。

导语要直奔会议主题，简介会议程序、与会对象和与会要求；过渡语要简洁自然，衔接巧妙；结束语要晓畅明快，收缩有力。有效的主持能使会议前后连贯，层次分明，重点突出，提升会议效果。

2. 主持会议的注意事项

（1）要简明扼要，不要重复啰嗦。大多数会议上，主持人的导语和过渡语处理得都较好，而结束语则显得冗长拖沓，对此需要特别注意。

（2）要突出重点，不要轻描淡写。主持人只有将主持的内容与会议召开的目的加以提炼并有机结合起来，才能专注于重点，而重点要件不可一语带过。

（3）要恰如其分，不要夸大其词。在会议主持中，用词要恰如其分。要根据会议级别、会议类型、会议规模、讲话者身份以及讲话的内容做出恰当评价，不得夸大其词。

（4）要摆正位置，不要错位越位。一是做总结时要符合身份；二是提出要求时要符合身份。

（5）要有效控制，不要听之任之。一是控制时间；二是控制气氛；三是控制局面。

（6）要注意细节，不要随心所欲。如精神饱满，切忌不修边幅、邋里邋遢；走上主席台应步伐稳健有力；入席后，若是站立主持，应双腿并拢，腰背挺直；主持过程中切忌出现挠头、揉眼等不雅动作。

实践操作 ▼

能够按照有效会议规范，完成前厅部会议主持任务（见表4-7）。

表4-7　前厅部会议主持通用基本流程

步骤(Steps)	怎样做/标准(How/Standard)	提示(Tips)
（1）主持准备	・备好主持词，并检查会场器材设备，核实曾经准备过的资料，再次确认会议地点 ・会议开始前10分钟，确认与会者到会情况等	・主持词一般由导语、过渡语和结束语三部分组成

续表

步骤(Steps)	怎样做/标准(How/Standard)	提示(Tips)
(2) 开场白(导语)	• 对参与例会的所有人员表示欢迎和感谢,介绍与会人员 • 自我介绍(必要时),点明会议主题、开会目的、会议流程(可根据具体情况进行调整) • 引出开会的第一个环节	• 开场白也可通过简单的金句来表达,同时可根据季节特点进行升华,再进入流程
(3) 会议过程控制(过渡语)	• 控制会议气氛:按照会议的性质、传达的内容来定位会议的风格 • 控制会议时间:会议过程中,尽量不要拖延 • 协调发言:充分调动参会者的积极性,让其主动、自觉地发言 • 及时回应:观察参会者的反应,并给予一些及时的反馈	• 正视参会者提出的问题,向参会者确认其所提出的问题,并与其他参会者共同确认该问题的可探讨性 • 参会者积极性太高时,适当地把握会议进程
(4) 总结会议(结束语)	• 剔除小的、次要的问题,对会议进行总结,感谢与会人员的参与	• 不能让会议最终没有任何结果,或没有任何条理性
(5) 跟进会议决定	• 及时地对整个会议的决策和结果进行跟踪	• 要达到会议预期目的

※学生实训——撰写会议主持词

前厅部要召开员工大会,请撰写一份主持词。注意:导语、过渡语和结束语要流畅、简洁。

任务二 经营分析会管理

前厅部经营分析会,一般有月度经营分析会、季度经营分析会、半年经营分析会、全年经营分析会,不同周期的经营分析会有不同的目的和定位。一般情况下,该会由前厅部经理主持。

召开前厅部经营分析会,关键在于通过会议使与会人员明确方向,理清思路,找到差距,确定应对措施,最终达到预期目的。因而,分析会主持的关键在于对经营分析指标和分析报告内容的把握程度。月/季度/年经营分析,是 1+X 职业技能等级(高级)认证考核项目。

基础知识 ▼

1. 召开经营分析会的注意事项

(1) 会议管理,包括会前有效的组织、会中严格的进程和会后决议的跟踪。

(2) 经营分析议题的选择,要符合酒店或前厅部当前的经营状况。

(3) 应以前厅部客房销售的历史数据为基础,一般在酒店财务部门统计整理出相关数据后举行。

(4) 前厅部经营分析会应每月举行一次,一般可安排在每月 10 日左右,具体情况应根据酒店财务结算的时间来定。

2. 设计经营分析会议程的注意事项

(1) 既要注重过去结果的分析,又要关注未来的计划调整。

(2) 既要关注内部运营,又要把握市场竞争态势的变化。

(3) 经营分析不仅是财务分析,更应是业务分析。

(4) 经营分析不仅是数字分析,更应关注存在的问题及提出解决方案。

实践操作 ▼

能够按照有效会议要求,完成前厅部经营分析会的管理任务(见表4-8)。

表4-8 前厅经营分析会管理基本流程与标准

步骤(Steps)	怎样做/标准(How/Standard)	提示(Tips)
(1) 确定参会人员	·前厅部负责客房销售的具体负责人主讲,大堂(值班)经理、前厅部各主管及领班等参加会议	·可邀请酒店财务、人事、总经理办公室等部门相关人员列席
(2) 点明指标分析重点	·重点说明需要具体分析的各项指标:权重指标分析、完成率指标分析、差异率指标分析(与上年/月同期相比的各项指标的差异率、与预算比较的各项指标的差异率)	·因各期数据不同,以绝对数据分析没有实际意义 ·为对比方便,可采用百分率方式对照变异差距,找出原因
(3) 规定分析报告内容	·分析客房销售指标的实现与团队量等影响,大型接待和营销活动对各项收入的影响,协议单位的平均消费标准及当月应收账催收情况等 ·分析当月与本酒店有竞争的同行在客房经营上的特色以及采取的特价、优惠、包价等情况 ·分析本地区同档次竞争对手的出租率、平均房价、会议、团队接待等经营手段的变化信息 ·分析本月的不足并提出下个月的销售和营销活动重点,已确认预订和正在洽谈的团队、会议情况 ·回顾历史数据(文/表/图),提出过去经营、服务与管理过程中的问题、原因和对策 ·提出对下个月的展望和具体策略	·对本月已确认预订的和正在洽谈的团队、会议等客情的预测应相对准确 ·岗位(班组)存在的问题及产生原因,岗位(班组)收入完成/未完成因素及岗位(班组)销售成本、费用节余/超支的原因分析是必备项 ·岗位(班组)客房销售行动计划方案和策略、客房产品市场预测、如何落实已确认的预订、需要其他部门配合协调的事项是提出下个月策略的重点
(4) 总结讲话	·从各班组谈到的典型事例中归纳总结 ·提出下个月在扩大经营和控制成本、费用方面的指导性意见 ·指明本月各岗位(班组)在服务项目和经营成本上存在的不足并提出改进意见 ·明确数据目标,要求各岗位(班组)如期完成	·前厅部经营分析会应重点分析解决存在问题的办法和措施 ·会议最后,前厅部经理应代表酒店,对下个月的市场和营销措施、推广、分布、活动等策划提出改进意见和指导性措施

※学生实训——归纳总结训练

任课教师或班长组织召开一次班级参加"学雷锋行动"抑或其他志愿者服务活动的总结大会,并要求各组长针对各自小组的典型事例进行口头归纳总结。

◆ 项目小结

本项目列举了前厅部常见文书的种类、前厅部文书的编写规范、会议管理的基本内容、会议管理的基本方法,以及会议主持的技巧和注意事项等内容。总体来讲,本项目的文案编制和会议两个模块,为前厅管理者指明了必备基础技能的标准规范,也为在校生了解1+X职业技能等级(中级)认证考核要求提供了参考依据。

◆ 应用与提高

案例分析 ▼

都是经营指标惹的"祸"

峡谷大酒店是某市豪华酒店,其年平均客房出租率为90%。最近,总经理戴里先生和前厅部经理莱格先生对一个重要问题有分歧,就是莱格先生的部门提交给戴里先生审阅的每日运营报告内容有缺损。直到前厅部审计员布来德里先生让戴里注意到这个问题之前,戴里先生没有意识到每日详细报告的缺损情况。

莱格先生认为,戴里先生每天只应该得到客房出租统计和平均房价的信息,而戴里先生不这么认为,并解雇了他。

戴里面临挑战,他决定寻找莱格的替代者,寻找具有前厅部审计经验的人。他邀请布来德里先生申请此职位,并在两天后聘用了他。许多前厅员工很失望,认为布来德里为了获得前厅部经理的职位而暗伤了莱格。布来德里不得不更加努力地工作,向员工证明前厅部审计员能够管理好部门,并可更好地使用前厅部信息。

请分析:本案例中的前厅部经理莱格之所以被解雇,原因何在?如果就此召开一次会议,该如何准备、如何举办?

课内实训 ▼

1. 判断题

(1)用于对某一重要问题提出的设想、建议和安排的公文叫请示。 (   )

(2)下级机关向上级机关报告或请示的公文,一般只写一个主送机关。 (   )

(3)酒店召开的最高级别的管理会议是店务会,即酒店全体大会。 (   )

(4)会议纪要通常采用第三人称的写法,以介绍和叙述情况为主。 (   )

(5)会议主持词一般由导语、过渡语、总结语和结束语四部分组成。 (   )

(6)前厅部经营分析会一般情况下由前厅部经理主持。 (   )

2. 单选题

(1)用于向上级汇报工作、反映情况的文书称(   )。

    A. 通知   B. 通报   C. 决定   D. 报告

(2)会议纪要用于传达(   ),要求有关部门共同贯彻、遵守和执行。

    A. 会议精神   B. 会议内容   C. 会议决定   D. 会议要求

(3) 酒店总经理办公会一般（　　）召开一次。
　　A. 每月　　　　B. 每半个月　　C. 每季度　　　D. 每年
(4) 会议纪要种类按其内容可分为（　　）。
　　A. 决议性纪要　B. 办公会议纪要　C. 例会纪要　　D. 工作会议纪要
(5) 主持人只有将主持内容与（　　）有机结合起来，才算是成功的主持。
　　A. 现场控制　　B. 个人能力　　C. 口才表达　　D. 开会目的

课外拓展 ▼

1. 自行安排对以下文案的练写：函、决定、通告、通报、报告、请示、意见、会议纪要。

2. 会议是一种普遍的社会现象，几乎有组织的地方就会有会议。那么，请结合前厅部的例会加以说明：会议除了有决策、控制、协调和教育功能外，还有哪些功能？

3. 在召开经营分析会之前，前厅部各岗位（班组）负责人（尤其总台主管）应根据酒店财务部门整理出来的数据，起草财务分析报告，并制作报表。请设法查阅你熟悉的酒店前厅部经营分析会上使用的财务分析报告和管理报表。

项目五　前厅运行管理

◆德技并修

【立德树人】树立安全第一的意识,培养认真、细致的工作态度,做一名有强烈工作责任心、讲求管理工作方法、追求管理艺术境界的准职业人。

【应知理论】熟知前厅部每日例会的要求,现场督导的内容、交接班的要求和细节、低值易耗品性质与分类、盘点工作的要求。

【应会技能】具备前厅部日常工作基本能力以及前厅部对内、对外沟通技巧,确保对客服务信息传递的准确流畅和数据安全,并能有效保护宾客隐私。

本项目分为前厅日常管理、前厅部业务沟通及安全管理三大模块,所涉及的班前(后)例会管理、工作班次安排、班组工作交接、员工适岗培训、工作现场督导以及前厅部易耗品盘点及申购,是1+X职业技能等级(初/中级)认证考核内容。本项目任务是前厅部员工工作中必须了解并掌握的管理程序和规则。

模块一　前厅日常管理

任务导入 ▶

理论学习+案例练习——练就解决问题的能力

1. 前厅日常的运营管理对前厅服务的水平产生决定性的作用,规范的工作制度、对员工的适岗培训及对员工现场督导可以避免很多潜在的错误。本模块将介绍前厅的日常运营管理规范,包括部门例会、员工适岗培训、工作现场督导、如何安排班次、工作交接以及运营易耗品管理。

2. 由班级学习委员负责,邀请教师作为观察员,以班级为单位视为整个前厅部,学生分组为礼宾部、前台及总机等分部门,编写一个宾客投诉前台服务的案例,针对这个案例召开前厅例会,讨论如何处理以及解决方案,各部门各班次间如何配合圆满解决。

任务一　每日例会管理

前厅部的每日例会,一般可细分为每日前厅部管理例会和每日班组(班前/班后)会。前厅部例会和班组(班前/班后)会是一种前厅部的对内沟通方式。通过集体讨论、交流咨询、共同规划工作、合理安排工作内容和时间,提升工作技能和服务水平;同时,促进团队内部的协作和交流,提升团队效能。

能够召开每日班前(后)例会,组织召开周、月总结会,能够按照有效会议规范,圆满完成会议主持任务,是1+X职业技能等级(中级)认证考核的要求。

基础知识

1. 前厅部例会的核心内容

前厅部例会的核心内容主要包括：下达酒店当前工作任务、VIP客户接待、前厅服务细节规范、前台接待工作讨论、客户投诉处理通报、安全防范与应急措施说明、日常管理工作安排、工作计划与目标设定等。

2. 前厅部管理例会的内容要求

前厅部管理例会主持人是前厅部经理，参加对象是所辖部门的主管、领班级别管理人员。为鼓励先进员工以及培养后备基层管理人员，可邀请先进员工参加会议。议程主要是对酒店下达的各项工作以及部门工作计划进行分解，任务分配到各班组，提出明确的完成时间与质量要求，并对所辖各区域的工作开展、完成情况进行讲评；传达上级的通知及要求；VIP接待；规范当前前厅服务细节及问题；近期的接待工作安排及讨论；通报相关的突发事件、客人投诉及处理以及将来如何规避；日常工作安排；酒店当日离店间夜数及到店间夜数，房间管理状况。

3. 前厅部班组会的内容要求

班组会常分为班前会和班后会，一般在员工交接班时进行，由前厅领班主持召开。由于基层管理人员综合素质所限，部门经理对领班级的管理人员进行必要的会议知识培训，并参加班组会予以指导。议程主要是本班组应该完成的酒店下达的各项工作以及如何完成；传达上级的通知及要求；提醒需要注意的服务细节及VIP客人的个性化服务要求；本班组工作进行讲评，并将班组具体工作任务分解到人；未到店间夜数（包括是否还有未到团队）；上一班次未完成的工作交接。

实践操作

按照前厅部例会制度相关要求，完成一次前厅部工作每日例会的实践（见表5-1）。

表5-1 前厅部每日例会的一般流程和规范

步骤（Steps）	怎样做/标准（How/Standard）	提示（Tips）
（1）准备与开场	·确定人员到会情况 ·检查上一日例会部署的工作落实情况 ·说明当日例会主题或开会目的	·所有员工应在例会开始前5分钟到达会议场地，如有未到者，立即进行通知
（2）汇报与点评	·介绍昨日及当日客源、客房入住率及平均房价，以及大型会议接待、VIP接待、免单房、维修房、客户关系等情况 ·报告夜间前厅经营情况及突发事件的处理结果（必要时培训员工应对突发事件的知识和技能） ·通报宾客反馈信息及处理情况 ·分享宾客的正面评价和投诉案例，简介处理方法和结果 ·点评各主管/领班工作情况	·重申服务细节和规范，确保每位员工都清楚并遵循这些规范 ·强调前台接待标准和流程，包括接待礼仪，语言表达等 ·提醒员工需要特别关注的安全问题，以此作为提高服务质量的机会点

续表

步骤(Steps)	怎样做/标准(How/Standard)	提示(Tips)
(3)互动环节	·上一日例会部署的工作未落实问题讨论 ·明确出勤等级、工作安排、交接班等日常管理事项的具体要求和标准 ·鼓励员工提问和建议,针对其疑虑和问题给予解答和指导	·对于指导性意见有异议的问题,在不影响业务经营活动的前提下,留待会后解决 ·要控制例会的气氛、时间,要协调发言,及时回应
(4)通报重要问题	·通报前厅部简要处理的重要问题,提出指导性意见,明确各部门应采取的措施 ·宣布当月工作计划和前厅部任务指标及酒店奖励政策(如有) ·宣布即将进行的团建活动或内部培训课程(如有)	·对于指导性意见各部门若无异议,当天必须贯彻执行,第二天例会汇报执行结果 ·团建活动的目的是增强团队的凝聚力和合作精神
(5)总结与部署	·每日例会结束后,应对例会中所有工作任务和计划进行总结,包括执行日期和时间 ·要求各岗位负责人在次日例会上汇报落实情况	·将记录作为具体实施、检查的依据,分发给所有员工,并获得意见反馈

※ 学生实训——模拟前台接待班组晨会

任课教师收集、发布当地某一高星级酒店相关信息,并要求各小组按照以上表 5-1 中的规范要求,模拟召开前厅部的前台班组晨会并做好记录;会后,任课教师做综合点评。

(1)晨会主题:VIP 接待。

(2)所需信息:①上一日例会部署的未落实的工作问题;②上一日宾客反馈信息及处理情况;③上一日 VIP 接待过程中存在的问题及将要采取的应对措施;④当日 VIP 的接待要求和注意事项。

(3)主持人:组长(事前备好主持词)。

任务二　工作班次安排

在单体经济型酒店或者商务酒店中,前厅部工作班次一般是安排两班倒;在大型高星级酒店中,一般是安排 24 小时三班倒。前厅各级管理者需要在准确预测未来经营状况的基础上,运用合理的方法进行排班,做到有张有弛,既要圆满完成工作任务,又要保持员工的积极性。

了解班次安排(简称"排班")的基本内容,掌握排班的基本方法,能够根据排班的规范要求,对前厅岗位进行正确排班,是前厅质量管理事前阶段的工作内容之一,也是 1+X 职业技能等级(中级)认证考核的内容之一。

基础知识 ▼

1. 排班的意义和作用

合理调配与控制前厅部员工、科学合理进行排班可以有效降低前厅的管理和运营费用,既要圆满完成工作任务,又要保持员工的积极性,以确保前厅部高效运转。

2. 排班必须考虑酒店出租率因素

法定节假日、周五、周六酒店满租时，为保证酒店服务质量和水平，应减少员工休息时间；在出租率较低的时候安排员工轮休；在能够提前预测出租率时，应提前做好排班工作。

3. 排班制度是班次安排的重要依据

一般月末进行下个月的排班，尽量不让员工连休，尤其是人员编制扁平的酒店。连休天数过长，会影响酒店运营水平。排好班后还会遇到突发事件，需要再做调整，此时会让其他员工加班或者领导、主管代班。另外，加班薪酬计算标准也要提前告知员工。

4. 排班需要讲求科学合理

前厅部排班需要考虑人员数量：100 间房的前台人员编制可能是 4 个前台接待、1 个前台经理。前台经理安排行政班，3 个前台按照 3 班倒来排班，另外 1 个前台根据酒店出租率情况、入住和退房的高峰期安排 1 个机动班。如果是 5 个前台接待、1 个前台经理，因为中班是接待的高峰期，可以安排 2 个前台上中班，其余不变。排班保证公平公正的同时，还要考虑到员工的劳逸结合、新老搭配、男女搭配以及员工特别需求等因素，最大限度调动员工积极性，提高工作效率。

5. 排班注意事项

（1）在保证前厅部服务质量的前提下，每月 25 日前，前厅部员工可报告其所希望的休息或者休假时间，负责人尽量满足其需求。

（2）员工至少提前 1—3 天报告因临时有事所产生的变动，以便调班。

（3）注意员工个人需求，如希望上早班或上中班等。

（4）如无以上需求，就需要注意各个班次的平均，尤其不要安排同一个人连续上夜班。

（5）排班时尽量平均员工的各班次天数。

实践操作

按照排班的有关步骤和要求，完成前厅部员工的排班工作（见表 5－2）。

表 5－2 前厅部员工排班操作流程

步骤(Steps)	怎样做/标准(How/Standard)	提示(Tips)
（1）排班前准备	·月历、本月重要工作安排 ·各项会议安排、员工培训计划	·依据客情预测，合理安排人力 ·出租率高时，可考虑从其他工作性质相似的岗位或部门抽调人员
（2）员工出勤情况统计	·查看员工排班留言本 ·在排班前询问员工是否有休假安排	·要考虑国家相关法律、法规的有关规定，保障员工的合法权益
（3）根据客情及岗位情况排班	·在空白排班表上填写日期 ·在表格中标注重点工作、部门会议、维修保养工作、重大接待活动等 ·根据客情确定不同班次、休息人数、应安排员工填入"员工数量" ·了解员工可以工作的时间，初步制订排班表	·在保证各个岗位正常运转的前提下最大限度地发挥每个员工的潜力 ·充分了解员工的业务能力和工作效率，准确地进行人员安排

续表

步骤(Steps)	怎样做/标准(How/Standard)	提示(Tips)
(4)审核并对外公示	・核查重大接待活动、部门会议、维修保养等工作需要的人员是否落实 ・核对每天、每班次的排班是否合理 ・执行日前三天公示，收集员工反馈信息，及时调整	・配备员工要以保证酒店服务质量为前提 ・员工的工作量不能超出正常的负荷，保证员工身体健康和心理愉悦
(5)灵活应对突发事件并做好记录	・若执行中有变化，及时联系通知相关员工，记录缺勤原因和代班记录	・要做好员工考勤记录，为考核提供重要依据

※学生实训——前厅部排班

假设某酒店前厅部有接待员 6 名、收银员 3、行李员 4 名。酒店营业时间为 24 小时，分为早班(07:00—15:00)、中班(15:00—23:00)、夜班(23:00—07:00)三个班次。请根据岗位工作强度和业务量，制定一个一周的日常排班表，要求每个员工每周工作 5 天，且尽量保证班次均衡轮换。

在上述排班表基础上，考虑到每周二、周四晚上酒店会有会议团队入住，业务量会有所增加。请对这两天的排班进行调整，确保能够应对高峰需求，同时不影响其他时段的正常运营。

任务三　班组工作交接

前厅部是 24 小时运营部门，但任何一个员工都不可以 24 小时在岗，必然会出现上一班次未完成的工作内容或某些工作延续要交接给下一班次的情况。顺利正确的工作交接，是确保前厅服务无误的前提保证。

基础知识 ▼

1. 交接班的一般要求

(1) 交班人员在接班人员未到时，或未完成接班检查工作前不得擅自离岗。

(2) 任何形式的交接，均以文字记录为准。

(3) 当值期间未完成的事情，须在交班本上写明；接班人应认真阅读交班本内容，接班负责人根据交接工作内容做好安排，并指定负责跟办员工签名确认；跟办员工应努力在本班次内完成，若仍未完成，则继续交接下去，直到全部完成为止。

(4) 如涉及需几天后才能跟办完成的工作，也必须一班一班地交接下去。

(5) 交接的工作一旦完成，必须注明完成的效果并由完成人签名。

(6) 休假返回工作岗位，必须重新阅读休假期间所有交班内容，因未及时阅读交接班记录引起的不良后果由当事人负责；若已交班，但接班人没有完成且没有再次交班，则按事情严重程度予以处罚。

2. 交接班需注意的细节

(1) 完整的信息传递。确保所有重要信息都被传递。这可能包括任务进展、待办事项、特殊要求、紧急事务和任何可能影响工作流程的重要信息。

(2) 文件和资料整理。交接班时,确保相关文件、资料和工作工具的整理有序,以便接班人可以轻松找到需要的信息。

(3) 人际关系和合作。强调与同事、团队成员和其他相关人员的积极合作,提供联系方式,以便在需要时进行沟通。

(4) 安全事项。涉及危险或敏感任务的情况,确保接班人了解应急程序。

实践操作 ▼

能够按照前厅交接班工作规范,完成前厅交接班工作(表5-3)。

表5-3 前厅交接班工作规范

步骤(Steps)	怎样做/标准(How/Standard)	提示(Tips)
(1) 财务交接	・现金、备用金、账单、发票的交接 ・当班收入核对(房费、押金、预授权等) ・POS机、信用卡交易记录核对	・确保金额无误,交接双方签字确认 ・发现差异需立即查明原因并上报
(2) 房态信息	・核对空房、在住房、预订房、维修房情况 ・确认VIP房、特殊宾客安排 ・更新预订信息及变更记录	・确保系统数据与实际房态一致 ・重点关注特殊宾客用房需求
(3) 交接物品	・钥匙、房卡、备用房卡交接 ・交接重要文件(客户投诉、未处理事项等)	重要物品须有记录并签字确认
(4) 未完成事项	・未处理的客人投诉与解决进度 ・未结账房间及特殊账单情况 ・待处理的预订或入住安排	・重点关注投诉与未结事项,确保后续跟进
(5) 设备设施	・电脑、电话、打印机等设备运行情况 ・监控、对讲机、收银系统状态	・发现设备故障需及时上报工程部
(6) 值班记录	・交接班日志填写完整 ・重要事件、突发情况详细记录	・确保日志清晰、完整、无遗漏
(7) 其他事项	・交接班过程中保持工作区域整洁 ・确保新班次员工熟知当前酒店动态	・交班完毕,双方确认无误后再签字

※学生实训——前台接待人员工作交接

某酒店一位前台接待员早班工作时间内,总共办理了60间房的入住及退房手续。一间房的宾客入住后要求换大一点的房间,但宾客要求的房型最早要到16:00后才有可用房;另一住客退房时将一个文件袋留在了前台,说大概18:00会有人来取,并将取件人的信息留给了接待员。其余客房安排按正常流程操作没有异常。请各小组讨论:该接待员怎样做交接班?其交接的具体细节要求有哪些?

任务四 员工适岗培训

在前厅部,新员工入职、员工工作表现未能达到前厅部要求、投诉增加、对客服务出现质量问题、浪费增加、引进新设备、员工晋升等均要进行各种各样的培训。

该任务中的员工适岗培训的常用方法及其优劣(重点四步培训法)是1+X职业技能等级(中级)认证考核项目。

基础知识 ▼

1. 培训的类型

依据培训对象的不同,前厅部的培训大体上可以分为岗前培训和在职培训两类。岗前培训,以新录用上岗的员工为实施主体;在岗培训主要针对现有的员工进行,包括低、中、高级管理人员及一线员工。

按培训地点的不同分为店内专门培训、在岗培训和店外培训。

【特别提示】培训与教育的区别:培训属短期行为,而教育为长期行为;培训意在提升知识与技能,而教育旨在引导思想与行为;培训强调实践性,教育重视理论性;培训一定要有记录(必须进行相应的考核),而教育不一定需要记录。

2. 常用培训方法及其优劣

酒店常用的培训方法及其优劣如下:

(1) 讲授法。属于传统的培训方式,优点是便于教师控制整个培训过程;缺点是单向性传递,反馈效果差。它常被用于一些理念性知识的培训,要求讲授内容要有科学性、系统性、条理清晰、重点突出;讲授语言要清晰、生动、准确;必要时一定要有板书。

(2) 讨论法。一般可分成小组讨论与研讨会两种方式。优点是信息可以多向传递,反馈效果较好,但费用较高。而小组讨论法的特点是学员的参与性高,多用于巩固知识,训练学员分析、解决问题的能力与人际交往的能力,但运用时对培训教师的要求较高。

(3) 案例研讨法。通过向员工提供相关的背景资料,让其寻找合适的解决方法。这一方式费用低,反馈效果好,可以有效训练员工分析解决问题的能力。

(4) 角色扮演法。员工在培训教师设计的工作情况中扮演其中角色,教师适当地点评。由于信息传递多向化、反馈效果好、实践性强,因而多用于人际关系能力的训练。

(5) 演示法。通过模拟工作现场或在真实的工作环境中教师利用设施设备进行操作、展示和讲解。其优点在于直观性强,不足之处在于员工对于实操背后的理论(应知)内容还要继续学习。

(6) 管理游戏法。教师说明管理游戏规则,学员选择管理游戏的不同选项完成游戏任务,教师根据游戏规则计分,分析各组成功或者失败的原因,提升前厅部管理者决策能力。该方法的好处在于教学方法生动有趣,有很强的启发性;不足在于课时较多,学员的判断易受组内其他成员的干扰。

(7) 四步(TSFC)法。这是国内外酒店在员工技能培训中广泛运用的方法,是指教师将

培训过程划分为讲解、示范、尝试和跟踪四个步骤。此法能使员工在短时间内有条不紊地准确掌握工作方法,并良好地运用到实际工作中去;不足在于所涉及的理论知识过少。

3. 需要重视的三种培训

(1) 新员工的导入教育培训。导入教育主要是激发新员工对组织和工作的兴趣,如前厅工作条件、奖励措施、福利待遇等,其主要目的是消除新员工上岗前的不安,使之具有在前厅组织内工作的愿望。

(2) 员工的自我启发培训。员工的自我启发是指每个员工根据自己的意志和判断使其能力提高。每个人都有做好本职工作的义务,如果能够通过自己的从业经验知道应该掌握怎样的能力,一般人都会为之努力。

(3) 主管/领班的主导培训。主管、领班在前厅部乃至整个酒店经营运作的过程中处于作业现场的主导地位。

实践操作 ▼

1. 按照"四步培训法"的规范要求,完成对前台接待员站姿的培训工作(见表5-4)。

表5-4 前厅服务人员站姿"四步培训法"的基本规范

步骤(Steps)	怎样做/标准(How/Standard)	提示(Tips)
(1) 讲解 T	• 站姿培训要点一:抬头、挺胸、收腹、提臀、双肩平稳、两手臂自然下垂、眼睛目视前方、嘴微闭、面带微笑、双手体前交叉	• 讲解前要说明培训的原因,要说明站姿在工作中的重要性 • 保持随时能面客提供服务的姿态
(2) 示范 S	• 培训教师表演、示范站姿各环节动作,强调要点,动作力求缓慢、准确、到位	• 对需要准确掌握的重点、难点内容反复示范,稳中求进
(3) 尝试 F	• 让员工们多练习,这个环节反复进行操作,理解重点培训内容 • 训练直到能够正确掌握站姿的要领为止	• 培训教师在旁观察员工练习情况,指正不足之处 • 及时表扬鼓励,提高员工培训积极性
(4) 督查 C	• 培训教师要经常检查员工站姿是否规范,做好督导,并及时解答疑难问题,辅助员工熟练掌握站姿并良好应用	• 培训完成后,由培训实施人员对参训人员进行考核,并对培训效果进行评估

2. 按照前厅部岗位性质、工作特点,完成一次前厅培训工作的全过程实践(见表5-5)。

表5-5 前厅部培训工作全过程流程

步骤(Steps)	怎样做/标准(How/Standard)	提示(Tips)
(1) 需求分析	• 通过前厅部员工有关培训的理想状况、实际状况、感受、原因、解决途径等多方面信息进行分析	• 按照培训规范标准和要求进行需求分析
(2) 确定主题	• 在培训需求分析的基础上确定培训主题	• 培训主题应明确,易于理解

续表

步骤(Steps)	怎样做/标准(How/Standard)	提示(Tips)
(3)制定计划	• 在确定培训主题后,开始制定切实可行的培训计划书,确定培训的目标、对象、内容等 • 文案合乎规范,可行性强	• 培训计划书应包括培训对象、培训主题和主要内容、时间、培训和考核办法等内容
(4)组织实施	• 根据拟定的培训计划,召集受训人员,对其实施培训,分发培训材料 • 开始培训前应向受训者充分说明培训的必要性和对受训者个人发展的益处 • 在培训实施前将培训评估目的明确出来,并结合反馈信息进行适度调整或修订 • 选择的培训方法应直观、简单,易于理解和掌握,注意避免使用过分死板生硬的培训方法	• 培训材料应以文字材料为主,结合其他多种形式 • 注意随时收集有关场地安排、内容设置、课堂设计等的意见,并不断加以改进和完善 • 注意进行定量和定性两个方面的数据收集
(5)培训质量评估	• 采用发放问卷、调查表、试卷等方法对全部培训进行整体评估 • 采用关键人物访谈、发放试卷、技能操作演示等方法对受训者掌握的知识或技能进行评估 • 采用业绩考核法测量受训者与未受训者间的差别或受训者参加培训前后的差别 • 采用效益(效果)评价法计算出培训为前厅部和酒店带来的经济效益(成果) • 收集评估所需原始资料,并进行科学、客观的分析,得出评估结论	• 在培训开始阶段,采用各种科学有效方法和技术,对受训者的工作目标、知识、技能、方法、态度、理念等方面进行调查、鉴别和分析,并确定评估内容 • 对培训效果进行的评估结果若是正面的,就应总结经验;若是负面的,则须认真分析原因,调整并纠正培训过程中的偏差
(6)检验培训效果	• 对受训者进行考核:合格者予以奖励,不合格的对其再次进行培训,并限期达到培训目标 • 对培训效果进行评估:培训目标设定是否符合实际情况;培训方法是否有利于员工掌握培训内容等	• 再次考核不合格的可考虑调整其工作岗位 • 注意培训效果:是否如期取得培训效果

※学生实训——电话礼仪培训

以小组为单位,使用"四步培训法"对前台员工进行电话礼仪服务模拟培训。

任务五 工作现场督导

前厅现场督导面向前厅部员工工作现场,通过不断检查、监督和参与服务,能及时发现前厅现场的各种质量和安全隐患,解决前厅现场可能出现的各种问题。

前厅现场督导通过向上、向下和水平的沟通,可将前厅现场管理中面临的问题、需要的支持、上级的业务目标、培训考核计划以及各岗位的任务和要求进行反映、建议、疏导和沟通,从而有效协调酒店部门和岗位之间的关系。

基础知识 ▼

1. 前厅现场督导的含义

前厅现场督导是指前厅部主管、领班等基层管理人员对前厅部的资源通过以监督指导为主的一系列管理职能进行现场管理的过程和活动。现场督导直接面向前厅部的服务现场,是连接前厅部管理与非管理的"临界点",是前厅现场管理中的主要管理活动。

2. 前厅现场督导的内容

前厅现场督导的内容主要涉及以下几个方面:前厅卫生状况、前台操作规范、前台设备与用品、预订房态、客史档案信息、前厅安全、对客服务效率、前厅环境气氛等。

实践操作 ▼

按照前厅现场督导内容和岗位相关职能要求,完成一次前厅工作现场督导的实践(见表5-6)。

表5-6 前厅工作现场督导工作规范

步骤(Steps)	怎样做/标准(How/Standard)	提示(Tips)
(1) 巡查设施设备情况	·前厅功能设施位置恰当、分离合理,方便宾客使用 ·前台独立的信息管理系统运行正常,大堂所有区域无线电覆盖正常等 ·客房价目信息全面、准确 ·提供的所在地旅游资源、旅游交通信息准确 ·专设的行李寄存处整洁 ·酒店与宾客同时开启的贵重物品保管箱使用正常,保管箱位置安全、隐蔽	·注意事项:检查管理规范、服务规范与操作标准是否健全 ·督导人员必须按照前厅部的运作质量标准,加强对员工工作现场的指导
(2) 巡查前厅员工服务情况	·员工着装整洁,符合酒店规定 ·员工能够使用普通话或英语提供服务 ·宾客抵达时,接待员能够微笑、礼貌地请宾客出示有效证件并仔细核对 ·服务员能够根据宾客要求,选择相应规格的保管箱,并介绍使用须知和注意事项等 ·专职的门童应接服务人员可提供24小时迎送服务 ·团队宾客抵店时,有专人迎接并引领宾客至团队接待区域等	·在整个巡查过程中,督导人员应随同员工全程观察整个服务过程,同时要给宾客留下"督导是酒店服务人员"的感觉 ·巡查过程,督导人员不需提供素质服务,但要保持对宾客应有的服务礼仪与礼貌
(3) 发现问题,并进行现场指导	·例如,若前台接待员不能严格按照中途开箱的流程进行服务时,督导人员应做如下指导: ⊙礼貌应接,宾客要求开启保管箱时,核准钥匙、房卡以及宾客的签名;当面同时使用总钥匙和该箱钥匙开启 ⊙宾客使用完毕,按照启用保管箱的要求,将保管箱锁上 ⊙请宾客在寄存单相关栏内签名,记录开启日期及时间 ⊙前台接待核对、确认并签名等	·督导人员应有强烈的问题意识和强烈的维护标准意识,如果工作布置了却不检查、不执行,则工作效果等于零 ·上一级督导人员不在现场的时段,易出现服务不规范、态度不友好等问题;此时,下一级督导人员应及时补位,关注员工的工作表现,帮助员工提升服务质量

续表

步骤(Steps)	怎样做/标准(How/Standard)	提示(Tips)
(4)创造积极的工作氛围	·督导人员在以上督查工作过程中,注意询问前厅工作人员在入住接待、礼宾服务、结账服务等工作环节上执行服务标准的情况,并以亲切、真诚的态度给予帮助和指导 ·多主动地倾听服务人员或宾客对前厅各项接待与服务工作的意见、建议和体会	·督导人员应以积极友善的姿态处理出现的各种服务问题

※**学生实训——前厅现场工作督导**

分组讨论:前台接待员正在接待一对六十岁左右的俄罗斯夫妇入住酒店,前厅部主管或领班如何对现场进行督导?

任务六　运营易耗品盘点及申购

前厅部运营管理过程中,需要有效利用易耗品并对其进行精准合理的盘点,有效节约成本的同时根据前厅运营管理需要及时开展耗品申购,从而保证前厅运营与管理的水平。

了解、掌握运营易耗品盘点及申购的基本内容、基本流程,并能够按照其规范要求,完成经营管理工作,为1+X职业技能等级(中级)认证考核有关质量管理模块的考核内容。

基础知识▼

1. 低值易耗品的概念

在酒店里有一些容易消耗、可周转使用但不作为固定资产管理的各种用具用品,单位采购价格一般在人民币 2 000 元以下,使用年限在一年内,使用过程中可保持原有实物形态。

2. 低值易耗品按照使用性质分类

(1)消耗类低值易耗品指用过以后不能回收、形状改变、功能丧失、不能重复使用的低值易耗品,如打印纸、招待用茶叶、送给宾客的小礼品等。

(2)非消耗类低值易耗品指可以多次使用且形状、功能不被改变的低值易耗品,如北方酒店前厅会备有扫雪用的笤帚、拖把、铲子等。

3. 盘点工作原则/规范/要求

(1)原则:真实、准确、完整、清楚、合作。如实盘点数据,不得徇私作假,不得有遗漏;影响业务部门正常运营的,需提前沟通。

(2)规范:账面存货核算与实际存货盘点;全面盘点与分区盘点相结合;设定合适盘点时间及盘点周期;定期盘点与不定期盘点相结合。

(3)要求:三账合一、账实相符、数量一致、日清月结。

【特别提示】"四须"事项:日清、月结和一季度须一存盘;财务部"在库低值易耗品"账与行政仓库保管员账须相符;财务部"在用低值易耗品"账与核算员账、仓库保管员备查登记表登记领用数量须一致;仓库保管员的账、卡、物须"三相符"。

实践操作 ▼

能够按照酒店规范要求,完成前厅运营易耗品盘点及申购工作(表5-7)。

表5-7 前厅运营易耗品盘点及申购流程

步骤(Steps)	怎样做/标准(How/Standard)	提示(Tips)
(1)编制盘点表	·盘点表编制(为方便开展账实比对,可先导入部分数据,一式三份)	·盘点表通常包含:盘存数量、编号、品名、计量单位、规格、单位、购置数、账面存数等
(2)盘点前准备	·人员安排 ·环境与用具准备 ·技术指导	·为了确保高效盘存,各工作岗位需要提前一天对将要盘点的物资进行整理 ·技术指导必须严格遵守酒店相关制度要求
(3)盘点操作	·账实核对 ·账证核对 ·账账核对	·盘点出现问题时应及时向领导汇报 ·低值易耗品的报废、毁坏和丢失需要登记并查明原因;盘点登记表一式三份,相关部门各一份
(4)申领/申购	·明确库存限额 ·核对缺额 ·填写申领单或申购单报部门审批 ·向酒店总仓领取物资	·在酒店日常运营中申领单据要及时核对记账,核对库存,避免单据堆积过多造成账目与实际库存不符,进行影响酒店运营 ·申购单还需要进一步报财务部和总经理审批

※学生实训——A4打印纸和计算器的盘点

你是A酒店前厅部的秘书,某一天前台接待员找到你说A4打印纸不多了,可能只能满足前台接待员两天的业务量使用,同时他们还需要三个计算器,于是你向前厅经理汇报,需要紧急采购A4打印纸及计算器。可是前厅经理说他记得一周前申请过采购A4打印纸,他也不认为计算器会损耗这么快,所以要求你先进行盘点,将盘点结果汇报给他再做决定。请问:你该如何开始盘点?

模块二 前厅部业务沟通

任务导入 ▶

讲故事,寻启示——避免沟通歧义、找不到交点

1. W请张三、李四、王五吃饭。王五未来,W说"该来的没来",张三说"那就是说我是不该来的呗",说罢拂袖而去。W又补充说"我说的不是张三",此时李四回复"那说的是我呗",然后也愤然离开。

启示:沟通要讲究方式和方法,不恰当的语句会影响沟通效果,甚至起到负面作用。

2. 卖柴翁。从前有个秀才看到一个农夫担着柴在街上卖,便说道:"荷薪者过来。"农夫不懂但听过来二字便走了过来,然后秀才说"其价何",农夫听懂了个价便说5文,接着他

又说道:"此柴外实内虚,烟多焰少,请损之。"此时农夫再也弄不懂了只好离开了。

启示:沟通要确定对象,和被沟通者保持一个水平层面才能有效沟通,否则是两条平行线,永远找不到交点。

任务一 前厅部业务沟通认知

前厅部是酒店其他部门的信息源,也是酒店管理机构的参谋和助手,它的对外信息沟通格外重要,其沟通形式除利用 PMS 外,还可采取接待通知书、专题报告、报表以及备忘录、相关文件、批示等形式进行沟通。

基础知识 ▼

1. 会议沟通

会议是一种面对面的最明朗、最直接的联系和交流方法。如由前厅部经理召集的部门例会、晨会,前厅部各工种举行的班前会和班后会等。当然,会议的次数和时间都不能影响到酒店的正常业务运行。

2. 函件沟通

(1)报纸、杂志和内部简报。酒店的刊物在酒店创建企业文化过程中起着非常重要的作用。酒店刊物通常采用店报形式,也有店刊、内部简报等。

(2)给员工的信。前厅部员工给前厅部经理写信,前厅部经理给前厅部员工发公开信,可以交流信息,加强沟通与理解,探讨前厅部的有关业务,也是一种有效的沟通手段。

(3)备忘录。备忘录是酒店上下级之间、部门之间沟通协调的一种有效形式,包括工作指示、接待通知单、请示、汇报、建议和批示等。

(4)员工手册。酒店经营管理的一个常见方法是编印《员工手册》。《员工手册》人手一册,内容包括规章、政策、权利、禁止事项以及有关酒店的历史和组织等介绍。

(5)日志/记事本。日志/记事本是酒店对客服务过程中各班组相互沟通联系的纽带,主要用来记录本班组工作中发生的问题以及尚未完成需要下一班组继续处理的事宜等。

(6)报表和报告。报表和报告,既是酒店内部各项工作衔接的手段,也是内部沟通和传递信息的方法。

3. 活动沟通

(1)多种形式的团体活动是消除误解隔阂、加强沟通交流的较理想的方式。

(2)酒店应定期或不定期地举行各类活动,如联谊会、茶话会、酒会、歌舞会、郊游等。去别的酒店考察、外出参观等也是较好的团体活动。

4. 培训沟通

(1)酒店开展内部员工培训,例如前厅部员工的培训、前厅部主管和领班对员工的培训、前厅部员工对员工的培训等。

(2)通过培训既能提高前厅部员工和各级管理人员的业务水平和语言表达能力,又能加强员工之间及员工与管理人员之间的沟通与理解,还能有助于管理人员准确评估员工水平,进而合理安排员工的工作和提拔任用优秀员工。

5. 其他形式的沟通

(1)微信工作群是目前员工最常用、最喜欢的沟通方法之一,它方便快捷,可以通过语音、文字、图片、表情图案等多种形式进行沟通。

(2)公告牌是最简单也是最常用的沟通方法之一。它能通知有关事项、提供有关信息、提供当日的工作要点。

(3)前厅部日常工作中还可大量使用电话、计算机、电子邮件等通信方式进行沟通,这可以大大提高沟通效率和沟通的准确性。

6. 常用沟通注意事项

(1)面对面沟通:确保在重要的事务上进行面对面沟通,有助于减少误解和提高信息的清晰度;观察和理解同事的身体语言,以获得更多的信息。

(2)电话沟通:在电话交流时保持专注,确保清晰表达意思,避免模糊和混淆;确认对方的理解,以避免误解和信息失真。

(3)会议沟通:在会议前准备充分,确保会议有条不紊地进行,充分利用时间;会议结束时明确每个人的任务和责任,以便后续的执行。

(4)正式文件:在正式文件中使用规范的格式和语言,确保文档的准确性和专业性;在发布之前进行审查和修改,避免拼写错误和语法问题。

(5)即时通信工具:在即时通信工具上使用规范的语言,避免过于随意或不专业的表达;尽可能及时回复消息,以保持高效的沟通。

(6)电子邮件沟通:在邮件中使用清晰、简洁的语言,明确表达主题和目的;不要滥用电子邮件,尽可能避免无关紧要的信息大量传递。

(7)团队协作平台:利用协作平台分享文档和信息,以便团队成员随时可以获取所需信息;定期更新团队成员的进展和项目状态。

(8)社交媒体:在社交媒体上保持专业形象,注意言辞和发布内容,以维护公司声誉;注意保护敏感信息和同事的隐私,避免在公共平台上讨论敏感话题。

实践操作 ▼

能够按照前厅部日常管理工作需要,做好前厅部团队与个人沟通工作(表5-8)。

表5-8 前厅部团队/个人沟通的技巧

什么(What)	怎样做/标准(How/Standard)	提示(Tips)
(1)建立团队/个人沟通制度	·建立沟通制度,确保团队成员之间能及时有效沟通 ·每个班组均要确定好一名班组联络员(一般为领班)	·将团队沟通当作前厅部一项长期性的工作
(2)选择班组/个人沟通渠道	·根据沟通目标性质和被沟通者班组/个人实际,分析预选渠道在传递信息方面的能力 ·确定沟通渠道(电话、微信、面对面交谈、非正式聊天、"走动"、写信、公告、报告、会议、培训、员工手册、一般文件等)	·研究表明:面对面交谈,在沟通过程中所传递的信息量最大 ·沟通会有多种障碍 ·非正式聊天也很重要

续表

什么(What)	怎样做/标准(How/Standard)	提示(Tips)
(3)掌握倾听技巧	·面对信息发出者要双目注视对方,表示出愿闻其详状 ·集中精力排除外界干扰,专心倾听 ·控制情绪,不打断对方的谈话 ·摘取对方所讲要点进行记录 ·当对方表述内容模糊,要进行询问 ·用自己的话重新整理、表述对方所讲的话	·倾听能力是保证团队有效沟通和旺盛生命力的必要条件 ·有效倾听的首个技巧是真诚 ·真正确定对方所表达之意,方可找到正确共识

※学生实训——游戏互动:解手链

老师让每10个学生为一组围成一个圆圈,学生按老师指令去做:

(1)举起你的左手和右手交叉放在胸前,并握住身边那两个人的右手或左手;

(2)在不松手的情况下,把这张用手连成的网打开,成为一个组员间手拉手的圆圈;

(3)请每组学生共同想办法把圆圈理顺,使学生之间手拉手的形式变成正常情况下不交叉的形式而且必须在不松手的情况下做到这一点。

总结与评估:看哪个小组在最短的时间内完成,并且请他们谈一谈感想和经验。

任务二　前厅部内部沟通

前厅部内部沟通,常会受到各种因素的影响和干扰,如前厅部组织结构、业务构成、岗位与职位差异,以及员工个人的文化程度、人格、表达、经验、态度、情绪等,前厅员工需要了解基本的内部沟通作用、沟通原则及沟通方法、沟通技巧。

基础知识 ▼

1. 前厅部内部沟通的作用

有效的前厅部内部沟通,至少有两个方面的作用:

(1)有助于前厅部更好地发挥酒店产品销售功能,实现宾客满意度和酒店营业收入双提高的目标;

(2)有助于前厅团队整体健康,以及员工个人的职业自觉和职业成长。

2. 前厅部内部沟通的原则

(1)班组沟通要讲健康。前厅部班组沟通,不仅要有坦诚的沟通气氛,做到有效地倾听他人意见,并清楚地表达自己的观点,还要能够进行情感上的健康交流。

(2)岗位沟通要求时效。岗位沟通以任务为导向,讲究前厅岗位业务规范和工作路径,并且追求以完成前厅接待服务工作为目的的时效性。

(3)了解班组成员的心理。作为前厅部的管理者,在进行沟通协调时,还应了解和理解班组成员的心理,尊重他们的合理要求,通过自己的组织协调能力以及令人信服的领导力去引导团队成员按照酒店和前厅部既定方向完成组织目标,而不是监管、控制他们。

实践操作 ▼

按照前厅部运营管理目标和组织建设需要,能够注意岗位业务有效信息的准确传递(见表5-9)。

表5-9 前厅部主要岗位信息沟通的技巧

什么(What)	怎样做/标准(How/Standard)	提示(Tips)
(1)接待处与客房预订处	·前厅部接待处应每天将实际抵店、实际离店、提前离店、延期离店等用房数以及临时取消客房数、预订但未抵店客房数和换房数及时输入PMS内,或采用表格形式递送给客房预订处 ·预订处应每日将延期抵店、实际取消以及次日抵店用房数等及时输入PMS内或采用表格形式递交接待处	·接待处的主动沟通,可方便客房部掌握客房预订信息的准确性 ·客房部的主动沟通,可方便前厅部接待处最大限度地销售客房
(2)接待处与总台收银处	·前厅部接待员应及时为入住宾客建立账单,并应就换房所产生的房价变动以及客房营业情况互通信息 ·总台收银处应将宾客已结账信息及时通知接待处,并通知客房中心清扫整理客房	·接待处主动沟通,以便收银员开立账户及累计客账 ·收银处主动沟通,以便接待处和客房部速调房态并再次销售客房

※学生实训——前厅部内部沟通

前厅部接待处的工作总结会上,主管老王向前厅部经理汇报昨天前台完成VIP入住接待执行情况。老王的话音刚落,刚加入接待组的大学生小李就接上话茬说:"这次接待情况本应该做得更好,如果……"小李的话说完,会场一片寂静,平时会议热烈的场面消失了,这是怎么回事呢?和他坐在一起的小刘悄悄地跟他咬耳朵说:"这里发言要一个个轮着来,主管讲完了,该轮到领班,不要抢先……"

问题一:你认为该班组(团队)沟通中存在什么问题?
问题二:如果你是新入职的大学生,面对此种情境下一步如何做?

任务三 前厅部外部沟通

前厅部的对外沟通协调,是前厅部与酒店总经理办公室、市场营销部、客房部、餐饮部、财务部等业务关联部门之间相互依赖、相互作用,并按照酒店运营管理的目标而进行的信息传递与交流。

基础知识 ▼

1. 前厅部外部沟通的意义

前厅部作为酒店的"神经中枢"以及联系客人与酒店的桥梁和纽带,必须发扬团队精神,做好自身班组(团队)个人与个人,班组(团队)与客房部、餐饮部等他部门及其班组之间的信息沟通,协调处理好相互之间的冲突和矛盾。因此,认知、理解并利用沟通技巧做好各个层面的沟通协调有着非常重要的意义。

2. 前厅部外部沟通的原则

同前厅部的内部沟通一样,前厅部进行外部沟通协调时也应遵循三条原则:

（1）明确沟通目的。为了有效地进行沟通和协调,事先要明确沟通协调的目的,即为什么要进行沟通协调、需要沟通协调的内容到底是什么,然后将需沟通协调的内容仔细、慎重地计划一下,清晰、明了地进行沟通。

（2）注重沟通的对象、时机和渠道。考虑进行沟通协调对象的岗位职责与权限、业务范围与特点,以及对方个人的能力、背景、经历、人际关系情况等;考虑什么时间进行沟通协调,采用何种渠道来传递,只有这样,沟通才能畅通。

（3）注重信息的接受与反馈。进一步核查沟通协调的内容及对方的反映情况,以此完善沟通协调过程,保证沟通协调效果。

实践操作 ▼

按照前厅部运营管理目标和组织建设需要,能够掌握前厅部对外沟通规范(见表5-10)。

表 5-10　前厅部对外沟通规范

什么(What)	怎样做/标准(How/Standard)	提示(Tips)
（1）与总经理室沟通	• 定期呈报客情预报表,递交 VIP 接待规格审批表,报告已订房 VIP 的具体情况 • 递交每日、每月的各种报表 • 制定房价与修改条文,转交有关留言与邮件	• 向总经理请示、汇报前厅部的重大事件 • 递交贵宾接待通知单 • 了解酒店正、副总经理的值班安排和去向
（2）与市场营销部沟通	• 双方应确定团体宾客和散客的接待比例;双方应核对月度、年度客情预报信息 • 每日应递送客情预测表、客源比例分析表、VIP 接待通知书、次日抵店宾客名单等 • 与市场营销部共同磋商来年客房销售的预测 • 传递团队/会议宾客抵店前/后相关信息 • 了解离店团队宾客最新的行李发出时间以及离店时间;叫醒服务时间、最新日程安排	• 通常,前厅部主要负责零星散客以及当日的客房销售工作,而市场营销部则主要负责酒店长期的、整体的销售工作,尤其是团体和会议的客房销售工作
（3）与客房部沟通	• 接待处每日递交客情预测表;客房中心每日递交楼层报告,以便前厅部接待处核对房态,确保其准确性 • 每日将 VIP 和团队入住与退房信息及时通知客房部 • 每日递交客房/房价变更通知单、在店 VIP/团队/会议一览表、待修房一览表、报纸递送单 • 与客房部进行交叉培训	• 前厅部与客房部均围绕客房而展开工作;前者负责客房销售,后者负责客房管理,两者相辅相成,两者的信息沟通最频繁
（4）与餐饮部沟通	• 每月递交客情预测表 • 每日递送客情预测表、VIP 接待通知单、在店 VIP/团队/会议一览表、预期离店宾客名单、在店宾客名单等 • 发放团队用餐通知单 • 随时掌握餐饮部各营业点最新的服务内容、服务时间以及收费标准变动情况	• 每日从宴会预订处取得宴会/会议活动安排表,更新每日宴会/会议、饮食推广活动的布告牌信息 • 向宾客散发餐饮部的促销宣传资料

续表

什么（What）	怎样做/标准（How/Standard）	提示（Tips）
（5）与财务部沟通	·每日递交客情预测表、VIP接待通知单、在店团队/会议一览表、散客/团队总账单、信用卡签购单等 ·双方应就定金、预付款、住客信用限额以及逾时退房的房费收取等问题相互及时通知 ·对客房营业收入的夜审，双方应就已结账的宾客再次发生费用而及时沟通	·应加强与酒店财务部（包括总台收银）之间的信息沟通，以防止出现漏账、逃账等现象 ·双方均应采取恰当的方法提醒客人付账
（6）与酒店其他部门沟通	·给工程部递送维修通知单，并与工程部、保安部就客用房卡遗失后的处理进行沟通 ·与人力资源部就前厅部新员工的招聘、录用、培训、上岗等进行沟通	·了解各部门经理的值班安排与去向，以便出现突发事件时的信息沟通

※学生实训——前厅部的对外沟通与交叉培训

实训要求：
1. 分析实训宾馆前厅部对外沟通出现的问题并提出整改措施。
2. 拟定一份前厅部与其他部门交叉培训方案。

模块三　前厅安全管理

任务导入

业务调查＋课堂宣讲——预练前厅质量问题的发现能力

安排一节预习课，以小组为单位，通过计算机网络收集酒店公共场所安全管理、客户突发事件处理和前厅信息安全管理的案例，其中有关宾客闹事、物品丢失、宾客隐私保护、钓鱼网站防范的案例各1～2个。由组长归类并组织讨论分析后，按教师的要求上交。

任务一　公共场所安全管控

在5G＋AIoT（人工智能物联网）时代，数字化酒店主要围绕两大核心要素发展，一是酒店安全，二是住店体验。前厅部安全管理包括公共场所安全管理、客户突发事件处理和前厅信息安全管理三个方面。

了解前厅部公共场所的安全管理知识，能够掌握公共场所安全管理的检查、纠正和宣贯方法，能够根据公共场所安全管理规定规范管理前厅服务工作，是1＋X职业技能等级（初级）认证考核的要求。

基础知识

1. 酒店安全管理

狭义的安全管理概念是指酒店经营所涉及的治安、消防等各方面的安全流程和防范措施;广义的安全管理概念是指酒店经营过程中涉及的治安消防安全、劳动安全以及酒店内部运作中发生的各种事故的处理。一直以来,酒店的安全防范问题备受外界关注。

2. 前厅部安防意识的教育培训

要加强对酒店员工危机意识的教育与典型案例的学习,树立全方位防御的预警意识,提高发现、防范、预警的能力:

(1) 对自然灾害,要注重于事先掌握信息。

(2) 对突发治安事件,要培养、训练管理人员、员工,具有善于观察蛛丝马迹的能力,提早发现、提早报警。

(3) 对火警、中毒事件,则注重管理职能的发挥、制度的严抓、程序标准的严格执行。

(4) 对服务质量和员工处理问题能力引发的危机,则重在培训、再培训。

(5) 安全管理预案制定后,要把它落实到员工日常培训工作中去,必要时还要进行适当的演练,让所有员工都能熟练地掌握和运用。

实践操作 ▼

根据前厅安全管理需要,完成对前厅部环境设施与公共区域控制点安全管控的认知(见表5-11)。

表5-11 前厅部环境设施与公共区域控制点的安全管控

管控项目 Management Tasks	主要管控任务及要求 Key Tasks and Requirements
大堂出入口安全	• 大堂是宾客出入酒店的必经之地,情况复杂;下雨或下雪时,要放置防滑垫 • 保安人员应密切注意宾客的动向、细心观察,同时注意维持大堂秩序,对一些有碍大堂正常气氛的事件及时婉言劝阻;应防止失窃,特别注意在前台办理入住手续和离店手续的宾客随身物品的安全,夜深人静时仍要注意警戒 • 前厅员工应利用好监控设备,任何时间发现可疑情况都应及时上报
消防通道口安全	• 应熟悉前厅消防疏散口位置,要保持前厅出入口畅通,无堆放物 • 在前厅消防疏散出入口安装紧急疏散装置,例如,门锁为单向锁,平日呈关闭状态,发生火灾或紧急情况时,店内人员用力推动此装置,即可打开出入口门 • 安装同步电视摄像头,使监控室的监控画面随时切换至出入口
大堂电梯安全	• 采取设标牌提示和安装监控设备等措施,在电梯厅处设电梯服务员或保安巡逻 • 酒店在夜间应安排保安人员在电梯厅巡查,对超过规定会客时间的宾客应予以劝阻,并加强对电梯的控制和对客房区域的管理 • 采用"一卡通"数字化、智慧化等技术,使非住店人员无法开启电梯进入楼层 • 必须按照规定由法定资格认可的单位进行检验,并采用电梯远程管理监视系统,自动反馈检测和诊断的计算机数据,随时进行维修保养,确保电梯安全零故障 • 利用电话线全年、全天候的监控,及时发现预警异常征兆

续表

管控项目 Management Tasks	主要管控任务及要求 Key Tasks and Requirements
大堂吧/ 咖啡厅/ 商场安全	·服务员注意提醒宾客保管好自己的钱物,做好防盗工作 ·密切注意服务场所的安全工作,对可疑人员要严加监控,出现情况果断处理 ·服务员要严守服务规程操作,注意操作安全 ·营业结束后,要督促检查是否已经锁好柜台门、大门和窗户 ·夜间应加强警卫,以保卫各场所安全
行政楼层 安全	·入住行政楼层的商务宾客一般都希望客房安装电子门锁,甚至要求电话、传真加装保密装置,以防止泄露商业秘密,酒店应予以满足 ·行政楼层应尽量选择能单独分割开来的楼层,有专门的、个性化的"贴身管家"式的保安力量,或采用先进的科技方法来达到对行政楼层的安全控制 ·高档公务宾客对行政楼层酒廊、大堂等公共区域或会议室往往会提出安全和保密的要求,酒店方应给予支持和帮助

※学生实训——情景重现+案例讨论

案例:一天傍晚,北京某酒店服务总台的电话铃响了,服务员小姚马上接听,对方自称是住店的一位美籍华人的朋友,要求查询这位美籍华人。小姚迅速查阅了住房登记中的有关资料,向他报了几个姓名,对方确认其中一位就是他找的人,小姚未加思索,就把这位美籍华人所住房间的号码818告诉了他。过了一会儿,酒店总报务台又接到一个电话,打电话者自称是818房的"美籍华人",说他有一位谢姓侄子要来看他,此时他正在谈一笔生意,不能马上回来,请服务员把他房间的钥匙交给其侄子,让他在房间等候。接电话的小姚满口答应。又过了一会儿,一位西装笔挺的男青年来到服务台前,自称小谢,要取钥匙。小姚见了,以为果然不错,就毫无顾虑地把818房钥匙交给了那个男青年。晚上,当那位真正的美籍华人回房时,发现一只高级密码箱不见了,其中包括一份护照、几千美元和若干首饰。

学生重现案例情景,教师组织讨论:
(1)案例中的服务员小姚的工作失误点有几处?分别是什么?
(2)怎样做才能避免案例中的失误出现?
讨论完毕,学生按照教师的指导,再次模拟小姚应有的正确接待情景。

任务二 对客服务安全管控

对客服务安全管控的主要内容包括前厅常规安全管控、前厅突发事件处理和前厅信息安全管理三大类。前厅常规安全的管控主要涵盖大堂出入安全、大堂电梯安全、消防通道安全、大堂吧/咖啡厅/商场安全、入住登记安全、访客接待安全、客用房卡安全、应急钥匙安全、行李安全、前台收银安全等几个方面。

本任务对突发事件的处理分别属于两个层面的安全管理内容:(1)前厅突发事件处理

（发生火灾、突然停电、突发疫情、涉外案件）；（2）客户突发事件处理（物品丢失、财务损坏、宾客闹事），其中后者为1＋X职业技能等级（中级）认证考核内容。

子任务1　前厅对客服务安全管控

基础知识 ▼

1. 前厅常规安全管控与控制点

前厅常规安全管控主要是指对前厅部对客服务安全控制点的建立与控制。

安全控制点是指安全管理中重点控制的关键部位。建立安全控制点，加强安全控制，是做好安全工作的关键。

2. 酒店智能安防的作用

相较于传统安防系统来说，目前一些酒店新一代安防系统利用人工智能、云计算、大数据、物联网、移动互联网的技术实现了快速发展。人工智能与酒店安防系统的联用将酒店带入一个更智能、更安全的时代。现阶段，在智慧酒店的应用场景中，一些智能人脸识别系统与开关量输出、报警输入输出等控制信号以及微信预约退房系统、酒店管理软件和软件即服务（Software as a Service，SaaS）平台相结合，共同为智慧酒店提供宾客管理、客房管理、自助入住、预约、退房、陌生人抓拍预警等服务，切实降低了酒店的人力成本，提升了宾客的住宿体验，提高了酒店安全管控的水平与质量。

※小资料——传统酒店房卡的种类及管理

传统酒店房卡一般分为总控卡、领班卡、楼层卡、客用卡四种类型。总控卡由店级领导、客房相关管理人员（董事长、总经理、副总经理、客务总监、客房经理）持有；领班卡由各楼层领班持有；楼层卡由各楼层员工持有；客用卡由前台员工制作和保管。

实践操作 ▼

1. 根据前厅安全管理需要，完成前厅部对客服务安全关键点安全管控的认知（见表5－12）。

表5－12　前厅部对客服务安全关键点的管控

管控项目 Management Tasks	主要管控任务及要求 Key Tasks and Requirements
入住登记安全	・填写《临时住宿登记表》的14个项目内容应完整准确，不能有缺项漏项，不能擅自改写；缩写要规范，不得随意自编自造；宾客在抵店后24小时内，将住客信息上传至PSB系统，并派人将已填好的《临时住宿登记表》送交公安机关 ・应细心查看住房宾客的证件是否有冒用、涂改、更换相片等问题，同时应坚持先核实后办理住宿手续的原则；注意查验证件（签证）有效期限，绝对不能接待持失效证件的宾客住宿 ・指定专人主管或兼管查控工作，建立健全查控工作制度，严密查控措施，防患于未然 ・在登记验证中若发现查控对象应及时向发文的公安机关报告，切忌拖延时间或漏报

续表

管控项目 Management Tasks	主要管控任务及要求 Key Tasks and Requirements
访客接待安全	• 在23:00以后婉拒访客 • 在前台或客房楼层设服务台接待访客并予以登记 • 必须在征得住客同意后将住房号告诉访客,或按住客要求答复访客
客用房卡 (含IC卡和手机房卡)安全	• 制定有关房卡的纪律:如所有房卡上均不能贴写房号 • 按程序处理客用卡遗失:验明宾客身份和入住登记信息相符→向宾客收取或从押金中扣除赔偿费→重新制作房卡给宾客→通知房务中心→使用管理卡到该房间插一次卡 • 若验卡显示房号和宾客所报相同(且在期限内),则重新制作新房卡给宾客并向宾客致歉;若卡号不能显示或不能验卡,则验明宾客身份和登记相符后,再重新制作房卡给宾客 • 宾客退房时,前台应提醒宾客交还房卡,如宾客出示的房卡无押金单证明其房号,必须验卡验证无误后,方可通知客房部服务员查房并办理退房手续;若退房时宾客将房卡留在房间,应通知客房部服务员查完房交到前台 • 宾客使用自助设备办理入住手续时,有些设备需用宾客自己的身份证取代房卡,宾客保管好自己的身份证即可;有些设备自助入住手续成功后提供给宾客酒店统一使用的房卡;在宾客入住前通过物联网发送到宾客手机上的"数字钥匙"应控制好宾客使用的时间 • 宾客在退房时使用自助设备退房,自助设备识别房卡可正常使用后,请宾客确认房间相关信息后收走房卡;如自助设备不能识别房卡,服务员应协助退房
应急钥匙安全	• 一套由总经理保管,另一套存放在前台收银处的保险箱内,由财务经理在总经理及前台收银主管在场的情况下装入信封封好,再由三人签名后注上时间,并编上号码,于前台收银处开交收单,前台收银员当值交接时需在交收单上签名确认收到该应急钥匙和信封 • 在紧急事件中,只能限于酒店指定人员,行政总值班经理和保安人员同时执行任务,并需在记录簿上清楚地注明每次应急时用钥匙的情况
行李安全	• 行李到店时,行李员应核准件数,检查行李外观有无破损,逐项填写登记表,与有关人员核实并签收,按规定或商定的时间及时将行李物品送到客房或指定地点 • 行李员将行李放入房间或交给宾客,不得随意放在房门口;暂时存放在大厅或行李库房内的行李应加盖网罩,或用绳索连接,挂好行李卡,并安排专人看管 • 宾客离店时,行李员应按要求及时将房间行李集中并核准件数,检查行李外观有无破损,与宾客或陪同人员再次确认并签收 • 住店宾客办理寄存行李物品时,行李员应事先向宾客说明酒店不收易燃易爆等违禁物品,然后按规定办理相关手续 • 行李库房内严禁吸烟,宾客的物品应按规定码放整齐,短存与长存的行李要分隔开来,并挂好寄存牌;行李房内不得堆放员工的私人物品,不得使用电炉、电取暖器、电熨斗等电器;其他员工进入时,应由行李员陪同

2. 根据前厅安全管理需要,完成对前厅前台收银关键点安全管控的认知(见表5-13)。

表 5-13　前厅前台收银关键点控制点

管控项目 Management Tasks	主要管控任务及要求 Key Tasks and Requirements
现金安全	• 收现金时,应注意辨别真假、币面是否完整无损 • 外币应确认币别,按当天汇率折算,缺角和被涂画明显的外币拒收(马来西亚林吉特币、新加坡元不能有裂痕,日元、美元不能有缺角) • 除人民币外,不接收其他币别硬币 • 除兑换台币须致电中行计划科查询汇率外,其他只接受汇率表范围内的外币
信用卡安全	• 收授信用卡时,应先检查卡的有效期和是不是在接受使用范围内的信用卡,查核该卡是否已被列入止付名单内 • 宾客结算时,将消费金额填入签购单消费栏,请持卡人签名,认真核对卡号,有效期、签名应与信用卡一致 • 信用卡需持卡者本人现场消费,不接受宾客远程通过书面签字授权等信用卡结算 • 信用卡需要在宾客授权的金额内完成离线或在线消费,不可超授权额消费 • 消费额超过持卡人信用卡消费限额的,宾客需要自行联系银行处理或更换其他可用卡结算
支票安全	• 收银员当班接收宾客使用的支票时,应用大写在支票填上使用的年、月、日(如果当日不解缴银行的可填为次日的日期),填上"××酒店"的收银人名称,其他项目均按规定填入 • 填写支票一律用黑色墨水钢笔填写 • 小写金额前一位必须写上币号"￥",以防涂改 • 汉字大写金额数字,一律用正楷字或行书字书写,不得任意自造简化字;大写金额数字到元或角为止,在"元"或"角"字之后应写"整"或"正"字;大写金额数字有分的,"分"字后面不写"整"字;大小写金额不得涂改,印鉴不可重复,一经涂改,该票即刻作废;如因收银员填错支票的,一律由收银员负责催换支票,直至收到款为止 • 取支时,检查是否有开户行账号和名称,印鉴完整清晰,一般印鉴是一个公章、两个私章以上,如有欠缺,应先问交票人是否印鉴相符,并留下联系人姓名和联系电话 • 酒店一般不接收私人支票,如由酒店经理以上人员担保接收的支票,该支票出现问题时,由担保人承担一切责任

※学生实训——课后调查

有资料称:根据希尔顿发布的报告,在美国和加拿大的 1 700 家酒店中,"数字钥匙"的使用非常活跃,在 1 100 万次使用后,一次安全事故也没有发生。

据此,做一次调查:以上资料宣称的是否属实?国内高星级酒店"数字钥匙"的使用情况如何?

子任务 2　前厅突发事件处理

基础知识 ▼

1. 前厅突发事件的危害及特点

前厅突发事件，可能造成人员伤害、财产损失、秩序混乱等，还可能会给酒店带来责任赔偿、营业额下降、失去市场、酒店信誉受损、丧失部分权力，甚至导致酒店关门或破产的后果。其特点有：引发的突然性、瞬间的聚众性、破坏的不确定性、状态的失衡性和媒体的关注性。

2. 前厅突发事件处理的作用

前厅部如果能及时解决平息此类事件，既能有效避免经济损失，还能提升酒店品牌形象，赢得宾客好感。从某种意义上讲，前厅对突发事件的处理，实际是一场酒店形象的保卫战。

3. 突发事件的分级处理

宾客醉酒闹事、争执打架、聚众斗殴时，应根据事态情况，酌情分级处理。

（1）第一时间通知就近的保安部工作人员，让他们第一时间赶到事发现场，并控制场面，防止事态扩大。

（2）详细了解争执原因，并尽快把事态经过上报主管、经理，由管理人员安排和协调，并视情况不同分别处理。

（3）轻度冲突的处理方法（一般指打架、争执）：如发现宾客之间发生轻度摩擦，应尽快加以劝阻，并以中间人的立场对双方加以劝慰，避免事态升级。

（4）中度冲突的处理：第一时间以最快的方法通知有关部门到现场，控制双方人员冲突的可能，并尽量将宾客安排到相隔远些的位置。让保安留意宾客行为，防止再度引发冲突。

（5）极度冲突的处理：通过保安部门，尽量控制事态，如发生流血事件，则督促其迅速离开，并采取一些基本的急救措施；同时第一时间检查公司物品有无损坏，如有损坏，宾客需照价赔偿，通知收银打单。确定宾客的物品是否全部带齐离场，如有遗漏，则上交所属部门经理处理，等候宾客回来认领。必要时需报警解决。

实践操作 ▼

1. 按照前厅安全管理相关理论知识，完成前厅突发事件的处置（见表 5-14）。

表 5-14　前厅突发事件的处置规范（初级）

什么（What）	怎样做/标准（How/Standard）	提示（Tips）
（1）停电事故处理	·夜间发生突然停电，前台服务员立即取出应急手电筒，协助值班经理或安保人员，安排或疏导宾客，并向本部门和酒店安保部、工程部报告 ·门童应劝阻无关人员进入酒店；电梯服务员应立即检查各部门电梯，核实是否有宾客被关在电梯内，并采取积极措施将其救出	·前厅部服务员应首先保持镇静，稳定宾客情绪 ·配备各种科技设备用品的岗位，在突发停电时立即关闭电源，待接到正式通知后再按程序接通电源

续表

什么(What)	怎样做/标准(How/Standard)	提示(Tips)
(2)发生火灾时的行为控制	·尽早报火警:一旦发现火情,要立即以人工报警方式向酒店消防管理机构报警 ·随时答复询问:值班经理、总台接待员等前厅部工作人员应坚守工作岗位,随时答复宾客询问,安抚宾客,稳定情绪 ·及时控制电梯:靠近电梯的员工应将自动电梯落下并告诫宾客不要乘用电梯,不要回房间取物品 ·妥善保管财物和资料:结账处员工应把现金、客账、账本等重要财物妥善安置,安排专人保管,随时准备疏散转移;接待处员工应迅速整理宾客住宿登记资料,在接到疏散命令并在指定地点集合后,根据宾客住宿登记资料尽快清点人数,将清点结果向安保部汇报 ·妥善安置宾客及物品:门童应迅速将所有通向外面的出口打开,协助安保部人员组织宾客向外疏散,阻止无关人员进入大厅;行李员应立即将寄存处的宾客物品转移到安全地带,并派人严密看守	·酒店消防预案中明确规定,报火警可分二级处理:"一级报警"是指店内员工发现火情后,向酒店消防管理机构报警;"二级报警"是指由酒店消防管理机构确认火情后向酒店所有部门及宾客报警 ·在平常消防演习和救援培训时,管理员应该让前厅部服务员明确和熟悉各自的职责和任务,培养其临危不慌的心理素质和专业素质
(3)突发疫情处理	·安排专人对所有进出通道严格管理,实行"进出检"制度 ·在前厅入口处设置检测点,对计划进入酒店活动的人员进行体温检测,并在入口接受体温等检测 ·加强服务对象登记与管理,必须询问单位、健康状况、接触疫情发生地区人员等情况,对进入人员进行登记	·所有入店人员必须佩戴口罩,必要时穿戴防护服 ·对不配合或干扰防疫工作的,要依法依规报告相关部门处置
(4)涉外案件处理	·对于享有外交特权和豁免权的外国人,若其违反了治安管理有关规定,则要通过外交途径予以处理 ·对于不享有外交特权和豁免权的外国人,若其违反了治安管理有关规定,则由公安机关依照《中华人民共和国治安管理处罚条例》进行处理 ·依照法律规定和办案程序,要认真、及时、依法做好查证工作;对外国人违反治安管理规定的案件查处,应由治安部门归口管理,并与外国人管理部门配合进行	·涉外案件是指发生在我国境内的涉及外国、外国人的刑事、民事、经济、行政、治安等案件 ·处理涉外案件的原则:必须维护我国主权和利益,严格依照我国法律、法规办理,做到证据确凿,适用法律正确,法律手续完备

2. 按照前厅安全管理相关理论知识,完成宾客突发事件的处理(见表5-15)。

表5-15 宾客突发事件的处理规范(中级)

什么(What)	怎样做/标准(How/Standard)	提示(Tips)
(1)物品丢失	·受理报失:先向宾客表示歉意,并记录事件发生地点和丢失物品等情况,并表示会以电话形式给宾客回复 ·到达现场:通知相关负责人,共同到达现场寻找丢失物品,并做好记录 ·沟通与了解:如确定遗留在用餐区域时先核实物品的项目是否准确,确定后通知宾客来取或送还,如未找到也要及时告知宾客 ·确定处理方法:有宾客认领遗留物品时须查验宾客的有效身份证明,核实有关情况,情况属实,办理交接记录,请宾客签字 ·完成其他后续工作	·其他后续工作:当物品在本店没有找到时,要及时向驻店总经理汇报,由其和宾客沟通;必要时移交到公安机关,让他们协助解决,给宾客满意的答案等

续表

什么(What)	怎样做/标准(How/Standard)	提示(Tips)
(2) 财物损坏	• 调查:与宾客核实情况,查阅被损物品的赔偿价格 • 索赔:物件小或价值少,向宾客讲明酒店制度并要求赔偿 • 善后:通知有关部门进行事后跟进;在值班日志上记录详情 • 物件小或价值少,可及时弥补的被损物品的处理方法如下: ①向宾客收取费用并开具收据,住店宾客的赔偿费用如可签单,可直接进入宾客账户,并填写赔偿单; ②若宾客不在现场,先打入宾客房款并填写赔偿单,再留言请其与值班经理联系,由值班经理负责向其解释说明; • 物件大或价值大,无法及时弥补的被损物品的处理方法如下: ①通知工程部人员到场判断,并及时拆换或封锁现场危险区; ②向宾客告知酒店将保留向其索赔的权利,第一时间判断赔偿金额,或付现金,或打入宾客账户并填写赔偿单; ③填写财物损坏报告单,连同现场照片呈交管理层及有关部门	• 接到客房部关于宾客损坏酒店财物的报告后,经理要亲自检查被损物品,与宾客核实情况 • 用相机拍摄现场 • 宾客离店后的处理方法:若因宾客已离开酒店,酒店找不到当事人向其索赔,必须把事情经过记录在日志上,并向上级汇报
(3) 宾客醉酒	• 当班人员发现宾客醉酒时应及时通知客服中心、安全部监控中心 • 迎宾员或保洁人员协助扶送宾客至房间(用宾客房卡开门),并和客服中心服务员做好相关事宜的沟通 • 将醉酒宾客房号告知前台,前台人员查看此房号是否有随行人员,与之联系;若无随行人员,与销售部联系,转告宾客的接待单位,同时向值班经理汇报并做好记录和交接 • 醉酒宾客使用卫生间时,保洁员应做好卫生间呕吐物清理工作 • 宾客醉酒后在酒店内肇事造成损失的,可要求肇事者承担相应的赔偿责任 • 对于严重醉酒的宾客需通知安全部和值班经理,并尽快联系就近医院治疗,以免住店宾客在酒店发生意外事故;切不可置之不理,更不可取笑宾客	• 在酒店行业,尤其是前厅,常会遇到醉酒宾客;醉酒宾客的破坏性较大,轻则行为失态、大吵大闹、随地呕吐,重则酿成更大的事故 • 对于非住店宾客劝其离开酒店,可帮其叫出租车(记下车牌号)

※学生实训——扮演值班经理处理突发事件

要求:利用前厅实训室,根据所学内容,分组模拟处理前厅的两个突发事件。

工具准备:电话、笔、投诉记录表、档案夹等。

扮演角色:每组1人扮演大堂经理,1人扮演肇事宾客,其他组员当观摩员。

处理任务:第一组——财物损坏的处理;第二组——宾客醉酒的处理。

任务三 信息安全管理

了解前厅信息安全的基本类型,掌握前厅信息安全的相关法律法规,能够确保酒店和客户的信息安全,是1+X职业技能等级(初级)认证考核的要求;了解前厅信息管理的基本类型,掌握前厅信息安全的管理方法,能够按照前厅信息安全管理的规范要求完成安全管理工作,是1+X职业技能等级(中级)认证考核的要求。

在本任务的实操技能层面,属于初级操作的有数据安全分类、密码安全管控和恶意软件防范;属于中级操作的有信用卡安全管控、屏幕安全保护、钓鱼网站防范和宾客隐私保护。

续表

步骤(Steps)	怎样做/标准(How/Standard)	提示(Tips)
(2)建立统一报警和信息传递程序	·明确一旦发生意外事件,如何报警,向哪个部门报警,要确定好程序	·流程设计要简明易懂 ·流程要牢记于心
(3)部署处置力量和具体任务	·现场守护力量,负责警戒,防止现场受到破坏 ·抢救排险力量,对受伤人员的抢救,排除灾害险情 ·调查取证力量,现场照相、录像及对有关人员进行采访 ·捕捉和堵截嫌疑犯力量,完成捕捉、看管、堵截等 ·负责与公安部门和酒店其他部门的联系、配合工作 ·机动力量,负责支援工作 ·保护力量,对重点部位加强保护 ·宣传疏导力量,负责住店宾客的安全宣传和组织疏散	·只有任务到岗,处置力量才有可能强大 ·要根据事件发生、发展、演变规律,针对酒店风险隐患的特点和薄弱环节部署处置力量
(4)安全预案的演练	·定期组织有关人员进行演练,强化操作技能 ·前厅部安全控制并不仅仅限于对宾客安全的控制,还包括对员工安全的控制和整个酒店运营安全的控制	·对演练中暴露出来的问题应及时在预案中充实 ·充实的内容要"适用"

※学生实训——前台应急预案制定

根据所学知识,制定前台员工安全受到威胁时的应急预案。

提示:当人身安全、财产安全受到威胁时,前厅员工应不动声色地踩下紧急报警开关(礼宾台/接待台/收银台);礼宾部和接待处人员均要找机会向消防中心报警。

模块二 会议管理

任务导入

了解会议主持人的风范——观看视频+有意主持

1. 授课教师收集整理一两条有关座谈会主持人的现场工作视频,课前通过手机发给学生观看,并提出若干条需要有所侧重的关注点。

2. 各小组长在某次小组集体活动开展前,有针对性地准备一份"小组活动布置会"的书面主持词;活动开始时,有意按备好的主持词来主持活动布置会;会后,征询组员对自己主持会议的看法(包括主持词)。

任务一 常规会议管理

了解酒店会议类型、会议纪律等内容,掌握会议的组织和管理等技能,是前厅管理者会议主持的基础。

了解会议主持的基本知识与流程,能够按照有效会议规范,圆满完成每日班前(后)例会、月总结会主持任务,是1+X职业技能等级(中级)认证考核内容。

子任务 1　数据安全分类

基础知识 ▼

1. 企业信息分级管理体系

在信息安全和数据安全领域，信息分级管理体系是酒店企业的基本做法。

（1）公开信息(Public Information)。免费提供给公众的信息，对社会、酒店企业以及宾客不会造成不良的影响，如酒店宣传材料、服务手册、网站上公布的信息、酒店地址、电话号码、客房数量、营业面积、经营特色等，这些信息不需要进行特别的控制。公开信息需要规范的发布流程，不确定级别的信息不是公开信息。

（2）机密信息(Confidential Information)。这是酒店内部信息的默认级别，即所有企业、客户信息，如果没有特殊发布和公开，默认处于机密级别。它既包括经营过程中的数据、报表、清单，也包括邮件、记录等，这些文件应标记为"机密"(Confidential)。

（3）保密信息(Restricted Information)。任何与法律、法规及合同有关的，或者会对社会、酒店造成重大损害的信息，如包含了个人姓名、地址、身份证号码、信用卡详细资料等的客户信息以及酒店采购合同均属保密信息。这些信息的访问是受限制的，只有相关人员在工作中"需要知道"时才可以访问。保密信息应仅在中央服务器存储，而不在笔记本电脑、移动硬盘或者邮件中存储。在完成电子文档、打印等操作后，该文件必须被销毁。

2. 超出企业范畴的信息分级

以上信息分级机制是针对酒店企业的，除此之外，酒店有些数据和信息超出了企业范畴，事关国家安全和社会安全。根据《中华人民共和国数据安全法》《中华人民共和国网络安全法》，还需要注意"保障网络安全，维护网络空间主权和国家安全、社会公共利益，保护公民、法人和其他组织的合法权益，促进经济社会信息化健康发展"。

※**小资料——酒店信息安全新要求新规定**

（1）2017年6月1日《中华人民共和国网络安全法》正式生效，2021年9月1日《中华人民共和国数据安全法》正式生效，2021年11月1日《个人信息安全法》正式生效。这些安全法的颁布实施，为酒店前厅信息安全管理提出了新的要求。

（2）《中华人民共和国刑法》规定，违反国家有关规定，向他人出售或者提供公民个人信息，情节严重的，处三年以下有期徒刑或者拘役，并处或者单处罚金；情节特别严重的，处三年以上七年以下有期徒刑，并处罚金。

实践操作 ▼

按照酒店或酒店集团的信息分类要求，对各种信息进行分析和分级（见表5-16）。

表 5-16　信息分析和分级的基本工作流程

步骤(Steps)	怎样做/标准(How/Standard)	提示(Tips)
(1) 获取信息	·对文件标题、安全分级、内容进行分析	·根据信息分级体系准确地分析
(2) 根据信息分级标识确定安全级别	·根据文件的信息分级标识确定安全级别 ·对文件没有标注级别的,默认为机密级别	·确定公开发布的(如新闻/报纸公开),才可认定为公开
(3) 根据信息内容对分级进行复核	·根据信息内容判断分级是否恰当 ·若有明显差异,应报相关部门审定	·所有涉及宾客信息的,均为保密级别
(4) 确认级别并执行分类管理制度	·根据酒店信息安全制度执行保密措施	·确定保密执行人和保密措施

※学生实训——宾客信息安全级别判断

酒店前台接待过程中,会接触到许多宾客信息,包括姓名、年龄、喜好、支付方式等,这些信息属于何种安全级别?为保护信息安全,在日常工作中应注重哪些内容?

子任务 2　密码安全管控

基础知识 ▼

1. 酒店密码安全原则

密码是登录各种系统的钥匙,在酒店有许多密码,如 PMS、发票系统、房卡系统、治安管理信息系统等,也有个人银行卡、电子邮件、手机等,保证密码安全等同于信息安全。密码安全基本原则是密码安全等同于信息安全和财产安全,从功能上看,密码既不要与任何人分享,还要经常更换。

2. 密码设置的要求

密码设置通常有五项要求:不要使用生日、电话号码和字典中的单词;长密码效果比短密码好;大写字母与小写字母混合效果好;在密码中增加数字;在密码中增加特殊字符。

实践操作 ▼

按照密码安全级别评估方法,对各种密码安全程度进行分析和分级(见表 5-17)。

表 5-17　密码使用与管理安全分析和分级的基本工作流程

步骤(Steps)	怎样做/标准(How/Standard)	提示(Tips)
(1) 写出 3 个过去使用过的密码	·3 个密码不同结构	·可提前设置提示
(2) 根据密码分级策略对所列密码安全级别进行评定	·应用所学知识分析密码安全级别	·分析密码安全注意要点

续表

步骤(Steps)	怎样做/标准(How/Standard)	提示(Tips)
(3)写出计划修改的密码	·写出3个新密码,并符合密码设置五项要求	·注意不要重复
(4)根据密码分级策略对新密码安全级别进行评定	·应用所学知识分析新密码的安全级别	·比较新旧密码的不同

※学生实训——密码隐患控制

分小组讨论日常生活中的各种密码,指出在密码管理时有哪些做法不符合密码安全管理规定,带来了什么安全隐患。

子任务3　恶意软件/钓鱼网站防范

基础知识 ▼

1. 钓鱼网站常见应对方法

(1)在酒店计算机中,只访问可信任的网站;禁止访问游戏、赌博、色情等网站。

(2)注意搜索引擎安全,且不下载不确定的文件,不打开邮件中的附件、链接,尤其是不要搜索、下载盗版软件、热门歌曲、热门电影等。

(3)不打开不能确定由来的邮件,尤其是称谓奇怪的邮件。

2. 钓鱼网站的辨识

(1)域名对比法:仔细查看自己所打开页面后的具体网址,而不是只看打开网页前的网址。若非官方域名,哪怕页面再相似,均可断定其为钓鱼网站。

(2)尝试输入法:当收到他人发送来的网址时,可以打开这个网站,一旦提示需要登录或者输入其他信息,则可随意输入一个用户名及密码;若此网站提示登录成功,则可断定其为钓鱼网站。

3. 酒店电脑/手机使用安全要求

(1)不要省掉安全控制(不安全的速度毫无意义)。

(2)禁止在酒店办公电脑上安装和使用非工作软件,包括游戏。

(3)培养安全地使用电子邮件和浏览网页的习惯。

(4)遇到任何可疑问题,向上级或IT部门反馈。

实践操作 ▼

按照信息安全管理要求,解决酒店计算机的恶意软件或钓鱼网站防范的问题(见表5-18)。

表 5-18 恶意软件/钓鱼网站防范的基本流程

步骤(Steps)	怎样做/标准(How/Standard)	提示(Tips)
(1) 在小组成员中调研,找到被恶意软件/钓鱼网站影响最大的一台计算机	・运用所学知识分析计算机被恶意软件影响的程度 ・使用360安全卫士等常用杀毒软件进行评估,找出健康指数最低的计算机	・可参考相关的计算机保护文件对计算机影响程度进行分析
(2) 查询并写出恶意软件或钓鱼网站名称	・应用所学知识进行查询及分析	・注意使用百度等搜索引擎,了解恶意软件和病毒防护的信息
(3) 尝试消除恶意软件影响	・运用正版杀毒软件、防火墙等工具,按照正确的操作程序进行操作	・注意保护计算机原有系统、文件
(4) 测试维护后的计算机	・测试计算机运行速度、便利性等	・彻底清除恶意软件,防止其反弹

※学生实训——系统安全控制

1. 使用360安全卫士或电脑管家等系统,对系统安全性进行评估。
2. 某台计算机受到恶意软件攻击,经常弹出非法广告,尝试解决这一问题。

子任务 4 信用卡安全管控

基础知识 ▼

1. 验证境外信用卡的注意事项

验证境外信用卡(如 Visa、Master、American Express)时须注意三个方面:

(1) 有效签字:信用卡背后签名部位必须有签字方为有效,无签字的无效;同时,此签字通常非常复杂,如果是非常简单的签字,此卡为无效卡的概率很高。

(2) 避免错觉:宾客在消费时必须签字,且入住登记单、消费水单、结账明细、信用卡签购单,加上信用卡背后的签名,五个签名必须完全一致才可以确认消费。国外信用卡并不设置密码,所以宾客并不需要输入密码。如果收银员要求宾客输入密码,宾客可以随意输入字符后点击确认,系统会返回密码成功信息,这会给酒店收银员造成错觉,误认为宾客密码输入成功,反而忽略了真正应该关注的签字审核。

(3) 拒付可能:国外信用卡存在拒付可能,拒付是指持卡人在支付后的一定期限内(一般为180天,对某一笔交易要求撤回),可以向银行申请拒付账单;对酒店企业,拒付原因除签字不符、未授权交易、恶意拒付等,"货不对版"是常见的拒付原因。例如,宾客预订房型为海景房,或者酒店网站图片为海景,但宾客入住后由于建筑遮挡、施工围挡、植物修剪等原因造成海景不好,宾客可以凭借照片举证,申请拒付。

2. 信用卡的安全管控

酒店前台需要对信用卡信息安全进行管控,须特别留意以下7个关键点:

(1) 格外注意境外信用卡,尤其发生大金额支付时,为确认境外信用卡有效,须认真核

对签字;

(2) 为防止境外信用卡拒付,除签字外,须留存宾客在各部门的消费签字及视频信息(可举证是宾客本人消费,可说明宾客消费并未有投诉等举动);

(3) 严禁员工使用不明设备刷取宾客信用卡;

(4) 防范有可能复制信用卡的行为,如禁止员工对宾客信用卡拍照、拓印、复印等,禁止留存信用卡卡号、安全号码(信用卡背面的 3 位数,美国运通是卡正面 4 位数)等行为;

(5) 绝对不使用任何电子方式发送信用卡的完整信息(最佳的传送信用卡信息方式是电话或传统纸质传真);

(6) 纸质资料只在必要时使用,且使用完毕后须销毁;

(7) 禁止在 PMS 中存储信用卡详细资料。

3. 信用卡的预授权

信用卡预授权是指商户在持卡人消费前先冻结一部分资金,消费完经持卡人签字后,商户才能正式扣掉这部分资金。与"消费－退款"不同,"预授权－退回"操作审核简便,而且不会发生佣金,非常适合酒店等消费场景。

预授权后续操作 1——确认消费:宾客结账时,酒店可以直接在预授权额度内扣除,扣去消费额,预授权剩余的额度恢复至信用卡。

预授权后续操作 2——取消预授权:通常有两种方式,第一种是持卡人主动与银行联系,申请取消;第二种是持卡人什么都不做,预授权会在 30 天内自动取消。

实践操作 ▼

按照信用卡的相关知识,完成对信用卡的有效评估(见表 5-19)。

表 5-19 信用卡有效性评估基本流程

步骤(Steps)	怎样做/标准(How/Standard)	提示(Tips)
(1) 评估卡的类型及相关信息	·根据发卡机构、卡片信息、银行卡号等区分卡片类型及发卡行	·注意借记卡(银行卡)、贷记卡(信用卡)的区别及联合发行卡的确认
(2) 审核卡的有效性	·根据卡的信息和验卡工作流程,评估卡片是否有效,确定消费所需流程和信息	·境外信用卡背面必须有签名,且卡的正面通常有激光防伪标志
(3) 审核消费信息	·根据卡的类型,实施消费操作	·境内卡看密码,境外卡看签名
(4) 整理票据	·及时整理签购单等票据	·须确保签字一致、号码有效

※学生实训——消费－审核模拟对抗

同学分组互相模拟,使用模拟银行卡、签购单等信息进行消费－审核模拟对抗,判断正确的组得分,判断错误的不得分,得分高者获胜。

子任务5 屏幕安全保护

基础知识 ▼

1. 屏幕安全保护

屏幕安全是指计算机、笔记本电脑和自助设备等在使用时注意屏幕安全,以防止被他人窥探而造成信息泄露。酒店企业在使用计算机处理机密信息和保密信息时,需要注意屏幕安全保护。

2. 屏保注意事项

为提高前台计算机屏幕安全等级,前台服务员应当注意以下几点:

(1) 前台计算机必须摆放在宾客看不见显示器的位置;

(2) 在查看机密信息和保密信息时,应采取预防措施,确保旁边有人也看不到(当同事正在处理机密、保密信息时应主动回避);

(3) 当输入密码时,应留心观察确保没有人在偷窥(当同事正在输入密码时,自己的目光应离开对方的屏幕和键盘);

(4) 离开计算机时,前台操作PMS的员工应注销PMS账号(而不是锁住电脑);

(5) 前厅的自助入住设备,需要注意减少其他人对操作者的窥探。

(6) 利用好屏幕防盗片,可以有效降低被窥探成功的概率。

实践操作 ▼

按照酒店信息安全管理要求,完成前厅计算机屏保安全评估的操作(见表5-20)。

表5-20 屏幕安全评估操作基本流程

步骤(Steps)	怎样做/标准(How/Standard)	提示(Tips)
(1) 选定自己的办公计算机	·根据所学知识进行安全性评估 ·再次确保其他人(包括同事)无法偷窥	·尝试分别对人脸识别机、自助入住机等设备进行安全测试
(2) 模拟高级别安全需求场景	·场景A:系统登录与密码输入,在输入电子邮箱、PMS等密码时,屏幕信息是否可被看到	·注意不同距离、不同角度、不同时机的窥探结果
(3) 模拟中级别安全需求场景	·场景B:在撰写电子邮件、聊天内容时,屏幕信息是否可被看到	·注意不同距离、不同角度、不同时机的窥探结果
(4) 模拟低级别安全需求场景	·场景C:在文字输入、排版时,屏幕信息是否可被看到	·注意不同距离、不同角度、不同时机的窥探结果

※**学生实训——屏幕安全保护测试**

同学分组互相模拟,在手机端测试屏幕安全保护的有效性,1名同学操作,3名同学尝试窥探屏幕信息,注意从不同距离、角度窥探。分别测试在密码输入、使用聊天软件时屏幕信息被窥探的可能性。

子任务6 宾客隐私保护

基础知识 ▼

1. 宾客隐私保护新要求

随着信息技术、互联网技术的快速发展,保护酒店、宾客的信息安全和隐私成为重要的新课题。尤其是于2021年11月1日起施行的《中华人民共和国个人信息保护法》,对酒店建立信息安全提出了新要求,需要酒店建立高标准的信息安全管理体系。

2. 酒店涉及的三种隐私

(1) 员工隐私:是指员工及管理层私人的信息,如薪资福利、档案及亲属关系等。

(2) 住客隐私:包含宾客的基本资料,如房间号、电话、姓名、房价及身份证号等;同时,酒店员工互相交流时也应避免涉及宾客的隐私;商务中心为宾客复印或打印资料时,应避免查看资料内容,转交给宾客时应反面朝上递给宾客;未经宾客允许,酒店员工不得随意进入宾客房间,这些都属于隐私的范畴。

(3) 酒店隐私:包含各部门的标准操作程序(SOP)、宴会及会议通知(EO)、备忘录、经营数据、福利政策、合作单位、房价体系等;同时,业主信息也是酒店隐私中的重中之重。

实践操作 ▼

按照酒店信息安全管理要求,完成前厅宾客信息分析和分级的操作(见表5-24)。

表5-24 宾客信息分析和分级的基本工作流程

步骤(Steps)	怎样做/标准(How/Standard)	提示(Tips)
(1) 获取宾客信息	·在测试前,注意对保密信息进行脱敏处理 ·对前厅服务流程进行分析	·对敏感数据进行加密处理,只有授权的人员可以解密
(2) 分析宾客信息	·分析哪些部门、做哪些工作时会接触到宾客信息 ·结合各部门及岗位工作流程和操作规范进一步分析、讨论所获取的宾客信息	·注意关注前厅接待处、总机、礼宾等对客服务关键岗位的工作流程和操作规范
(3) 分析泄露风险	·结合社会经验和工作经历,分析宾客隐私泄露可能带来的投诉或其他风险	·可结合搜索引擎、酒店典型案例等进行分析
(4) 分析保密制度	·符合酒店信息安全制度要求,能够落实保密措施	·可结合搜索引擎、酒店典型案例等进行分析

※学生实训——入住接待宾客隐私保护

(1) 某科学家因出席航天技术科研项目论证会活动入住酒店,为保护其隐私,前台应采取哪些措施?

(2) 张女士已入住酒店0803客房,22:00李先生自称是张女士的丈夫,而且持身份证、结婚证来前台找张女士,前台应当如何应对?

◆ 项目小结

本项目以前厅运营管理的思路,介绍了前厅部日常例会管理、工作现场督导、班组工作交接、前厅部内部及其与外部相关的业务沟通,还有公共场所安全管理、对客服务安全管控以及信息安全管理的内容,重点突出了前厅运营管理中的对客安全和信息安全管理,凸显了酒店行业的本质——服务于客,安全为本。

◆ 应用与提高

案例分析 ▼

一个"麻烦"宾客的包裹

某大酒店前厅部经理小吴,12:30左右被值班经理请去处理一起棘手的宾客投诉。有宾客称上午10:00—11:00在大堂沙发区与来访客人商谈事情后就离开了,把手提包落在那里,再回头找时包却不见了。值班经理联系保安查看10:00—11:00监控,未发现手提包,宾客很生气,认为酒店不安全。值班经理带宾客到前台备注此事,输入宾客房号时,电脑跳出"Trouble Guest"警示信息被宾客看到,宾客要求见酒店经理。

小吴让值班经理通过房卡系统查询一下宾客上午离开房间的时间,并让保安查看宾客出门时是否拿包。监控显示,宾客9:45拎包出房间,9:50到沙发区,9:54从洗手间返回沙发区时包不见了,10分钟后PA(保洁员)大叔进入洗手间,15分钟后拿着清洁工具出来。小吴在洗手间隔间找到包,询问PA大叔后得知,他看到这个包,以为失主会回来取所以未拿下。小吴把找到的手提包还给宾客并诚挚道歉,主动提出下次宾客入住免费升级豪华套房,事件处理完毕。

把学生分成4~5人一组,根据上述整个事件的过程,讨论这个酒店安全管理方面存在哪些问题,前厅经理的处理方式是否妥当。

课内实训 ▼

1. 某些酒店,宾客可使用酒店摆放在大堂的自助设备办理入住手续。这种自助入住的方式有没有可能造成信息泄露呢?如有可能,酒店又该如何做可以避免宾客的信息泄露呢?请对此展开讨论。

2. 某酒店的预订部收到了一封国外宾客订房的邮件,但邮件里有一个网站链接,要求员工点击该链接查看订房要求。如果你是前台预订员该如何操作?

课外拓展 ▼

1. 传统的泰勒科学管理的目的是提升工人劳动效率,目前和未来数字化时代的科学管理的目的是提升效率和满意度。请收集相关资料解答:泰勒的科学管理与数字化时代的科学管理究竟有哪些相同点和不同点?数字化时代的科学管理理论对前厅日常管理又会产生哪些影响?

2. 在前厅部的内外沟通中,为团队创建一个和谐的氛围是团队沟通的基础条件和基本目标。那么,请依据本项目模块二(业务沟通)的相关内容,概括出团队沟通的特点和团队沟通的障碍。

3. 无人酒店,未来已来。它全程没有任何人操作,没有大堂,没有经理,甚至连打扫卫生的保洁员(PA)都没有,有事情统统交给了人工智能。那么,在这种背景下,如何提升前厅对客服务过程中的信息保密工作效能?

项目六　前厅质量管理

◆德技并修

【立德树人】树立"服务质量是前厅存在、酒店发展生命线"的理念,做一名能够抓住酒店核心竞争力的关键、追求"以质量管理创建服务精品"的准职业人。

【应知理论】了解前厅服务质量标准的基本概念、客户关系管理的基本范畴。

【应会技能】掌握前厅质量常规管理的方法:服务质量标准的制定和全面质量管理(TQM)的量化、质量管理过程管控和质量检查工作分析、客户资料的建立与客户意见的征询、客户心理的分析和客户投诉的处理。

前厅服务质量管理是创建酒店精品、打造酒店核心竞争优势、促进酒店在激烈的市场竞争中处于领先地位的关键。本项目主要从前厅服务质量管理实施路径的角度,介绍了前厅质量管理主要内容、质量过程管理和客户关系维护等内容。

模块一　前厅服务质量管理

任务导入

"小报告"——预练前厅质量问题的发现能力

课前,以小组为单位集体阅读以下背景资料,并翻阅本项目(前厅质量管理)的相关内容后,写出一份总结式"小报告"进行组间传阅交流,字数控制在500字以内。

"小报告"专题:前厅服务事前事中事后管理之我见。

背景资料:在前厅服务质量管理的实际操作中,三种控制方式(事前控制、事中控制与事后控制)一般是结合起来使用的。事后控制是最基本、最普通的一种方式,但效果不如事中和事前控制好,在可能的场合应更多地采用事中控制和事前控制。曾有专家做过分析,中国企业以事后控制为主,美国企业以事中控制多见。

任务一　质量管理标准认知

前厅运营与管理需要不断提高前厅部的服务质量水平,了解、掌握前厅的服务质量基础知识和服务质量管理规范标准,是前厅服务质量管理事前阶段有效推进的基础之一。前厅部服务质量管理实效的关键,在于对服务质量管理内容和管理过程控制的效果。

了解前厅服务质量标准的概念、内容和特点,掌握前厅服务质量标准内容及其实施方法,能够按照服务质量标准实施的规范要求,完成质量管理工作,是1+X职业技能等级(初级/中级)认证考试的要求。

基础知识

1. 前厅服务质量的概念

前厅服务质量是指前厅服务人员依托前厅部的设施设备,为宾客提供的服务在使用价值方面适合和满足客人物质和精神需要的程度。前厅部服务既要满足宾客生活的基本需要,即物质上的需求;又要满足宾客的心理需要,即精神上的需求。

2. 前厅服务质量的特性

(1) 构成综合性。有关前厅服务的预订、办理入住、礼宾服务、离店结账服务等,所有服务环节都被纳入在内。另外,前厅服务质量受宾客需求变化的影响较大,又具有变动性。

(2) 内容关联性。前厅服务是有形产品和无形产品(劳动)的有机结合,有形产品质量是无形产品质量的凭借和依托,无形产品质量是有形产品质量的完善和延伸,两者相辅相成、和谐统一。

(3) 情感体验性。前厅服务质量的效益是多元的,优质的服务品质不仅给宾客带来更好的体验,也为每个员工提供更良好的发展和工作环境。

(4) 评价主观性。有形产品和无形产品质量的最终结果是宾客的满意程度,所以前厅服务质量的评判具有很强的主观性,受限于宾客体验。

3. 影响前厅服务质量的因素

(1) 科技水平。服务效率的高低除了和服务人员的能力有关外,还取决于信息的传递、流程是否顺畅等。如今,高质量的服务越来越离不开高科技设备的支持。

(2) 服务标准化。进入21世纪,标准化再次显示了在酒店行业强大的影响力,世界排名前十名的酒店均有一整套极为精细的标准化服务制度。

(3) 管理水平。前厅作为一个宾客最早接触和最后离开的服务性场所,为宾客提供的主要产品是服务,而前厅质量管理的实质是服务质量管理。

(4) 员工素质。不同素质的员工在工作中的表现会有很大差别。对宾客而言,前厅服务质量最直接的表现就是员工的素质;而员工最重要的素质是基本道德素质、职业道德素质和个人品德素质。

4. 前厅质量管理的关键点

(1) 培训和发展。提供全面的培训计划,确保前厅员工具备必要的专业知识和沟通技能。定期进行培训更新,以适应不断变化的市场和客户需求。

(2) 客户关系管理。实施客户关系管理(CRM)策略,了解客户需求、喜好和投诉,以个性化的方式提供服务。使用客户反馈来不断改进服务质量。

(3) 投诉处理。建立高效的投诉处理机制,确保客户的投诉能够迅速解决,并从中学习,以改善服务。

(4) 技术支持。部署先进的技术系统,如酒店管理系统、在线预订系统和自助服务终端,以提高效率、准确性和客户体验。

(5) 流程优化。定期审查前台服务流程,优化工作流程,确保效率和顺畅。降低宾客的等候时间,提升其办理入住和退房体验。

(6) 服务标准和制度。制定明确的前台服务标准和制度，确保所有员工遵守规定，提供一致的高水平服务。

(7) 应急准备。建立应急响应计划，培训员工在紧急情况下的处理能力，确保宾客安全，并提供迅速而有效的支持。

(8) 合作与协同。在前厅服务管理中，促进不同部门之间的协同工作，确保整个酒店团队共同努力，提供协调一致的服务。

(9) 员工激励和认可。设立激励制度，鼓励员工提供卓越的服务。通过员工认可计划，表彰和奖励在服务方面表现优秀的员工。

※小资料——前厅服务质量管理新概念和新理论

(1) 服务流程优化与再造。传统的前厅服务标准流程难以契合多变的宾客需求。从2024年起，酒店强调对SOP进行优化和再造；同时，要让SOP具有弹性，兼顾健康安全等新诉求与宾客个性化习惯，让流程更灵活，确保便捷且不干扰宾客。

(2) 传递核心服务价值。酒店服务不应仅停留在基础任务层面，需深挖核心价值。从服务设计起，各环节都围绕为宾客创造独特难忘体验，全方位规划，将价值融入前厅服务全程。

(3) 聚焦关键峰值服务。由于酒店资源有限，所以要依据峰终定律，借助价值曲线，从重要性和成本两个维度梳理服务。聚焦20%关键"峰值""终值"服务，选择重要且相对成本较低的服务进行量化和KPI(Key Performance Indicator，关键绩效指标)考核，集中资源将这些服务做到极致，以实现80%的价值提升。

(4) 强化期望差值管理。宾客期望与实际体验的差值决定服务评价。从线上营销到前厅接待，全程把控宾客期望，避免过度承诺，努力超越期望，提升满意度。

(5) 智能个性服务融合。大数据、人工智能兴起，酒店借技术分析宾客数据，提前洞悉偏好。前厅实现智能高效服务的同时，推送个性化欢迎语、定制服务套餐，满足多元需求。

(6) 绿色环保服务升级。社会环保关注度攀升，宾客青睐环保酒店。前厅采用环保装修材料、推行节能措施，引导宾客参与，降低成本的同时提升酒店社会形象。

实践操作 ▼

1. 能够按照1+X职业技能等级(初级)认证考核要求，掌握前厅服务质量管理基础知识(见表6-1)。

表6-1 前厅服务质量管理基础知识

步骤(Steps)	怎样做/标准(How/Standard)	提示(Tips)
(1) 了解前厅服务质量的内容	·前厅服务环境和设施设备质量 ·前厅员工服务态度/言行质量 ·宾客满意度感知倾向	·员工态度/言行：职业道德、职业礼仪、口头语、体态语及服务技术技能等 ·满意度倾向：宾客对前厅服务的事前期望与实际感受相对关系的心理状态

续表

步骤(Steps)	怎样做/标准(How/Standard)	提示(Tips)
(2)了解前厅服务质量的特性	·前厅服务构成的综合性 ·前厅服务内容的关联性 ·前厅服务情感的体验性 ·前厅服务评价的主观性	·前厅服务质量受宾客需求变化的影响较大,又具有变动性 ·无形产品质量是有形产品质量的完善和延伸,两者相辅相成、和谐统一 ·前厅服务质量的评判受限于宾客体验
(3)掌握前厅服务质量标准的内容	·服务程序与时限 ·服务环境与设施 ·服务态度与效果	·前厅服务通用标准:凡是宾客看到的必须是整洁美观的;凡是提供给宾客使用的必须是安全有效的;凡是表现出的服务态度必须是真诚友善的
(4)了解前厅服务基础性工作	·收集前期服务评价信息 ·制定服务项目规程 ·开展服务质量教育与培训 ·修正与优化服务规程	·评价信息收集要做到全面、客观、准确 ·项目规程的制定、修正和优化要遵循规范化、系统化、科学化及先进性,应是服务执行的标准 ·教育与培训要做到全员参与、全覆盖
(5)了解前厅服务质量的控制特点和控制环节	控制特点▼ ·全方位 ·全过程 ·全员参与 ·全方法 ·全效益	控制环节▼ ·事前检查 ·事中控制(层级控制/现场控制) ·事后反馈	·强调为了取得真正的经济效益,管理必须始于识别宾客的质量要求,终于宾客对他手中的产品感到满意 ·确保所有员工遵守规定,提供一致的高水平服务 ·特别注重宾客的服务体验结果及其分析 ·应鼓舞士气,增强员工的质量及精品意识

2. 能够按照1+X职业技能等级(中级)认证考核要求,掌握前厅服务质量管理标准内容的制定思路和实施途径(见表6-2)。

表6-2 前厅服务质量管理标准内容的制定思路和实施路径

什么(What)	主要内容(Contents)	提示(Tips)
(1)制定前厅服务质量标准的程序	·对宾客意见进行收集 ·对宾客需求进行预测 ·初步拟订质量标准 ·向宾客和员工收集反馈信息 ·制定并完善服务标准 ·不断优化服务流程	·前厅服务质量的高低,取决于宾客对服务质量的预期与实际感知之间的关系 ·员工是服务的执行者,服务质量的高低与员工的道德、知识、技能、心理和态度等关系密切
(2)前厅服务质量管理的体现	质量管理体系策划准备阶段▼ ·制定明确的质量管理目标和质量方针 ·明确各岗位和职位的质量责任 ·学习标准,统一认识 ·编写质量管理体系文件:质量手册/程序文件/质量记录 质量管理体系实施阶段▼ ·建立检查体系和质量信息反馈系统 ·推行质量保证制度/测评制度/奖惩制度 ·设计宾客意见调查表 ·统计质量管理简报 ·运用多种方法,实施有效的质量管理 ·做好提高服务质量的基础工作	·检查结果要及时上报、及时反馈、及时整改,要抓好预先、现场和反馈三个环节 ·将满足宾客需求及员工实际放在首位,注重服务中的"100-1=0" ·第一次就做对工作,质量越高,成本越低 ·质量管理工作要:事事有人管、人人有专责、服务有标准、检查有依据、培训有教材、赏罚要分明、奖惩要兑现 ·注重事后教育与培训

续表

什么(What)	主要内容(Contents)		提示(Tips)
(3) PDCA 循环	四个阶段▼ • 计划(Plan) • 实施(Do) • 检查(Check) • 处理(Act)	八个步骤▼ • 分析现状，寻找原因 • 分析问题，找出原因 • 分析原因，找出关键 • 针对问题，提出方案 • 落实计划，执行措施 • 对照方案，检查成效 • 巩固措施，建立标准 • 总结实施，循序推进	• PDCA 循环是美国质量管理专家沃特·阿曼德·休哈特(Walter A. Shewhart)首先提出的 • 随着更多项目管理中应用 PDCA，在运用的过程中发现了很多问题，因为 PDCA 中不含有人的创造性的内容，所以 PDCA 在实际的项目中有一些局限性
(4) 零缺点管理	• 建立服务质量检查制度 • 每一位员工第一次服务就把事情做好 • 开展零缺点工作日竞赛		• 检查方式包括：自查、互查、专查、抽查和暗查 • 关注员工业务知识和服务态度
(5) 全面质量管理(Total Quality Management，TQM)	"五全"要素▼ • 全方位 • 全过程 • 全员参与 • 全方法 • 全效益	五大目标▼ • 改善产品设计与生产流程 • 鼓舞士气和增强质量意识 • 提高市场的接受程度 • 降低经营质量成本 • 减少责任事故	• 全面质量管理的基本原理与其他概念的基本差别在于，它强调为了取得真正的经济效益，管理必须始于识别宾客的质量要求，终于宾客对他手中的产品感到满意
(6) 前厅服务质量的途径	• 树立正确的服务与管理观念 • 坚持标准化/制度化/数字化服务 • 推行个性化与多样化服务 • 把握前厅服务管理的关键环节 • 建立服务补救预警系统 • 实施适度的员工授权制度		• 必须注意的环节：制定明确的质量标准和严格的质检制度、强化全员服务意识、提高员工综合素质、重视质量反馈信息 • 应注意事前管理、事中管理和事后管理的过程控制

※学生实训——微演讲：我看酒店发展的生命线

各小组针对以下一段文字进行充分酝酿，然后选派一名代表进行一次"微演讲"。演讲主题：我看酒店发展的生命线。

在宾客的潜意识里，普遍有一种要享受特权的愿望，这种特权表现在"我是宾客，我需要你为我提供服务，我有权享受服务，我有权提出任何的要求"等。如果服务员用友好、热情的态度对待宾客，宾客的这种特权愿望就得到了满足；如果服务员没有微笑、表现得不耐烦或对宾客的要求不理不睬，那么必然导致宾客觉得没有享受到服务的权利。在这种情况下，任何一个小的服务过失，都会导致宾客对服务的强烈不满，所以，酒店的管理者都把服务质量的管理当作酒店发展的生命线。

要求：能结合本教材服务编前厅对客服务的某个具体任务展开演讲，时间控制在 5 分钟左右。

任务二　全面质量管理量化

前厅全面质量管理是从全方位、全过程、全人员、全方法和全效益入手,以提供最优的前厅服务为目的管理活动,需要采用科学的管理办法才能落实到位。按照前厅服务质量管理相关原则和标准,掌握推行前厅全面质量的步骤与方法,是前厅全面质量管理量化的前提。

基础知识 ▼

1. 前厅部全面质量管理的内涵

现代酒店前厅的全面质量管理,是从酒店系统的角度出发,把前厅部作为酒店的一个部分,从前厅服务的"五全"(全方位/全过程/全人员/全方法/全效益)入手,以提供最优的前厅服务为目的,以前厅服务质量为管理对象,以一整套前厅服务质量管理体系、技术和方法而进行的管理活动。其目标必须放在五个方面:改善产品设计与生产流程、鼓舞士气和增强质量意识、提高市场的接受程度、降低经营质量成本和减少责任事故。

2. 前厅部全面质量管理的原则

(1)员工第一,宾客至上。服务产品的种种表现形式均需要前厅部员工处于精神最饱满、心情最舒畅的状态下才能生产出一种宾客最为满意的优质服务产品。宾客是服务质量的裁判,而员工是服务质量的提供者和保证者,是前厅部管理中最重要的因素。

(2)教育为先,预防为主。根据前厅部的不同岗位要求和服务质量标准,按照酒店人力资源管理计划,有步骤、主动、合理、灵活地向员工灌输正确的政治思想、职业道德及酒店的各种观念和意识。

(3)共性管理+个性管理。前厅服务质量管理既有共性问题,又有个性问题和个性化服务。从全面质量管理的角度来看,主要是要抓住带有共性的、全局性的问题,同时又要重视影响服务质量的个性问题。

(4)定性管理+定量管理。前厅全面质量管理可以将定性管理和定量管理结合起来,以定量管理为主。能够定量的质量问题、质量标准尽可能定量。特别是在质量检查、考核评估中,要尽量运用质量统计数据来说明问题,以此来提高前厅质量管理的客观性和科学性。

(5)始于宾客需求,终于宾客满意。全面质量管理的基本原理与其他概念的基本差别在于,它强调为了取得真正的经济效益,管理必须始于识别宾客的质量要求,终于宾客对其手中的产品感到满意。

※小资料——质量管理过程中的授权

为保证酒店的服务质量,在一线的前厅工作人员包括接待员、礼宾员等是要被赋予合理的授权的,从而可以使得他们在给客人服务过程中快速地做出决定,保证客人的满意度。酒店可通过正式的授权文件或职责分配给基层员工进行授权。这可以包括明确的岗位描述、任务清单、授权矩阵或质量管理手册中的规定。重要的是确保授权的透明性和清晰度,以防止混淆和误解,确保所有相关方都了解其质量管理职责和权利。在授权过程中,酒店管理团队需要确保被授权的人员接受过必要的培训并具备相关资格,以胜任其被授予的权利和应该承担的质量管理职责。此外,还要注意授权后需要对被授权的员工进行监督和评估,以确保被授权的任务得以有效执行。这可以通过定期审查、绩效评估和报告机制来实现。

实践操作 ▼

按照前厅服务质量管理相关要求,掌握前厅部全面质量管理的目标量化管理标准(见表6-3)。

表6-3 某酒店前厅部全面质量管理的量化目标

岗位(Post)	目标(Target)
(1) 前台	· 领班每班次与当班人员办理宾客入住和离店结账手续时是否按照标准操作打分 · 主管、经理每天有5人次的评分记录并记录到月底进行总评选出前三名 · 一个月1封表扬信,30封宾客意见书 · 房间双重出售(Double Check-in)每个季度不超过一起 · 房租扣减每季度不超过3次;审计报告每天不超过3人次 · 客人投诉每月不超过2起
(2) 礼宾部	· MOD(Manager On Duty,店值经理)检查记录,违纪现象每月不超过2次 · 每月搜集宾客意见书30封、表扬信10封;服务投诉每月不超过1起 · 物品转交、行李寄存全年无差错,行李服务、订车服务的投诉每季度不超过1次 · 宾客月满意度为90%
(3) 服务中心	· 转接电话无差错;叫醒服务全年无差错;能进行英语口语服务 · 宾客投诉每月不超过1次;值班经理检查,违纪现象每季度不超过1次 · 宾客月满意度为90%
(4) 值班经理	· 每天有5人次按SOP(Standard Operating Procedure,标准操作程序)操作标准检查打分,分别为:前台2人次、礼宾部2人次、服务中心(商务中心)1人次 · 每天前台对客服务2小时,每个礼拜至少有2次平账交班 · VIP跟进失误每季度不超过1次;检查记录,违纪现象每月不超过5次 · 生日祝福、送蛋糕、发短信为100%,每天搜集宾客意见书1封,每月表扬信5封 · 投诉处理率100%
(5) 车队	· 接送机准确率100%,车辆运行无重大安全事故 · 无超速罚款记录,车辆运行小事故每季度不超过1次 · 宾客投诉每季度不超过1次;值班经理检查,违纪现象每季度不超过1次 · 宾客月满意度为90%

※学生实训——市场调研

请将学生分成组,每组4~5个人调查当地酒店的前台接待员量化指标有哪些。

任务三　质量管理过程控制

前厅服务质量管理过程管控,就是最大限度地降低潜在的可能发生的服务质量问题,时时监控正在发生的状况,避免状况向严重化发展,并在过后采取及时必要的补救措施。前厅服务质量管理的事前管理(预先控制)、事中管理(现场控制)和事后管理(反馈控制)的内容与标准,是保障提高前厅服务质量的基础。

基础知识▼

1. 事前过程管控原则

(1) 以宾客为导向。将宾客需求和体验置于服务设计和提供的核心位置。

(2) 标准化流程。需要制定详细的前厅服务 SOP,明确每项任务的标准步骤和执行要求。

(3) 培训与发展。为前厅员工提供全面的培训,包括服务态度、职业礼仪、人际沟通技巧、问题解决能力、个人职业发展规划等。

2. 事中过程管控办法

实时监控,利用监控系统、客户反馈工具等手段实时监控前厅服务表现。主动收集客户反馈,借此改进前厅服务程序、标准等。对客户的投诉和建议做出迅速回应,并采取措施防止问题再次发生。及时发现问题并采取纠正措施,以确保前厅服务质量的高品质。

3. 事后过程管控改进

将持续改进的理念融入前厅服务管理中,定期进行前厅服务质量审核,评估前厅服务的执行情况,找到改进点,确保前厅服务质量不断提升。

实践操作▼

按照服务质量标准实施的规范要求,以及服务质量管理事前、事中、事后过程中的主要管理手段,完成前厅质量管控工作(见表 6-4)。

表 6-4　前厅服务质量管理中的过程管控内容与标准

什么(What)	主要内容(Contents)	主要标准(Standard)
(1) 事前管理 (预先控制)	·管理者通过对前厅服务情况的观察、预测和分析,预计可能出现的问题并防止其发生	·将对扰动因素的预测作为控制的依据 ·对生产系统的未来行为有充分的认识 ·依据反馈信息制定行动计划和控制方案
(2) 事中管理 (现场控制)	·管理者对酒店前厅业务进行过程中的控制,要决策迅速,执行有力,保证及时控制,对现场的督查与控制有严格的标准	·以计划执行过程中获取的信息为依据 ·要有完整的、准确的前厅统计资料和完备的现场活动信息 ·要有高效的前厅信息处理系统

续表

什么(What)	主要内容(Contents)	主要标准(Standard)
(3)事后管理（反馈控制）	·管理者在酒店经营业务活动结束后，将前厅实际工作结果与预定目标相比较，找出偏差，分析产生差异的原因，提出整改措施	·以计划执行后的前厅信息为主要依据 ·要有完整的前厅统计资料 ·要分析前厅部内外部环境的干扰情况 ·对计划执行情况的分析要客观，控制措施要可行，确保下一轮计划执行的质量

※学生实训——超预订预案的拟订

某酒店当下预订实况显示：下周一酒店客房入住率为99%，其中双床房超预订5间，值班经理根据经验估计：酒店下周一会满房，届时无法满足某些预订了双床房的宾客的要求。针对这种情况，各小组讨论拟订一旦发生值班经理估计的情况时的解决方案。

任务四　质量检查工作分析

前厅部质检组工作的主要职责是通过计划、组织、指导、协调、控制、监督、检查等手段保证前厅部质量管理目标的实现，以促进酒店规范化运营和服务质量的提高。对前厅部质检工作的分析，主要包括质检报告撰写（质检过程记录）和对质检报告内容的分析两大部分。这是前厅服务质量管理事中阶段必不可少的重要环节之一。

基础知识 ▼

1. 前厅质检工作的依据

（1）前厅内部依据。前厅质检工作主要依据酒店企业的行业标准、酒店制度、工作原则以及前厅部职责、前厅岗位职责、前厅部门管理规范。

（2）前厅外部依据。执行标准主要有2023版《旅游饭店星级的划分与评定》及《酒店行业服务礼仪规范》等相关行业标准。执行的制度可以是酒店企业的《管理手册》《程序文件》《员工手册》及《质检奖惩条例》等。

2. 前厅质检工作的原则

前厅部的服务质量检查工作一般可坚持"结合实际、对标检查、公开公正、人人平等、一视同仁"的原则，坚持以酒店企业领导、质检人员、部门经理、值班经理四级检查相结合开展质检工作。

3. 前厅质检工作的流程

前厅部的服务质量检查工作流程：研究问题→提出要求→确定程序→进行培训→分工执行→检查监督→发现问题→采取措施→再行培训→跟踪检查→落实措施。

实践操作 ▼

根据前厅质检工作的依据和原则，对前厅服务质量进行检查与分析（见表6-5）。

表 6-5 前厅服务质量的检查与分析规范

步骤(Steps)	怎样做/标准(How/Standard)	提示(Tips)
(1) 记录	·在每次服务质量检查结束后,对照酒店管理模式与前厅部服务操作规程,详细记录检查现场实际状况,涵盖服务员在接待服务规程中的违章言行、表情反应、操作失误等细节,包括事件发生时间、涉及人员等信息 ·所有记录需保持客观,不夹杂主观判断与评论	·务必仔细观察,不放过任何细微问题 ·记录语言要精准、平实,确保能还原现场真实情况
(2) 整理	·组织报告内容时,摒弃个人情感因素,不夸大或缩小问题,不随意取舍检查内容 ·清晰记录检查时间、地点、场合、人物及事情完整经过 ·报告语言应采用陈述性、写实性表述,简洁明了,同时遵循规范格式	·内容整理要全面、公正,格式可参考酒店内部统一的报告模板,保证报告的专业性与可读性
(3) 找出对策	·以特定问题,如"为什么接待台内客用保管箱有明显的损坏痕迹""怎样处理好以上问题"等为切入点,对保管箱相关环节进行全面分析 ·从保管箱的日常使用频率、维护保养机制、员工操作规范、报修流程等方面入手,找出问题根源,进而制定一次性解决酒店"所有的保管箱的问题"的综合方案	·分析问题要深入,多维度思考,确保提出的对策具有可操作性、全面性与长效性,能从根本上解决同类问题

※学生实训——撰写学习质量报告

以小组为单位,对本模块的任务二(全面质量管理量化)、任务三(质量管理过程控制)、任务四(质量检查工作分析)中"实践操作"的掌握情况做系统总结后,写出一份简易的"前厅质量管理技能学习质量评估报告"(重点是任务三和任务四),交于教师做进一步定性分析。

模块二　前厅客户关系管理

任务导入

课堂演练——客户投诉处理

前厅客户关系管理(CRM)是酒店服务质量管理不可分割的一部分,对酒店的知名度和美誉度产生着不可估量的影响。其一般主要涵盖客户资料建立、客户意见表设计与意见征询、客户消费心理分析、个性化服务管理以及宾客投诉处理五个方面。

1. 课前,以小组为单位集体阅读以下背景资料,并翻阅本模块任务三处理投诉的相关内容,给出处理投诉的方案并在课堂上演示。

背景资料:宾客甲在下午 3:00 抵达酒店,前台接待员为其办理了入住手续,房号为 7450。而晚上 11:00,累得疲惫不堪的宾客乙赶到酒店要求入住,前台接待员不想让宾客乙久等,就快速为其办理了入住手续,给了宾客乙一张标有房号为 7450 房间的房卡,宾客乙便拿着这张房卡直奔7450客房。可当宾客乙顺利地进入房间打开电灯开关的瞬间,突然发现床上猛地坐起一个人,宾客甲和宾客乙同时吓得大叫。宾客乙迅速退出房外冲向前台投诉,同时服务中心也接到宾客甲打来的异常愤怒的投诉电话。

2. 每小组在课堂演示时,其他学生认真观察该组处理投诉的方式方法及需要改进的地方,之后任课教师进行点评。

任务一　客户资料建立

客户资料建立,是客我关系维护的重要内容之一,是前厅进行良好客户关系管理的基础。了解客户资料的基本类型,掌握客户资料的收集途径、征询方法,能够完成客户资料录入、建档工作,是1+X职业技能等级(初级)认证考核的要求。

基础知识 ▼

1. 前厅部客户资料的基本类型

(1) 常规资料。包括宾客姓名、国籍、单位名称、出生日期、婚姻状况、性别、职务等。

(2) 消费特征资料。包括客房种类、房价、餐费,宾客在商品、娱乐等其他项目上的消费,宾客的信用卡账号,宾客对服务设施的要求、喜好等。

(3) 预订资料。包括预订方式、介绍人以及订房的季节、月份、日期和订房的类型等。

(4) 个性资料。包括宾客的性格、爱好、生活习俗、宗教信仰、生活禁忌、特殊要求等。

(5) 反馈意见资料。包括宾客对酒店的表扬、批评、建议和投诉记录等。

2. 前厅部客户资料收集的常规途径

前厅部对客户资料收集的常规途径,一般主要集中在前厅接待工作、值班经理工作和酒店媒体工作上。

(1) 前厅接待工作。前台通过预订单、办理入住登记和退房结账等收集有关信息。

(2) 值班经理工作。值班经理每天拜访宾客,了解并记录宾客的服务需求和对酒店的评价,接受并处理宾客投诉。

(3) 酒店媒体工作。酒店有关部门及时收集宾客在报刊、电台、电视台、微博、短视频等媒体上发表的有关酒店服务与管理、声誉与形象等方面的评价。

3. 前厅部客户资料管理方法的革新

在数字化新技术的支持下,前厅部的客户资料管理方法不断革新,能够更高效、精准地服务客户,提升酒店运营水平。

(1) 多元智能采集。多渠道整合:在线预订平台、官网、社交媒体、移动应用协同,自动汇聚客户姓名、联系方式、房型偏好等预订信息,像在线旅游平台预订数据能实时同步至酒店系统;智能设备助力:智能前台、自助入住机通过扫描证件、人脸识别录入资料,还能抓取宾客在酒店内使用智能设施的行为数据,完善使用习惯等信息。

(2) 安全存储管理。云端存储:运用云技术存资料,酒店摆脱本地存储局限,无惧数据丢失,各门店可经安全网络随时调取,如连锁酒店集团统一云端管理资料;加密限权:加密传输与存储客户数据,依员工职责设不同访问级别,前台接待仅能处理宾客基本入住信息,经理才可查看敏感、全面消费记录。

(3) 深度数据分析。精准画像:大数据技术整合多维度客户资料,构建含年龄、职业、消费习惯等信息的3600画像,支撑精准营销与个性服务,如针对高频预订行政套房的商务客推介专属套餐;需求预测:借分析模型,依历史与市场趋势,预测客户预订时间、房型选择,旺季前预估客源地预订量,提前调配客房与人力。

(4) 自动更新维护。实时同步:客户信息变更,如用移动应用改联系方式或入住产生新消费,系统自动更新档案,确保资料及时、准确;定期清理:系统定时清理重复、无效数据,算法识别长期未入住且失联的客户资料,归档或清除,提升管理效率。

实践操作 ▼

按照酒店信息安全管理要求,完成客户资料录入、建档的操作(见表6-6)。

表6-6 前厅部建立客户资料的基本工作流程

步骤(Steps)	怎样做/标准(How/Standard)	提示(Tips)
(1) 客户资料收集	·通过常规途径收集客户资料并录入	·注意客户资料的完整性
(2) 客户资料分类	·将收集到的客户资料按照不同类型分类存储	·注意不能混淆客户资料类型
(3) 客户资料应用	·根据不同情况科学应用相关客户资料	·特别关注个性化需求的资料
(4) 客户资料更新	·及时清理过时资料,补充最新资料	·注意客户资料的时效性
(5) 客户信息保密	·对客户信息不做与工作无关的泄露	·清理的纸质资料须销毁

※学生实训——客户资料管理

分小组,分别扮演教师、学生角色,采用问答形式,复习客户资料相关知识:
(1) 前厅部建立客户资料的意义是什么?
(2) 前厅部客户资料的基本类型有哪些?
(3) 前厅部客户资料的收集方法和管理方法主要有哪些?

任务二 客户意见征询

客户意见征询,是酒店客户关系管理的重要内容之一。前厅部员工要了解客户意见的基本类型,掌握客户意见的征询方法和规范要求,才能保证完成酒店客户关系维护的基本工作。了解客户意见的基本类型,掌握客户意见的征询方式,能够按照客户意见征询规范要求,完成客户意见征询工作和客户关系管理工作,是1+X职业技能等级(中级)认证考核的要求。

基础知识 ▼

1. 客户意见的基本类型

客户意见类型,根据不同角度,基本上有以下划分:

(1) 根据酒店产品划分:对软件的评价和对硬件的评价。

(2) 根据酒店部门划分:对服务部门的评价和对酒店总体的评价。

(3) 根据客户满意度划分:非常满意、满意、基本满意、不满意和非常不满意。

2. 客户意见征询主要方式

(1) 现场交流。入住问讯:客户办理入住时,前台礼貌询问对酒店的期望与特殊需求,如房间偏好,提前优化服务安排;离店访谈:退房时,工作人员直接询问入住体验,包括房间设施、卫生、服务质量等,追问深挖意见。

(2) 纸质问卷收集。前台发放:退房时,前台发问卷,可当场或带回填写。当场填时,工作人员答疑保障问卷完整;客房投放:客房内放置意见征询表,设评分与建议栏,方便客人安静填写,获取客观反馈。

(3) 电子问卷调研。邮件推送:预订成功或离店后,邮件发问卷,说明目的并附优惠,设逻辑跳转与自动统计,便于分析;在线平台发布:在官网、APP、第三方旅游平台发布,关键节点推送提醒,利用平台功能了解评价趋势。

(4) 社交媒体与在线评论关注。官方账号互动:留意官媒账号留言、评论与私信,及时回复并整理意见,或主动发文邀宾客讨论,收集建议;第三方平台监测:紧盯第三方平台宾客评价,回复"好差评",重视问题建议,展现改进态度。

(5) 间接及内部收集。神秘客探秘:酒店雇"神秘客"扮作宾客消费,按标准观察前厅服务,结束提交报告,揪出服务漏洞;员工座谈反馈:定期组织前厅员工开会,收集他们在工作中听到的客户意见,管理层据此分析改进。

3. 客户意见表设计的基本要素

客户意见表的设计,必须要由以下基本要素组成:标题、问候、邀请和感谢、客户基本情况、正文、落款签字和日期(详见项目四模块一之任务二)。

实践操作 ▼

1. 运用电话拜访的方式,完成客户意见征询工作(见表6-7)。

表6-7 客户意见电话征询的基本工作流程

步骤(Steps)	怎样做/标准(How/Standard)	提示(Tips)
(1) 问候招呼,道明来电之意	·主动问候客户,符合电话礼仪要求 ·解释电话拜访之意(某一活动)	·热情主动,把握电话礼仪分寸 ·结合某一活动来进行效果更佳
(2) 征询意见	·根据事先设计好的问题来咨询 ·专心倾听,做好记录	·事先设计好问题,便于沟通顺畅 ·不要轻易打断客户讲话

续表

步骤(Steps)	怎样做/标准(How/Standard)	提示(Tips)
(3) 表示感谢	·感谢客户的积极配合	·诚挚感谢,自然不造作
(4) 及时反馈	·将征询到的意见反馈到管理层级相关部门	·反馈务必及时、准确

2. 按照客户意见表设计规范要求,完成客户关系管理工作(见表6-8)。

表6-8 客户关系管理(CRM)工作基本流程

步骤(Steps)	怎样做/标准(How/Standard)	提示(Tips)
(1) 设计客户意见表	·根据客户管理目标以及客户意见表设计规范,设计客户意见表	·表格设计详见项目四模块一之任务二 ·可以是纸质版,也可以是电子版
(2) 收集客户意见	·及时收取客户意见表	·不要拖延,注意分类
(3) 反馈客户意见	·对于客户的不满意见,应了解客户意见发生的原因和经过,并提出解决方案 ·对于客户满意的意见,应再接再厉	·要有鼓励客户积极填写意见表的措施 ·反馈前,重视对各种经营数据的分析 ·从深层次分析原因
(4) 完成CRM工作	·给客户良好体验,维护好客我关系 ·提高客户满意度,培养客户忠诚度	·及时跟进,切实维护与客户的情谊 ·要预测酒店市场需求和经营状况

※**学生实训——召开座谈会**

教师提出要求:分小组,采用座谈的形式探讨、交流自开学以来对本课程的学习效果,并针对教师的教学组织行为提出意见或建议,整理后交于教师。

任务三 客户消费心理分析

人们的酒店消费行为是在其消费心理的支配下发生的,并会随着消费心理的发展变化而发生变化。客户是酒店经营活动围绕的主体,是酒店业的服务对象,了解客户消费心理的发生、发展及变化规律是非常必要的。

1+X职业技能等级(中级)认证考核要求:了解客户消费心理学的基本常识,掌握客户消费心理分析方法,能够根据分析任务完成客户消费心理分析报告。

基础知识 ▼

1. 消费者心理的概念

消费者心理是消费者消费心理和购买心理的总称。消费者购买商品的一般心理过程包括对商品的认识过程、情绪和情感过程、意志过程。影响消费者购买心理的主要因素有:商品本身的因素、宣传的影响、消费服务因素以及外部环境的影响等。

2. 客户消费心理

客户消费心理,一般指求实心理、求美心理、求新心理、求利心理、求名心理、仿效心理、偏好心理、自尊心理、疑虑心理、安全心理、隐秘心理11种心理。

3. 客户消费心理分析的内容

分析客户的消费心理，就是研究客户在酒店消费行为产生的规律，分析客户对酒店的感觉、在酒店的消费动机、对酒店的态度、客户的情感及其审美心理等，了解心理因素对客户消费行为的产生、酒店产品的选择和酒店服务心理效果的影响。总之，酒店员工一方面要分析客户的个性心理因素，另一方面要分析客户所处的外部环境对客户消费行为的影响。

4. 客户消费心理分析的方法

（1）观察法。消费心理学、营销心理学研究最基本的方法，分为直接观察法、仪器观察法、事后痕迹测量法。

（2）调查法。消费心理学研究中应用最广泛的方法，主要包括问卷法和访谈法。

（3）透射法。研究者以一种无结构性的测验引出被试者的反应，以考察其所投射出的人格特征的心理测验方法。

（4）数据分析法。利用大数据构建客户画像，分析消费行业，还可通过社交传媒和在线评论监测舆情、挖掘内容、分析情感。

实践操作 ▼

根据前厅销售酒店产品与服务需要，完成客户消费心理分析及其报告的撰写（见表6-9）。

表6-9 客户消费心理的分析及其报告撰写的基本流程

步骤(Steps)	怎样做(How)	提示(Tips)
（1）确定研究目的和范围	·确定报告的目的和受众 ·确定要研究的客户群体和市场范围	·判断客户消费心理属于哪一类 ·判断客户在酒店的消费动机
（2）收集数据	·收集客户的基本信息、购买行为、偏好、态度和心理动机等方面的数据	·数据收集应包括调查、访谈、观察和市场研究等多种形式和方法
（3）数据分析	·对收集到的数据进行整理和分析，分析客户的购买决策过程、影响因素、行为模式和心理需求等	·应明确报告采取何种方法进行客户消费心理分析；还需根据相关信息商量讨论后确定报告内容
（4）撰写报告	·根据数据分析的结果编写报告，确保报告结构清晰、内容连贯	·报告应包括概述、研究方法、数据分析、主要发现和结论等部分
（5）提出建议和策略	·根据数据分析的结果，提出针对性的建议和策略	·建议和策略应该与酒店的市场营销和业务目标相一致，具有可操作性和实施性
（6）审阅和修改	·对报告进行审阅和修改，确保内容准确、清晰、完整	·确保报告的语言简洁明了，逻辑清晰，避免术语和专业名词的过度使用
（7）最终呈现和交付	·最终呈现报告给相关利益相关者，包括酒店市场营销团队和其他相关部门	·确保报告的交付方式和呈现方式符合受众的需求和偏好

※学生实训——案例分析＋报告撰写(一)

案例：

一辆出租车在酒店门口停下,门童小方赶忙上前为宾客拉开车门,车内的刘先生正准备付车费,小方等了一会儿,不见刘先生出来。原来,刘先生身边只有港币和美元,而司机只收人民币。小方见状,问清打车费后立即从口袋里掏出45元人民币给司机,并对刘先生说："先生,我先帮您把车费垫上,等您兑换后再还给我好了。"刘先生连声道谢。

刘先生匆匆走进大堂,径直来到收银处说道："小姐,帮我兑换5 000港币和2 000美元好吗？"兑换员："很对不起,先生,现在已没有那么多现金了。"

刘先生："这怎么办？兑换不了人民币我也没有办法交押金住店呀,我还得抓紧时间买礼物送给朋友呢！"兑换员："先生,要不这样吧,你把港币和美元给我,我写张水单给您,您马上去银行兑换,等您兑换了之后再更换,您看这样可以吗？"

刘先生："好,好,那真是太好了,谢谢你了,谢谢你们酒店！"

要求：分析以上案例,撰写一篇简单的客户心理分析报告。

任务四　客户投诉处理

投诉处理是酒店客户关系管理的重要组成部分,有利于酒店提高服务和管理水平。酒店员工要了解客人投诉的真正原因才能解决好投诉并让客户满意。

了解投诉处理的基本类型,掌握客户投诉处理的规范要求,能够按照客户投诉处理的规范要求,完成客户投诉处理,是1＋X职业技能等级(中级)认证考核的要求。

基础知识 ▼

1. 客户投诉的心理和特征

(1) 客户投诉的一般心理：求尊重、求发泄、求补偿。

(2) 客户投诉,普遍存在的特征：突发性并要求迅速回应与解决、要求酒店予以重视和尊重、投诉频率具有不确定性。

2. 客户投诉的类型和原因

(1) 类型：对设施设备的投诉；对服务项目及质量的投诉；对服务态度的投诉；对酒店经营规定及制度的投诉；有关异常事件的投诉(非酒店原因)。

(2) 原因：酒店方面的原因引起的投诉；客户方面的原因引起的投诉；第三方原因引起的投诉,如恶劣天气、航班改期或取消等。

3. 投诉处理注意事项

(1) 保持冷静。如在公共场所,客户情绪激动,首先要使其平静下来,并带离公共场合,以免影响其他客户。

(2) 分析原因。重视并认真倾听客户的投诉,做好记录；了解整个事件的过程,同时向有关人员了解事情的细节,分析产生投诉的原因。

(3) 解释致歉。如果客户的投诉是正确的,应立即道歉,并采取措施,妥善处理。如果客户的投诉是因为酒店的服务质量问题,必须诚恳地向客户道歉(可能的话,给予客户适当的补偿);如果是因为客户不清楚酒店的规定造成了误会,应向客户解释清楚,直至其满意为止。

(4) 及时回复。一时解决不了,应留下客户的姓名、联系电话,待事情解决后给客户一个回复;如解决不了也给客户一个回复,说明原因,询问客户是否需要其他协助。

(5) 态度积极。相信客户的投诉是对酒店抱希望才提出的,要以积极的态度对待之,使其转化为对服务工作的有力促进;即使个别客户极尽挑剔,也应尽力满足其要求。

(6) 礼貌友善。在处理整个投诉过程中都应保持礼貌、友善和谅解的态度,事后采取有力措施防止类似问题再度发生。

(7) 慎对刁难。如果客户有刁难的性质,须保持清醒的头脑,在客户面前保持低姿态,学会处理问题的技巧。

实践操作 ▼

根据处理投诉的原则,能够完成一次前厅客户投诉处理工作(表6-10)。

表6-10 前厅客户投诉处理的基本工作流程

步骤(Steps)	怎样做(How)
(1) 及时响应	·借助数字化监控工具,实时监测各平台客户投诉,1~2小时内初步回应,让客户感知被重视,防止其因久等而加剧不满
(2) 调查核实	·利用酒店内部数字化系统(如CRM、客房管理系统),快速收集客户投诉相关信息,如历史入住记录、消费明细、房间状态,为处理投诉提供依据
(3) 确定沟通方式	·按客户偏好选择电子邮件、短信或在线客服等渠道沟通;沟通时语言专业礼貌诚恳,不用生硬模糊措辞,注意保护客户隐私
(4) 提供解决方案	·依据调查结果,参考酒店过往类似投诉案例,针对客户特殊需求,提供如升级房间、赠送餐饮券、给予积分奖励等个性化补偿或改进方案
(5) 反馈与跟进	·方案实施后,通过数字化手段及时向客户反馈结果并跟进,处理后1~2天内再次联系,确认客户满意度,收集其对酒店其他方面的意见建议
(6) 数据记录与分析	·把投诉详情、处理过程及结果录入酒店数字化系统,形成投诉案例数据库;定期分析数据,总结投诉类型、原因与趋势,挖掘酒店运营潜在问题,采取针对性措施减少投诉
(7) 进行员工培训	·借助数字化培训平台,以模拟投诉场景、剖析案例等形式,强化员工投诉处理技能培训,提升其在数字化环境中快速处理信息、高效在线沟通等应对投诉的能力
(8) 品牌维护	·处理投诉时要维护酒店品牌形象;公开回复、私下沟通,都要展现专业素养与积极态度,避免不当处理引发负面舆情、损害品牌价值

※学生实训——案例分析+报告撰写(二)

案例:某日傍晚,某旅游团结束了"海口一日游",回到了下榻的酒店。然而,不到10分钟,旅游团的一位中年女领队就光着脚来到大堂,怒气冲冲地向前台投诉客房服务员。原

来,早晨出发时,这位女领队要求楼层客房服务员为房间加一卷卫生纸,但这位服务员却只将这位宾客的要求写在了交班记录本上,并没有向接班服务员特别强调指出,下一班次的服务员看到客房卫生间内还有剩余的半卷卫生纸,就未再加。结果,这位宾客回来后,勃然大怒。无论前台的几个服务员如何规劝、解释,她依旧坚持光着脚站在大堂中央大声说:"你们的服务简直糟透了。"引来许多宾客好奇的目光。

要求:按照客户投诉处理流程,对上述案例的投诉进行有效处理,并撰写一份投诉处理结果报告。

◆项目小结

本项目围绕酒店在激烈的市场竞争中处于领先地位的关键要素,主要从前厅部服务质量管理实施路径的角度,介绍了前厅服务质量管理、全面质量管理、客户资料、客户意见征询以及客户消费心理的概念、特性、要素等基础知识,强调了服务质量管理的过程管控内容与标准、质检报告的撰写与分析和TQM推行的步骤与方法,突出了客户关系管理、消费心理分析及其报告撰写以及投诉处理的流程规范,为前厅运营管理提供了基本遵循。

◆应用与提高

案例讨论▼

投诉处理

北京某酒店,入住了一位宾客。4月中旬的一天这位宾客住了一晚后觉得房间太热,去前台强烈要求换到楼层另外一侧她认为更凉快的房间。酒店前台员工知道另外一侧不会更凉快甚至会更热,因为是南向房间,有强烈日照,便没有马上答应宾客。于是,宾客有些激动甚至表现出强烈的不满。

请问:你若是值班经理,该如何解决?

课内实训▼

关于"客我关系"有这样一种观点:酒店与宾客的关系有些类似于恋爱关系,更高级的是婚姻关系,双方存在一种情感上的依赖。客人的流失未必是感情上的背叛,很多情况下只是发觉自己不再受到重视了,你对他再没有当初的珍惜,你的心不在他身上,自然他也不会在意你。久而久之,他们渐渐地消失了。

针对以上观点,请各小组讨论后选派代表发表看法。

课外拓展▼

1. 目前,在酒店数字化改造升级过程中,全面精心提升宾客体验是酒店营销和前厅部服务质量管理的热门话题之一。请查阅有关资料,探究国内外某些高星级集团酒店在打造体验式项目、提升体验式服务、加强体验式传递和加大网络体验构建力度四个方面是如何建设和运作的。

2. 现阶段,微信小程序可以提升宾客的满意度和对酒店的信任度,帮助酒店推出自己的个性化服务,从而留住更多宾客。那么,试以酒店小程序中的预订房间等功能,说明酒店小程序如何在服务标准化的基础上做好个性化服务,以满足宾客对酒店(前厅)服务的个性化需求,从而提升服务质量的品质。

3. 世界排名前十的酒店均有一整套极为精细的标准化服务制度。那么,请调查一下:截至2023年6月,排名前十的世界级酒店有哪些品牌企业?其精细化的前厅标准服务制度分别有哪些?

项目七　前厅创收管理

◆德技并修

【立德树人】树立时时为企业创收的意识和人人都是销售员的理念,端正尽职尽责的思想,勤于耕作,做一名努力在前厅运营操作细节上为酒店创收的准职业人。

【应知理论】了解酒店微博、微信、短视频和直播等新媒体的类型、特点和适用范围以及酒店数字化营销的相关基本知识。

【应会技能】能够采用酒店新媒体数字化应用方法,掌握前台增销技能技巧,完成酒店客房及实时产品的销售与服务工作。

在移动互联网等新技术快速发展的背景下,数字营销已成为酒店产品销售、品牌推广、拓展市场等必不可少的营销手段,数字化平台也成为酒店离不开的营销渠道,前厅员工有必要了解并掌握相关的数字化营销。

模块一　前厅数字营销

▌任务导入 ▶

调研——酒店的数字营销渠道

当下,消费者越来越多地使用数字化渠道(如微信、酒店 App 等)预订酒店,查看酒店服务评分或点评酒店服务,同时酒店也可通过运营数字化渠道不断获取更多流量并转化为宾客;宾客还可以通过数字渠道联系酒店解惑,酒店能够使用数字渠道征求宾客的需求及意见。一家 24 小时运营的酒店,宾客与酒店之间可以时时刻刻通过数字渠道持续互动。选择当地的两家酒店,对这两家酒店的数字营销渠道进行调研:

(1)查询两家酒店的数字营销渠道分别有哪些?

(2)如果酒店有官方网站,是否可以在其官网预订和在线支付?

(3)如果酒店有官方微信账号,是否可通过其微信预订和在线支付?

(4)这两家酒店是否可以在某些数字渠道上回复宾客问题或点评?具体有哪些渠道?

要求:可以分成不同的小组,每个小组可以通过 PPT 形式展示调研结果。

任务一　数字营销渠道选择

酒店数字营销(Digital Marketing)是酒店利用数字技术和互联网平台进行市场营销活动的过程。它涵盖了各种在线渠道和数字工具,以实现酒店市场营销目标,提高酒店品牌知名度,吸引潜在宾客,促进销售以及与宾客建立更密切的关系。

了解酒店新媒体的基本概念,掌握酒店新媒体的常见类型,能够对酒店数字营销概念有基本认知,是 1+X 职业技能等级(初级)认证考核的内容。

子任务 1　前厅员工数字营销任务

基础知识 ▼

1. 酒店数字营销渠道的划分及其特点

酒店销售渠道不同,特点也各异,酒店要依据自身需求与目标,合理选择、运用相关营销策略(见表 7-1)。

表 7-1　酒店数字营销渠道划分及特点总结

渠道类别	主要渠道	主要特点	适用营销策略
直接渠道（自有渠道）	官网、APP	品牌可控、减少 OTA 佣金	直销、会员折扣、套餐预订、在线客服
	社交媒体（微信、微博等）	社交传播力强、增强品牌影响力	发布图文、短视频、直播、UGC（用户生成内容）营销
	邮件、短信营销	精准触达客户、适用于会员营销	发送入住提醒、促销活动、节日祝福等
第三方渠道（付费渠道）	OTA 平台（携程、飞猪、美团等）	流量大、覆盖广，但佣金较高	参与 OTA 促销、优化酒店页面、提升评分和排名
	搜索引擎营销（Google SEO/SEM、百度竞价等）	精准投放、提升官网流量	SEO 优化排名、关键词广告投放
	KOL/KOC 合作（旅行博主、网红、美食达人等）	可信度高、容易影响用户决策	体验分享、直播推广、社交平台种草
社区和互动渠道	短视频平台（抖音、快手等）	视觉冲击力强、适合品牌推广	发布酒店特色短视频、发起短视频挑战赛
	在线点评网站（大众点评、TripAdvisor 等）	影响新客决策、口碑管理重要	引导客户留好评、及时回复差评并改进
私域流量渠道	社群营销（微信群、小红书、旅游论坛等）	高用户黏性、可增强用户忠诚度	建立酒店会员群、定期推送福利活动
	直播电商（淘宝直播、抖音直播、小红书等）	实时互动、促销转化率高限时抢购、酒店总经理/网红直播带货	关注直播期间的转化率、客单价、停留时长等指标

2. 酒店数字营销的关键特点

（1）精准营销。基于数据分析:通过用户行为数据、偏好、搜索记录等进行精准投放。个性化推荐:根据客户需求推送定制化产品和服务,如会员专属优惠、个性化房型推荐。

（2）多渠道整合。线上线下结合:官网、APP、OTA、社交媒体、邮件、短信等全方位覆盖。跨平台联动:如微信小程序预订＋抖音种草＋OTA 落地转化。

（3）互动性强。社交媒体营销:通过微信、微博、抖音、小红书等与用户互动,增强品牌影响力。用户生成内容(UGC):鼓励客人发布酒店体验,提高真实感和口碑传播。

(4)可量化和优化。数据驱动:可通过百度统计等工具分析流量、转化率等指标。A/B测试:对比不同营销策略的效果,优化广告投放、页面设计等。

(5)高效传播。短视频和直播:如抖音、快手、淘宝直播等,快速传播酒店特色和促销活动。病毒式营销:通过热点话题、创意内容,让品牌曝光率提升。

(6)低成本高回报。社群营销:通过微信群、小红书社群等低成本方式维护高忠诚度客户。搜索引擎优化:通过搜索引擎优化和竞价广告,提高官网流量和直订率,降低OTA佣金。

(7)强调客户体验。即时沟通:利用在线客服、AI聊天机器人,提升预订和咨询效率。智能推荐:基于历史订单、兴趣点推荐个性化服务,如房型升级、周边游推荐。

※小资料——网络营销新名词

KOL:Key Opinion Leader(关键意见领袖),某一职业内有话语权的人。在线上营销中包括以网红大V为主的流量明星,在各类社交媒体拥有许多"粉丝",成为电商、品牌商争抢的对象。

KOS:Key Opinion Spreader(关键意见传播者),更多地隐藏在某些领域之中,如朋友圈、贴吧、论坛等。他们一般是某一范畴的"达人",虽然"粉丝"基数不如KOL,但却有能力引领某个圈层的风潮,比如度假酒店体验者、登山爱好者等。

KOF:Key Opinion Followers(关键意见追随者),更像是一个品牌的忠诚"粉丝",如一些用户偏爱某一品牌酒店、餐饮产品等,只要一开新店、一上新菜单就去体验,并"种草"给其好友。

KOC:Key Opinion Consumer(关键意见消费者),存在于大众身边,热衷于共享各类好物的集体,他们不局限在某一产品或范畴。

实践操作 ▼

为配合酒店市场营销部的数字营销策略,完成前台员工在数字营销工作中的主要任务(见表7-2)。

表7-2 前台员工数字化营销工作主要任务规范

步骤(Steps)	怎样做/标准(How/Standard)	提示(Tips)
(1)了解酒店目标客户群	·咨询酒店市场营销部,了解酒店计划服务的目标客户	·确定酒店目标客户群
(2)了解酒店数字营销策略及酒店在各媒体的账号	·咨询市场营销部门酒店在各社交媒体的账号,关注、点赞并转发	·要了解酒店所有社交媒体账号发布的信息
(3)向宾客推荐酒店在各媒体的账号	·将酒店在各社交媒体账号上的二维码打印出来摆放在前台,方便宾客扫码关注 ·在向宾客介绍酒店产品及服务的同时推荐宾客关注酒店的社交媒体账号	·适时推销,可获取更多有关酒店信息推广的机会 ·讲求推介策略和效果

续表

步骤(Steps)	怎样做/标准(How/Standard)	提示(Tips)
(4) 收集宾客回馈	·宾客在前台咨询业务或退房时,主动询问宾客对酒店产品及服务的意见	·记录整理信息,及时反馈给市场营销部
(5) 丰富宾客关系管理(CRM)系统信息内容	·在CRM系统内记录宾客的反馈,为日后的数据分析积累数据	·更好地了解宾客,以提供更个性化的服务体验
(6) 定期总结整理反馈信息	·与市场营销部门紧密合作,定期反馈宾客的意见和建议,配合其增强数字化营销绩效	·以便确定如何调整策略

※学生实训——搜索、查询引擎和公众号

1. 打开百度,将位置定位于你所在的城市,用"五星级酒店"作为搜索词开始搜索,看看搜索结果的前三页有哪些五星级酒店官方网址出现,讨论这些酒店出现的可能原因。

2. 将学生分成两人一组,他们可以自由选择任何一家本地酒店和一家国际连锁品牌酒店,对比两家酒店在微信公众号推广的频率、内容、阅读量以及微信菜单所包含的功能。

子任务2 酒店常用新媒体认知

基础知识 ▼

1. 酒店微博和微信营销手段

(1) 内容营销:发布吸引人的内容,包括图片、视频、直播、文字等形式,以吸引用户的关注和互动。

(2) 品牌推广:在微博和微信上建立品牌形象,通过有特色的内容和活动来提升品牌知名度和美誉度。

(3) 粉丝互动:与粉丝进行互动,回复评论、参与话题讨论,增加用户黏性和参与度。

(4) 活动策划:利用微博和微信平台开展各种线上活动,如抽奖、打卡、签到等,吸引用户参与并增加品牌曝光度。

(5) 广告投放:在微博和微信上进行有针对性的广告投放,提高品牌在目标受众中的曝光度和认知度。

(6) 社群建设:在微信上建立品牌社群或公众号,为用户提供有价值的内容和服务,增强用户黏性和忠诚度。

(7) 数据分析:运用微博和微信提供的数据分析工具,对用户行为和反馈进行分析,优化营销策略和效果。

2. 酒店短视频和直播营销手段

酒店短视频营销是通过制作、发布和推广短时长的视频内容,吸引用户的关注并传达酒店产品和酒店品牌信息。这种形式的营销通常在短视频平台(如抖音、快手等)上进行。

酒店直播营销是通过直播平台实时展示产品、服务或活动,与观众互动并进行销售。

酒店主播可以在直播过程中展示酒店产品的特点、服务内容等,回答观众的问题,并进行促销和销售。

3. 短视频和直播营销的特点和优势

(1) 生动形象:视频内容更具吸引力,能够生动展示产品特点和品牌形象。

(2) 互动性强:用户可以在视频评论区或直播弹幕中实时互动,增强用户参与感。

(3) 实时性高:可以实时更新和发布内容,及时跟进市场动态和用户需求。

(4) 效果好:视频内容易于在社交媒体上分享传播,扩大品牌影响力和曝光度。

※小资料——数字营销避免侵权的措施

1. 避免在微信推文、视频或直播中使用未经授权的音乐、影视片段、图片等他人作品,以免侵犯版权。

2. 避免在视频或直播中使用其他品牌的商标或标识,以免侵犯商标权。

3. 避免在视频或直播中未经授权使用他人的肖像或肖像权受到保护的个人形象,以免侵犯肖像权。

4. 避免在视频或直播中进行虚假宣传或误导消费者,以免触犯广告法规。

5. 避免在视频或直播中公开他人的私人信息或侵犯他人的隐私权。

6. 避免抄袭他人的创意或内容,以免侵犯他人的知识产权。

实践操作 ▼

1. 能够完成查询酒店微信公众号预订功能的工作(见表7-3)。

表7-3 酒店微信公众号预订功能查询的基本工作流程

步骤(Steps)	怎样做/标准(How/Standard)	提示(Tips)
(1) 确定目标查询酒店	·打开微信App,在搜索框内输入要查询的目标酒店名称,搜索其微信公众号	·若搜索不到,检查酒店名称是否正确,可通过查询酒店在其官网或该酒店在其他平台(如携程)上使用的名称
(2) 查看搜索结果页面	·搜索页面出现目标酒店名称的公众号后,单击进入该酒店微信公众号页面(微信公众号有订阅号和服务号之分,有些酒店二者兼有)	·酒店微信号经过认证后,订阅号和服务号的主要区别:服务号可开通微信支付功能,连接各大高级接口而订阅号不能。二者均可自行定义菜单功能
(3) 查看手机页面底部菜单功能	·寻找"客房预订"或"预订"是否直接显示在主菜单,若无,可点击相应主菜单,查看预订功能是否设置在二级菜单上	·有些酒店的预订功能就设置在主菜单上,有些酒店的预订功能可能设置在"微商城"下或"我的"之类,需要耐心逐一查询
(4) 订房	·根据提示操作订房过程	·操作预订时看准酒店预订条件,若是订后不允许取消,则谨慎操作付款
(5) 重复以上流程搜索另一家酒店微信公众号	·从使用便捷度及菜单功能设置的角度,比较两家不同酒店的微信预订功能	·注意价格及产品展示页面易读性 ·注意预订操作方便性 ·注意页面流畅性

2. 能够完成查询酒店在短视频/直播平台的账号并进行简单的分析工作(见表7-4)。

表7-4 酒店短视频/直播平台账号查询及分析基本工作流程

步骤(Steps)	怎样做/标准(How/Standard)	提示(Tips)
(1) 确定3家目标酒店	·分别用3家酒店的名字查找其在某短视频/直播平台的官方账号	·若搜索不到,检查是否输入了正确的酒店名称,可通过查询酒店在其官网或该酒店在其他平台(如携程)上使用的名称
(2) 查看搜索结果页面	·点击酒店名字进入酒店页面,查看酒店的菜单设置、产品种类、客户点评	·注意在同一个平台(如抖音),所有酒店的菜单设置是相同的
(3) 对3家酒店的搜索结果进行比较	·具体比较3家酒店在菜单项下的售卖产品名称及价格 ·对比3家酒店的点评信息要点,找出客人点评的每家酒店的优势和弱势	·每家酒店的信息为一列,按类进行总结,然后平行对比
(5) 形成有针对性的报告	·将分类对比结果写成报告,并以某家酒店为例给出改进建议	·可针对分析结果中酒店的弱势项提出改进方案

※**学生实训——酒店微信账号查询对比**

选取你所在城市的两家五星级酒店,一家为国际连锁品牌酒店,另一家为本地单体酒店,比较两家酒店的微信账号菜单设置以及可以实际应用的功能,并分享你对这两家酒店微信号运营的感受。

任务二 网络点评管理

酒店网络点评(简称网评)管理对于酒店业非常重要,它直接影响到酒店的声誉、宾客体验以及业务的长期稳定。由酒店哪个部门回复网评并没有统一的规定和标准。因前厅部是24小时运营部门,故有些酒店由前厅部员工负责处理可以做到迅速回应网评,尤其是差评。网络点评管理是1+X职业技能等级(中级)认证考核的内容。

基础知识 ▼

1. 网络点评管理注意事项

(1) 安排专人负责网评管理。酒店应高度重视网评内容,安排专人负责网评管理,最好是酒店高管直接负责。

(2) 网评回复要及时。网评回复应做到及时,以表示对宾客意见的尊重,能在当天回复最佳。

(3) 有针对性地回复。网评回复最忌讳千篇一律、毫无新意的回复,会引起宾客反感,起不了任何作用,甚至会影响其他宾客对酒店的选择。

(4) 网评回复客观、真实。网评的回复要建立在客观、真实的基础上,对服务管理上存在的不足敢于承认,并采取有效的措施,避免再次出现。

(5) 认真整改网评反馈的问题。网评处理除了要及时回复外,还要将整改措施落到实处,避免再次出现同样的错误。部门还要举一反三,考虑是否还有其他问题可能会造成差评,在不断的完善中,逐渐提高网评得分。

(6) 网评信息及时通报。网评信息不能只停留在前厅部或酒店的管理层,应通过内部信息渠道,让全体员工都能看到网评、关注网评,充分利用微信群的强大功能,及时发布网评信息。

(7) 与网络公司沟通处理恶意差评。网评中也会出现恶意差评,一旦出现此类情况,酒店市场营销部或前厅部预订处要及时与网络公司相关负责人联系,把事情的具体经过以书面形式发给对方,希望网络公司能及时与宾客取得联系,尽可能删除差评。

2. 对酒店影响最糟糕的三类网络差评

(1) 包含图片的长篇幅差评内容。多数人更相信"眼见为实",有图片作为事实佐证的差评,往往能得到浏览宾客的认可。同时,此类图文并茂的点评内容有可能会被系统排在相对靠前的位置,会有更多浏览网站的宾客看到。

(2) 夸大酒店缺点的差评内容。当宾客对酒店产生不满情绪而写点评时可能会故意夸大酒店的缺点,如前台人员办理入住时不够热情,在宾客差评中可能就变成了"前台态度极其恶劣";或者在描述中故意隐去一部分事实,让不知情的宾客误解。

(3) 离店之后许久才写的追加差评内容。距离住店时间较长,宾客点评时可能会出现记忆偏差,甚至出现张冠李戴的情况,但追加差评往往能给人一种可信的感觉,或者至少酒店处理不当才导致宾客又追加差评,酒店需要花费心力处理这类差别,将影响降到最低。

3. 应对网络差评的不当做法

现在多数酒店都十分重视网络点评,关于差评的几种不合理处理方式,应注意避免。

(1) 骚扰宾客删除差评。为避免差评的上线,部分酒店会想出各种办法联系到宾客,要求对方删除或修改点评,这很有可能引起宾客反感或造成投诉升级。宾客在写完第一条点评后,是可以追评的;一旦酒店处理不好,一条差评可能会变两条(主点评+追评)。

(2) 泄露宾客私人信息。大多数酒店在宾客入住后,会建立客史档案,当宾客给出差评后,部分酒店可能会将差评跟宾客信息对应起来,甚至在酒店回复中暴露宾客的姓名等信息。这是对宾客隐私资料的泄露,酒店一定要杜绝。

(3) 跟宾客对骂或千篇一律的回复。酒店很难要求宾客拥有同理心,而且确实存在部分宾客用差评来抹黑酒店的现象,导致酒店觉得委屈,会在回复中跟宾客直接对骂起来;也有酒店对于宾客的差评始终用千篇一律的模板去回复。这两种做法均不可取。

实践操作 ▼

1. 按照网上宾客投诉的规范要求,完成投诉处理工作(见表7-5)。

表 7-5 酒店网评管理操作规范

步骤(Steps)	怎样做/标准(How/Standard)	提示(Tips)
(1) 获取网评	·登录社交媒体、OTA 等后台,分类查询网络点评信息,将点评分为好评和差评	·提前定义"好评"及"差评"标准
(2) 无特殊点评时	·应快速回复点评,回复简洁又不失礼貌、亲切	·可观摩其他酒店的网评回复,从中汲取经验
(3) 优先处理差评	·注意态度,要保持理智和冷静,不要与宾客争论 ·关注问题的关键和宾客诉求 ·回复用语真诚,让宾客感觉到酒店很重视其点评 ·引导宾客单独与酒店联系,以更详细地调查事实并解决问题	·深入理解差评,尤其是记录详细、图文并茂的差评,应优先处理 ·诚恳地道歉 ·如果宾客见到酒店回复后又单独联系酒店,应该遵循酒店处理投诉程序
(4) 对典型好评的处理	·及时回复,采取"置顶"等手段 ·采取官网、微博转发和员工转发等手段 ·尝试对宾客进行二次营销	·通过置顶、转发等手段,增加点评被阅读的次数,扩大点评影响力 ·网络点评与 KOL 营销结合

2. 为减轻网络差评的负面效应,完成对差评的回复(见表 7-6)。

表 7-6 减轻差评负面效应的对策流程

什么(What)	怎样做/标准(How/Standard)	提示(Tips)
(1) 事实类差评	·应该及时自查,对于可以立刻改进的问题要在第一时间处理 ·及时将改进措施展示在酒店回复里,并强调不会再出现此类情况	·酒店越早对差评做出有效回复,该差评对订单转化率的影响越小(24 小时内回复为最佳)
(2) 疑似不属实类差评	·从人到物进行内部调查,明确事情的完整经过,有确切证据可证实主要责任不在酒店方时,可直接用事实礼貌回应	·回应的内容要保证别的宾客也能一眼辨别孰是孰非
(3) 不知所云类差评	·直接联系对方,了解详细的差评原因 ·用相对巧妙的语言回复	·应让其他宾客看到酒店良好的服务态度

※ 学生实训——网络差评回复

选择印象最深的三个差评,如果你是酒店经营者,应当如何回复点评,将差评负面影响降到最低。

任务三　流量获取与转化

本质上看,酒店新媒体营销只是一种获取流量的手段,并不属于直销或者分销;若是酒店企业或者酒店集团使用新媒体获取流量,并实现了转换,就属于直销;若是分销机构使用新媒体获得流量,则归类为分销。本任务为 1+X 职业技能等级(中级)认证考核内容之一。

基础知识

1. 酒店流量转化率

转化率(Conversion Rate):指从流量到实际销售转化的能力,宾客在互联网上的购买行为会分为五个阶段,即酒店信息在潜在宾客面前展示、酒店推广结果被潜在宾客点击、酒店信息被宾客浏览/分析、酒店与宾客互动沟通、宾客预订并获取预订单,每个阶段都有流失和转化。在酒店业,一般使用访问量(Visit)或销售量作为评价指标。

【特别提示】转化率的提高既是信息处理技术工作,也包含酒店产品营销行为,体现着酒店网络营销水平的高低。

2. 提高流量的方法

为了提高酒店流量,可以采取以下方法:

(1) 投放广告:包括线下广告、网络广告、搜索引擎广告、点击广告等。

(2) 补贴:对新用户、新订单给予补贴。

(3) 转发有奖:如微信或微博转发、点赞可享受折扣,获取代金券等。

(4) 事件营销:通过热点事件等方式获取流量,如"蹭热点"。

(5) 短视频:在抖音、快手、西瓜等平台上用视频吸引访问量。

(6) 与在线旅行社(OTA)合作:通过与OTA平台合作,提高在网络上的曝光量。

(7) 搜索引擎优化(SEO):通过SEO提高在搜索引擎中的排名,吸引更多用户访问。

(8) 社交媒体:设立官方社交媒体,定期更新优惠、促销、产品等信息。

(9) 朋友推荐:即口碑营销,通过提高宾客满意度并鼓励宾客分享,获取推荐流量。

3. 影响酒店在线预订转化率的指标

(1) 酒店网站。酒店网站具有良好的兼容性且具有流畅的操作体验和安全而便捷的支付渠道等。

(2) 价格。酒店应遵循价格一致性原则,即多个平台价格一致。当酒店期望提高直销渠道比例时,应坚持"直销渠道价格最优"原则,避免分销价格低于直销渠道。

(3) 点评分数和点评质量。酒店点评好,在满分为5分的情况下,点评分数低于4分将意味着宾客的流失,同时保证经典点评、有效点评的占比高。

(4) 图片。酒店网站图片需要画面美观、数量丰富,且富有个性特色。

(5) 视频的流量平衡。运营者需要平衡直播爆发式流量与酒店产品持续推广之间的关系,可通过售卖住宿券、餐饮券等方式实现流量平衡。

(6) 社交媒体与推荐分享。做好日常服务,提升宾客满意度并鼓励分享;酒店也应通过技术提升分享的效率,如在官方网站、微信公众号中增加"一键分享"功能。

※小资料——多元化、多点式App客户端的新功能

目前,在线旅游服务商们为用户提供了相当多的新式应用,其主要以多元化、多点式的App客户端为主。

(1) 语音搜索。语音搜索功能是移动互联网服务中非常有潜力的一部分,如何便捷地

获取信息是提升用户体验的焦点。

（2）位置服务。基于位置的服务（Location Based Services，LBS）与地理位置密切结合，是无线渠道和其他渠道的差异化所在，也是移动应用的重要特色。

（3）个性化推送。根据用户的搜索、浏览、购买历史，分析用户兴趣爱好，将与用户相关的旅游信息直接推送到用户面前，增加用户黏度的同时，进一步提升了用户体验。

实践操作 ▼

搜索引擎优化（SEO，Search Engine Optimization），是一种利用搜索引擎的规则提高网站在有关搜索引擎内的自然排名的方式，目的是让其曝光度在行业内占据领先地位，获得品牌收益。SEO很大程度上是网站经营者的一种商业行为，将自己或自己公司的排名前移，从而提升网站流量（见表7-7）。

表7-7　酒店搜索引擎优化操作流程

步骤（Steps）	怎样做/标准（How/Standard）	提示（Tips）
（1）关键词研究	·查找搜索引擎公司或类似大数据公司的宾客搜索习惯的相关报告 ·研究搜索结果，分析竞争对手的关键词策略 ·调查酒店的新客是如何知道酒店的 ·确定与酒店业务相关的关键词和短语	·登录搜索引擎网站，用设定的某些关键词搜索 ·选择既能够吸引目标受众，又具备一定搜索量的关键词
（2）网站结构优化	·在关键页面中使用目标关键词，包括标题、Meta描述、URL等元素 ·优化网站内容，确保质量高且与关键词相关 ·确保网站结构清晰，易于导航	·可寻求专业网站设计公司帮助 ·网站能够提供良好的用户体验
（3）技术性优化	·确保网站速度快，页面加载迅速 ·使用XML网站地图和robots.txt文件，以便搜索引擎更好地索引网站内容	·与网站设计者沟通 ·确保网站在移动设备上的友好性
（4）内容营销和链接建设	·创建有价值的内容，含博客文章、旅行指南、优惠信息等，吸引用户和其他网站的链接 ·进行内部链接建设，提高网站内页面之间联系 ·寻找高质量的外部链接，提升网站在搜索引擎中的权威性	·酒店网站维护人员需要及时更新内容，推广产品，加大与相关外部链接合作
（5）社交媒体整合	·在社交媒体平台分享网站内容，增加社交分享和曝光 ·与社交媒体互动，提高品牌知名度	·网站页面可转发至常用社交媒体，如微信、微博等
（6）数据分析和调整	·使用工具监测网站流量、用户行为等数据 ·分析数据，了解用户趋势和搜索引擎排名 ·根据数据结果进行调整和优化策略	·监测网站工具，如谷歌分析（Google Analytics）等 ·建立数据分析体系
（7）本地搜索引擎优化	·注册并优化商家信息 ·确保在本地搜索中出现，并鼓励宾客提供本地评论和评分	·在本地业务目录和地图服务上注册

续表

步骤(Steps)	怎样做/标准(How/Standard)	提示(Tips)
(8)定期更新和维护	·定期更新网站内容,确保信息新鲜性和时效性 ·监测搜索引擎算法的变化,并相应地调整优化策略	·酒店需有专人对网站进行更新维护,每天监测网站是否正常运行

※学生实训——分析提高流量转化率的方法

选择你所在城市搜索排名最高的酒店企业,查询该酒店在OTA平台上的数据、信息、照片、点评等信息,分析该酒店使用了哪些提高流量转化率的方法。

任务四　市场信息收集

酒店前厅部员工每天都要直面宾客,在酒店数字营销中可以积极助力信息收集工作,从而使酒店更好地了解宾客需求、优化服务,并制定更有针对性的数字营销策略。如何通过设计宾客意见反馈表格来收集宾客意见是1+X职业技能等级(中级)认证考核内容之一。

基础知识 ▼

1. 前厅部员工收集信息的意义

数字营销需要利用数据分析和用户行为追踪,实现个性化的市场营销策略,以便更好地满足用户需求,提高营销效果,能够收集到相关的数据就变得尤为重要,这些相关的数据往往是与宾客相关的市场信息。

挖掘内部数据信息是酒店数字营销团队获取和拓展市场信息的重要手段之一。前厅部员工在宾客接待和交流中具有信息收集的天然优势,是构建酒店内部数据库的重要参与者。内部数据涵盖了酒店散客、企业客户和中介机构客户的消费记录,形成庞大而多维的信息体系。这些数据包括预订记录、入住频率、消费偏好和反馈信息等,能够全面反映宾客需求和行为特征。通过对这些信息的深入分析,酒店可以制定个性化的服务和营销策略,从而提升客户满意度与忠诚度,为市场竞争注入强大动力。

2. 前厅部员工收集宾客信息的方式

(1)宾客意见反馈卡。前厅员工比其他酒店员工有更多机会面对面邀请宾客填写意见反馈卡,了解宾客对特定优惠和活动的反应。数字化时代,酒店也可利用软件生成二维码,使宾客用手机扫描二维码即可完成意见反馈。

(2)与宾客沟通交流。前厅员工可在为宾客办理入住、退房等过程中与宾客沟通交流,了解宾客出行目的、出行频率、是否每次住在同一家酒店等,同时获得宾客的入住体验、对服务的意见和建议,并记录下来。

(3)完善客史资料。酒店的登记表格上会有需要宾客填写电话号码、电子邮箱等信息的空格,前台员工在给宾客办理入住时,应注意提醒宾客填写完整,以完善酒店PMS等系统内的客史资料。

（4）在线预订平台观察。前台员工能更清楚观察到宾客某些在 OTA 后台体现不出来的行为，而这将影响到酒店调整 OTA 的销售策略。

（5）社交媒体互动。前厅员工可主动参与社交媒体平台，与宾客进行互动，回答宾客的问讯甚至处理线上投诉。

（6）在线客服记录。前厅员工可通过在线客服平台记录宾客咨询、反馈的问题。这些记录可用于分析常见待客问题、宾客的关注点等。

实践操作 ▼

能够按照与宾客在线互动基本操作标准（见表 7-8），与宾客进行有效互动。

表 7-8 与宾客在线互动基本操作规范

步骤（Steps）	怎样做/标准（How/Standard）	提示（Tips）
（1）快速响应	・尽可能迅速地回应宾客的查询和问题，确保宾客感受到尊重和关怀 ・了解宾客的需求，并根据其具体情况给予相应建议或解决思路	・使用专业、礼貌和友好的语言与宾客交流 ・在提出建议前，尽量多问一些相关信息，以便能提供个性化的服务
（2）有效互动	・专注于宾客说的问题而不是宾客生气的态度 ・必要时重复宾客所说内容或用自己的理解重复宾客所说内容 ・对于宾客的问题或投诉，采取积极态度，迅速找到解决思路或方案 ・在有需要时引导宾客完成特定操作，如访问特定页面等，并提示某特定页面的具体位置 ・提醒宾客自己的服务不会要求宾客上传个人隐私信息	・如果涉及技术术语，应以宾客易理解的方式进行解释 ・确保沟通清晰明了，避免产生误解 ・如果有用于帮助宾客解决问题的"帮助文档"，应提前备好，并在宾客有需要时提供相关链接或引导宾客查阅 ・注意保护宾客的隐私和个人信息，确保符合相关法规和政策
（3）询问反馈	・主动询问宾客对服务的意见，以了解宾客满意度，并表达感谢之意	・注意询问时的语气和措辞
（4）结束交流	・在结束对话时，表达感谢和能够进一步提供支持或帮助之意	・告别语应该由酒店员工来结束

※**学生实训——宾客意见反馈卡分析**

将准备好的宾客意见反馈卡发给学生填写，然后将学生分成组，每组 4～5 人，每组学生做演示，总结反馈卡信息并对总结的信息进行分析，给出结论，教师最后根据学生的演示做总结。

模块二　前台增销管理

任务导入

原理学习＋经验分享——前台增销

酒店的前台属于运营部门,兼具销售功能。实际上,前台员工通过对入住宾客的增销服务,参与到酒店的收益管理过程中,特别是在合理管理"超预订"方面,能为酒店带来可观的收入。现邀请已经毕业的在酒店前台工作的学生,请他们分享酒店因超订而失约的实际案例以及他们从中总结的经验教训。

任务一　酒店收益管理认知

收益管理(Revenue Management,简称 RM)是酒店创收实现最大化收益的一系列的管理办法、手段及策略等。成功的酒店收益管理不仅仅是酒店具体某一个部门(市场营销部)努力的结果,而且是酒店各相关部门上下通力配合的结果,前厅部在日常运营层面的配合尤为重要。其中,主要经营指标核算方式是 1＋X 职业技能等级(中级)认证考核的内容。

基础知识

1. 收益管理的定义

在合适的时间用合适的渠道以合适的价格将合适的产品卖给合适的宾客——这个美国学者 Sheryl E. Kimes 于 1989 年提出的定义,是目前被引用最为广泛的有关收益管理的定义。

2. 酒店全面收益管理的概念

全面收益管理(Total Revenue Management)是指统筹考虑酒店所有可供销售的产品和服务,使酒店的总体收益最大化。以往的收益管理理念主要集中于客房收益管理,其实酒店的餐厅、宴会、健身房、游泳池、网球场、停车场、商店、后勤车队等均是酒店的创收部门,根据收益管理的试用条件,均可实行收益管理。

3. 酒店客房收益管理的衡量指标

酒店客房收益管理的衡量指标(RM Metrics)常见的包括以下六个方面,根据不同酒店的运营标准和管理方式可能会设置更多收益管理指标。

(1) 客房出租率(OCC)＝(已出租的客房数量/酒店可卖客房数量)×100％。

【特别提示】酒店自用房(House Use)和大修房(OOO 房)不纳入可卖客房数量。

(2) 平均房价(ADR)＝客房销售收入÷已出租的客房数量。

(3) 单房收益(RevPar)＝ 客房出租率 × 平均房价,或者:

每间可卖房平均收益(RevPar)＝客房销售收入÷酒店可卖客房数量。

(4) 酒店客房出租率指数(MPI)＝(酒店客房出租率÷竞争对手客房出租率)×100%，竞争对手是该酒店经营过程中指定竞争比较对象，往往为区域内3～5家同档酒店。

(5) 酒店客房平均价格指数(ARI)＝(酒店客房平均价格÷竞争对手客房平均价格)×100%，竞争对手是该酒店经营过程中指定竞争比较对象，往往为区域内3～5家同档酒店。

(6) 酒店客房收入指数(RGI)＝(酒店单房收益÷竞争对手单房收益)×100%，竞争对手是该酒店经营过程中指定竞争比较对象，往往为区域内3～5家同档酒店。

5. 前厅部主要经营指标核算方式

除了以上六个主要的酒店收益管理衡量指标，在1＋X职业技能等级认证(中级)培训教材中还提到另外9个前厅部的主要经营指标核算方式。

(1) 预订率＝(已订出客房数÷可出租客房数)×100%，预订率是持续动态数据，OOO房不纳入可出租房。

(2) 散客住宿率＝(散客占用客房数÷已出租客房数)×100%，散客的定义以酒店市场细分定义为准。

(3) 团队住宿率＝(团队占用客房数÷已出租客房数)×100%，团队的定义以酒店市场细分定义为准。

(4) 免费客房比率＝(免费客占用客房数÷已出租客房数)×100%，免费客房是指免收房费的房间，但不包括酒店自用房。

(5) 预订宾客房间比率＝(预订宾客占用客房数÷已出租客房数)×100%。

(6) 双开率＝[(住客总人数－已出租客房数)÷已出租客房数]×100%，双开率是指两人同住一间客房的房数与已出租客房数的比率。

(7) 散客平均房价＝(散客房租收入÷散客占用客房数)×100%，散客的定义以酒店市场细分定义为准。

(8) 团队平均房价＝(团队房租收入÷团队占用客房数)×100%，团队的定义以酒店市场细分定义为准。

(9) 长住客平均房价＝(长住客房租收入÷长住客占用客房数)×100%，长住客的定义以酒店市场细分定义为准。

实践操作 ▼

前厅客房收益管理是酒店全面收益管理不可或缺的一部分，对酒店当日房价的提升有关键性的作用。具体的前厅客房收益管理基本流程见下表7－9。

表7－9 前厅客房收益管理基本流程

步骤(Steps)	怎样做标准/(How/Standard)	提示(Tips)
(1) 制定前厅客房收益管理目标	·制定目标客房收入、平均房价、间夜数等	·目标的制定可参考历史实际数据以及对未来市场的合理判断

续表

步骤(Steps)	怎样做标准/(How/Standard)	提示(Tips)
(2)信息数据收集	·酒店运营数据和营销系统信息	·可参照 PMS、收益管理软件提供的相关生意分析报告
(3)数据分析	·分析本地市场需求 ·分析酒店内容运营数据	·参考相关市场报告,酒店当下在订数据
(4)供需预测	·预测本地市场需求与供给 ·预测每天的客房出租率、平均房价等	·考虑历史数据、当下供需状态、市场环境,包括竞争变化的潜在影响
(5)收益管理决策	·价格以及非价格策略联合使用及持续优化	·单方面地提升房价或做高入住率未必能实现收益最大化
(6)实施收益管理	·执行当日收益管理策略,包括房间售卖策略、可卖价格等	·需要培训所有相关人员对收益管理的理解,并保证有技巧地去落实执行
(7)监测结果	·监督以上所有环节执行情况,并对执行结果进行评估	·综合考察收益管理的业绩结果并做必要修正

※学生实训——单房收益计算

某家酒店,共有 586 间房可供出售,某日已售出 360 间房,客房总收入为人民币 244 800 元,那么请问:这个酒店当晚的客房出租率、平均房价和单房收益各是多少?

任务二 前台增销管控

前台增销(Front Desk Up-selling)是指通过前台接待员的努力推销,提升酒店客房预订规格,销售高档次客房。前台增销既能增加宾客的满意度,又会提高客房的出租率,还有助于挖掘宾客的潜在购买力,进而提升酒店的平均房价。

子任务1 制定激励措施

基础知识▼

1. 前台增销的条件

酒店管理者引进、更新增销理念是达到前台增销的前提条件;酒店管理者通过一系列的团队合作活动来增进前厅部和市场营销部之间的合作意识,是前台增销的基础条件;以增销的差价为基础,确定增销奖励额度,并公示每个团队和每个人的增销业绩,是接待开展前台增销活动的必备条件。

2. 前台增销的方式

概括起来讲,前台员工增销的方式一般有五种。

(1) 升级客房。主动向宾客提供更高级别或更豪华的客房选择,以获得额外费用。

(2) 增值服务。提供客房外的服务选项,例如早餐、机场接送、停车服务或将单纯房间预订改为相应客房打包产品等以增加总收入。

(3) 交叉销售和推荐:向宾客推荐酒店时下正在进行的产品推广活动、餐厅、SPA 等附加服务,并提供特别套餐或折扣。

(4) 会员计划。推动会员计划,通过提供会员独享优惠、特权和积分兑换等方式,促使宾客成为忠实会员。

(5) 销售礼品卡。推介酒店礼品卡,使宾客可以购买给亲朋好友,增加酒店收入。

3. 前台增销激励措施的主要作用

为了推动前台客房增销与管理工作的成效,可巧用一些必要的激励措施。如前厅部联合财务部、市场销售部等部门制定前厅部客房增销奖励方案,并报酒店上层管理者批准实施,以维护员工的工作热情。只有这样,前厅部成为酒店"第二市场销售部"的理念才能落到实处。好的前台客房增销奖励制度对于销售管理来说可以达到事半功倍的效果。当然,在制定和使用增销奖励方案等激励措施时,应事先做好市场调研,使政策等措施具有针对性和可操作性。

实践操作

前厅部为充分调动员工的积极性,结合酒店年度预算考核指标,可有针对性地制定客房增销奖励办法(见表 7-10),但须与酒店人事部、财务部、市场销售部共同讨论通过。具体分配方案由前厅部执行,并报酒店人事部、财务部备案。

表 7-10 客房增销奖励办法制定规范

步骤(Steps)	怎样做/标准(How/Standard)	提示(Tips)
(1) 确定执行时限、原则和奖励对象	·执行时限,一般确定在某一个年度范围内 ·执行原则,应考虑前台客源的局限性 ·奖励对象,应包含前厅部所有员工和前厅部部门	·原则上采用只奖不罚的原则并结合酒店年度预算考核指标
(2) 制定前台散客增销奖励标准	·除"有协议的公司散客、网络订房散客、旅行社散客、旅游促销机构散客",前台接待的 Walk-in 宾客通过前台正常推广价格入住酒店客房的,可获得相应的奖励	·如售房价达到如表 7-11 所示折扣要求的,一律按标准给予奖励
(3) 设定操作程序	·宾客同意后由接待员填写预订单,办理入住手续 ·该售房通过夜审并于宾客退房、所有账款无误后,此售房奖励有效	·每日售房统计台账,由前厅部负责推进、落实,酒店财务部每日进行核对确认

续表

步骤(Steps)	怎样做/标准(How/Standard)	提示(Tips)
(4) 制定散客客房预算完成奖励方案	·前厅部散客客房预算指标按《酒店××××年预算方案》中关于"Walk-in"的任务指标进行核定 ·达标时,按如下方法计算业绩奖励: 当月奖励＝实际完成的销售额×4‰ ·超标时,按如下方法计算业绩奖励: 当月奖励＝当月"前厅部散客客房预算指标"×4‰＋(当月实际完成销售额－当月"前厅部散客客房预算指标")×10％	·酒店市场销售部在计算当月绩效奖励时,前台当月实际客房销售额不参与当月市场销售部的绩效奖励计算,但前厅部当月的散客客房销售额可作为市场销售部当月的考核业绩
(5) 确定前台散客销售奖励细则	·由财务部按外联费(即佣金)方式进行运作(需扣除6％税金),每月底由前厅部进行统计 ·奖励分配:前台主管、督导、接待员/收银员占70％,前厅部其他人员占20％,其余10％留作前厅部部门活动经费	·前厅部统计结果,须经财务部、总经理助理审核,报总经理批准后,在次月发放
(6) 确定前厅部散客客房预算指标完成奖励细则	·每月5日前(节假日顺延),由总经理助理配合财务部,对当月前厅部的销售业绩进行核定 ·奖励的分配:前台主管、督导、接待员占20％,前厅部其他人员占70％,10％留作前厅部部门活动经费	·由财务部将销售业绩造表报送人事部,人事部核定出当月奖励后,由人事部报总经理批准后发放
(7) 形成正式文件	·将以上标准、程序、方案、细则等整合成正式文件,经相关会议讨论决定后总经理批准签发执行	·充分征求、吸收员工意见和建议

子任务 2　确定前台增销操作规范

基础知识▼

1. 前厅部需要主动协调的事项

为了前台增销规范具有针对性和可操作性,前厅部在制定前台增销操作规范之前,应主动协调酒店市场营销部事先做好市场调研、论证等相关工作,首先就以下几个方面达成一致意见:

(1) 改善前台增销条件。强化营销技巧培训,提高前台人员的工作和生活待遇。

(2) 保持价格的稳定。尽可能地避免宾客在登记、入住期间或者退房时讨价还价。

(3) 减少酒店的分销成本。有关管理员应确保前台接待员能在宾客打电话过来的时候就预订,而不是让宾客把电话挂了再到网上预订,以保证宾客不会被其他在线产品所吸引,更重要的是减少酒店的分销成本。

(4) 比较和分析经营状况。前厅部管理人员应将每个月的各种经营数据,包括入住率、各种附设资源销售等情况与历史数据进行比较。

(5) 前厅部要有"市场营销"的理念。在做好部门的日常管理行政事务之余,应在前厅部的员工中灌输"前厅部是酒店第二市场销售部"的理念。

2. 市场销售部需要主动协调的事项

(1) 进行需求预测。在细分市场和了解宾客信息的基础上,对不同类别的宾客需求进行相对准确的预测。

(2) 调控前厅部散客入住比率。市场营销部管理人员应适度调控好协议宾客和前厅部散客各自的入住比率,以期达到酒店平均房价的最大值。

(3) 设定动态价格格局。动态价格包括协议公司散客优惠价、旅游团队房价、会议团队房价、长住客房价、前厅部散客浮动价等。

(4) 控制超预订。前厅部与市场销售部加强协调,应对历史情况和各协议公司的散客预订情况的"虚"和"实"做出清醒的分析判断。

(5) 控制节假日和重大活动的价格需求。这一时段该提价时就提价。在一个市场短暂的"供不应求"的时机,最基本的消费心理就是"求"而不是"供"。

(6) 管理酒店附设资源。销售部在实施收益管理时,应邀请前厅部员工熟悉酒店附设资源(客房之外的餐饮、娱乐设施和会议设施)的情况、销售价格政策和价格细则。

(7) 重视影响员工售房的因素。重视在多变的市场环境中前厅部员工对突发事件如酒店在节假日、营业高峰、特定时段的房价变化的灵活反应。

(8) 关注非标准房资源的收益管理。为了改变豪华套房、总统套房、行政房空置率比较高的状况,酒店管理者应向前厅部充分授权,前厅部经理再向接待员充分授权,让前厅部接待员有售出豪华房间的洽谈空间。

实践操作 ▼

能够利用酒店产品及服务的特点和优势等条件,掌握前台增销工作的基本流程规范(见表7-11)。

表7-11 前台员工增销的基本操作流程规范

步骤(Steps)	怎样做/标准(How/Standard)	提示(Tips)
(1) 欢迎询问	·欢迎宾客抵店并询问是否有预订	·无论是否有预订,下一步都要辨识宾客需求,为更好地服务奠定基础
(2) 识别宾客需求	·如已有预订,在宾客原有预订基础上,提供附加服务选项或升级服务选项,或者推荐宾客更换超值的包价产品	·一定要向宾客清晰地传达产品或服务的独特价值 ·使宾客感受到物超所值是关键
	·若宾客未预订,应先询问其需求,倾听其想法,再推荐合适产品	·在满足宾客需求的前提下推荐可给酒店带来更高收益的产品
(3) 介绍设施/服务	·向宾客介绍所推荐的硬件设施或服务的特征,尽量提供有说服力的"价值证据"和能够满足宾客需求的"购买理由"	·介绍应简洁清楚,介绍的结尾询问宾客"是否能满足您的需求",注意表情和语气

续表

步骤(Steps)	怎样做/标准(How/Standard)	提示(Tips)
(4) 处理宾客"拒绝"	·寻找解决宾客"拒绝"的原因所在,试着推荐替代产品 ·若不成功,则可说:"很遗憾,我刚介绍的都没能引起您的兴趣,不过也没关系,我先按照您原有预订办理入住,任何时间您想了解其他需求请随时联系我们。祝您入住愉快!"	·尽量避免正面直接地否认宾客的意见,尽管宾客的判断可能是错的 ·此时专业及礼貌的沟通态度更加重要,当下不成,不等于以后就没有机会 ·真诚、友善的目光、表情、语气和相关动作的和谐非常重要
(5) 结束销售	·无论销售成功与否,都要礼貌地使用结束语,感谢宾客配合	·告别用语要合乎前厅服务规范 ·注意表情、语气和动作的和谐

※**学生实训——酒店产品推广活动的推销**

某日酒店前台来了一位西门子员工要求办理入住,西门子公司与酒店签订的员工差旅住房协议价格为人民币 500 元(含一个早餐),同时西门子公司还规定员工出差时每天可以报销 100 元用餐费。此时酒店进行打折促销活动,一个活动包价为人民币 558 元,可以入住一晚并包含一份午餐或晚餐套餐;另一个活动包价为人民币 688 元,享用一晚住房,还有双人海鲜自助晚餐。如果你是前台接待员,你会不会向这位西门子的宾客推销酒店的推广活动?两个推广活动都做介绍还是只推广一个?并说明原因。

子任务3　前台员工增销技巧

基础知识 ▼

1. 酒店前台增销拓展性渠道

当收益管理人员努力想着怎样在激烈的竞争中将利润最大化的时候,有的酒店将很多精力都放在了网络销售渠道上,而总是忽视了另一个销售渠道:酒店前台及其拓展性渠道。

(1) 重视直接上门的宾客

①宾客一旦进了大堂,前台接待员就应主动给予欢迎,主动与宾客打招呼,并主动询问有什么需要帮助的地方,争取给宾客留下一个良好的印象;

②主动向宾客介绍两三套房间类型,或者几种价格选择,多介绍与宾客相关的酒店特色,让宾客有所选择;

③对从附近酒店怨声载道地过来的宾客,前台接待员应充分展示自己的酒店特色,避免说些不好的话来评论酒店的竞争对手。

(2) 做好"下班时间"的团队销售

①在上班时间以外,一旦有商务会议或者社会活动的组织者打电话或当面咨询房间和房价,应表现出对宾客的关心,耐心解决宾客咨询的每一个问题,问宾客是否要留张便条而不是请宾客将信息转接到市场销售部的语音信箱;

②对于上门咨询的宾客,应确保前台员工随时备有销售手册、宣传册和销售总监的名

片,以提供给宾客使用;

③从酒店现有的住客中发掘未来企业客户:如果酒店所在地周围有企业办公楼,或者属于产业综合区,或者是处于市中心,通常宾客隔月甚至隔周就会来酒店,经过一段时间,前台员工就会认得这些宾客;前台员工应记住这些宾客所在的公司,特别关照来自新企业的宾客。

(3) 前台员工增销可能成交的细节

①宾客明确的兴趣表达:宾客直接表达对产品或服务的浓厚兴趣,提出详细的问题,或者主动寻求更多信息;

②提出购买相关问题:宾客开始询问关于价格、交付条件、服务方式等购买相关的问题,这可能是宾客准备做出决策的信号;

③提及预算:宾客可能会主动提及其预算,并确保产品或服务的价格在其财务承受范围内,这是宾客购买决策的重要因素;

④频繁的沟通和互动:宾客与前台人员保持频繁的沟通,回应迅速,表明宾客对购买过程非常关注。

2. 应对个性不同的散客技巧

(1) 急躁型宾客:在推销客房中尽量不要激怒急躁型宾客,如果出现矛盾应当避其锋芒;为其办事时要做到迅速无误。

(2) 活泼型宾客:欲将客房成功推销给活泼型宾客,就应与其多交往,满足其爱交际、爱讲话的特点;要注意内外有别、言语有度。

(3) 稳重型宾客:不应给稳重型宾客安排靠近电梯旁或有小孩吵闹的房间,以满足其爱清静的特点;当稳重型宾客主动提出继续住某一楼层时,要满足其要求。

(4) 忧郁型宾客:在向忧郁型宾客推销客房或临时调整其房间时,尽量在他们面前少讲话,但一定要讲清楚理由,以免引起猜疑和不满。

实践操作 ▼

能够利用酒店产品及服务的特点和优势等条件,掌握前台增销工作的基本技巧(见表7-12)。

表7-12 前台员工客房增销技巧规范

什么(What)	怎样做/标准(How/Standard)	提示(Tips)
(1) 讲究语言艺术	• 员工能亲切、准确地用姓名称呼宾客 • 在推销过程中,要善于从宾客的谈话中听出对方的需求和意愿,对宾客不明之处、不解之意及时释疑,免去误会 • 将强调宾客利益的技巧用在二次推销上:首先肯定宾客预订的房间也是好的选择,然后试探宾客的爱好,再向宾客介绍些更高一级的选择 • 宾客离店时,一定要向宾客特别是公司和企业客户提供机会,让他们选择下次是否入住本酒店	• 使宾客产生一种亲切感,拉近酒店与宾客之间的距离,以利销售 • 在推销过程中,要态度诚恳,鼓励宾客将需求和盘托出,坚持正面表述,及时将产品给宾客带来的益处告知宾客 • 若宾客选择下次仍住本店,则可以考虑因此免去旅游代理商的佣金和CRS(中央预订系统)费用

续表

什么(What)	怎样做/标准(How/Standard)	提示(Tips)
(2)选用合适的报价方式	·使用高码讨价法：从高到低逐一报价，即向宾客推荐适合其需求的最高价格的客房，直至宾客做出选择 ·使用利益引诱法：从低到高报价，即向宾客先报最低价格的客房，然后再逐渐走向高价客房 ·使用选择性报价法：将宾客消费能力定位在酒店价格体系中的某个范围，做有针对性的推销 ·使用房型报价方法：根据客房产品优势推销	·高码讨价法适用于未经预订、直接抵店的宾客 ·在报出低价客房的同时，应积极推销酒店有特色的附加服务 ·应准确判断宾客的支付能力，按照宾客的要求选择适当的价格范围，并报价
(3)议价推销	·强调客房优点：在接待过程中，听到宾客说："太高了，能不能打折？"在此情况下，向宾客指出为其提供的客房售高的理由 ·强调宾客受益：应将房价转化为能给宾客带来的益处和满足感，对宾客进行启发和引导，强化宾客对产品价值的理解程度，促进其购买行为 ·比较客房优势：当客房的供给价格与宾客的需求价格矛盾时，采用"比较优势"来化解宾客的价格异议 ·分解客房价格：价格作为敏感性因素，在推销时应将价格进行分解 ·适当让步(要在授权范围内进行)：对于确实无法承受门市价格的宾客，适当给予优惠也是适应市场、适应竞争的重要手段 ·限定折扣("曲线求利"法)：接待员在充分了解宾客购买目的的基础上可限时、限地、限量给予适当折扣	
(4)展示客房	·前厅部应备有各种房型的宣传资料供宾客观看、选择 ·若有必要，可在征得宾客同意的情况下带领宾客实地参观客房	·在展示客房中，要自始至终表现出信心、有效率、有礼貌

※ 学生实训——前台增销服务

某酒店最近推出促销活动，以标准不含早餐的价格预订酒店高级客房的宾客，再加人民币200元既可升级至行政套房，加送两份早餐以及两份自助晚餐，酒店与行政套房的正常差价为人民币500元。请将学生两两分组，练习宾客入住时的前台增销服务，最后比一比有多少增销成功的可能。

任务三　房间状态管控

酒店收益管理的两大核心主题是酒店客房存量管理(Capacity Management)和房间价格管理(Pricing Management)。前台每日例行管理包括预抵店房间预订，预离店客房管理以及是否可以接受超预订，是让酒店有机会最大化可卖房数量的重要一环，同时也对酒店当日房价提升产生重要影响，最终会影响酒店的收益。前台员工需要掌握必要的经验和技巧处理分房，并利用良好的沟通技巧协调内外关系，以确保合适的宾客支付合适的房价住进合适的房间内。

房态管控，是1＋X职业技能等级(中级)认证考核的指定内容。

子任务 1　预抵店预订管理

基础知识

1. 预抵店预订管理的目的

预抵店预订管理的目的除了在宾客抵店前做好入住安排，给宾客提供更满意的服务之外，还有避免因宾客无故不来而导致酒店空留房间从而损失再次售卖的机会。从酒店收益管理的角度看是客房存量控制的重要环节，具体到给什么样的宾客分配什么样的房间也会影响收益。

2. 为预抵店宾客分房时应考虑的因素

项目三模块一的内容从运营角度介绍了为即将抵店宾客分配房间的技巧和原则，现从收益角度讲解在为预抵店宾客分配房间时应考虑的因素。

（1）人工分配房号

①专人负责。前台负责管控房间状态的员工，在控制房间分配的同时要兼顾第二天甚至之后几天的房态状况。另外，前台员工在给当日抵店宾客办理入住时，尽量再次与宾客确认其退房日期以及询问其更改退房日期的可能性；在酒店入住率达到高峰时，提醒宾客其延时退房或续住需求可能得不到满足。

②区别担保预订和非担保预订。担保预订比非担保预订享有分房优先权，担保预订往往意味着宾客已经在预订时交了房费或提供了担保。如果宾客确认取消，在有足够的售卖窗口期，酒店可以实现二次销售，这无疑对酒店创收有很大帮助。

③分配优先权。因为某种房型超卖而导致的酒店需要主动给宾客免费升到更高一档的房间，支付高房价的宾客拥有优先权。

④分配房号。只有当日抵店宾客才能分配具体房号。

（2）自助分配房号

数字化技术的发展，使宾客可在抵店时采用大堂自助设备办理入住，该系统会自动分配房号；有的酒店在移动设备端开发自助办理入住系统，可根据宾客预订信息和酒店可用房信息自动为宾客分配房号；也有些软件系统允许宾客在预订或办理入住时从可用房中选择喜欢的房号，甚至可使用手机钥匙直接进入房间。目前，这些先进的技术与设备更多地应用于散客办理入住，且依然需要建立有效的人工监督保障机制，以确保自动选房号不仅能够提高宾客入住酒店的良好体验，也能保障前厅管理的顺畅运作。

※小资料——自助式入住系统的人工监督保障机制

建立自助式宾客入住系统有效人工监督保障机制，需要做好以下几个方面的工作：确保自助入住系统或移动入住系统的稳定性，以防止宾客在办理入住过程中遇到技术问题；适时查看房间状态，确保自助入住系统或移动入住系统与酒店 PMS 实时交互，房间状态随时更新；确保系统能够平衡宾客对各种房型和位置的需求，避免因为某些房型一直被选择而导致其他房型的滞销;确保员工能够定期监督订房系统,特别是在出现系统异常、宾客投诉或有特殊需求时能够及时介入。

实践操作 ▼

酒店前台每天都有专人负责掌控VIP、团队等的房间分配工作,有的酒店还为此设置专门的岗位,并称之为房控员;尚未设置专岗的酒店往往也会安排当值的某个前台主管或其他合适的员工承担房控员工作。房控员的工作质量直接关系到前厅收益管理的质量,因此,制定房控员工作流程规范十分重要(见表7-13)。

表7-13 房控员工作流程规范

步骤(Steps)	怎样做/标准(How/Standard)	提示(Tips)
(1) 登录PMS查看房态	· 查看每种房型的可售房、已占房、维修房、坏房 · 查看预抵店房间数(多少间是散客用房/多少间是团队用房) · 查看是否有VIP、团队房抵店时间 · 查看当日多少间房间离店等	· 注意查看交接记录 · 是否有前班移交的宾客延房需求 · 昨夜未抵店预订是延迟抵店还是取消
(2) 分配房间	· 优先处理有特殊需求预订、VIP预订、预抵团队预订及担保预订的房间分配 · 必要时在PMS中注明的同时与相关人员当面沟通 · 无特殊要求又无抵店时间也无提供担保的散客房间预订,要压后分配房号,宾客抵店时再随机排房	· 必要时,与前台所有当值员工保持随时双向有效沟通,避免房间重复分配给不同宾客,甚至发生重复入住的情况
(3) 查询宾客预抵时间	· 联系预订当日抵店宾客或其订房人,获取其抵店具体时间 · 入住高峰时,若宾客无法于18:00前抵达,可要求该宾客预付房费或提供担保	· 行业常规:将未提供担保的宾客房间保留至18:00(有些酒店规定为14:00)
(4) 与各部门沟通以确保房间为可售状态	· 与客房部沟通已分配给预抵宾客但尚未打扫的房间,以便客房部优先排房打扫 · 与工程部确认维修房可在当日修好并正常售卖 · 与相关部门核实异常房价,以确保价格正确 · 整理房价包含早餐的预订并及时通报相关部门	· 无法满足宾客要求时,可请销售部同事或与宾客有直接联系的同事沟通、协商,规避宾客的投诉
(5) 下班前填交接班记录	· 依次将以下事情写入交接班记录 ⊙当值期间处理完结但需下一班次同事知晓之事 ⊙未处理完结需要下一班次同事继续跟进之事 ⊙需要下一班次同事注意或知晓之事	· 确保前台能够提供顺畅的服务 · 确保不出现宾客的二次投诉

※学生实训——学做前台房态控制

案由:某酒店一共有200间房,11月1日早上8:00,酒店PMS显示还有139间房在住,还有100间房宾客即将退房,另有80间客房会有新到宾客入住(其中30间为团队宾客入住),团队预计抵达酒店时间为晚上8:00。

问题:如果你是前台管控当天房态的员工,将如何处理当天的分房?

要求:请将学生分成4~5人一组,讨论后给出应对方案。

子任务 2　预离店宾客管理

基础知识 ▼

1. 预离店宾客与预离房间的概念

预离店宾客,是指在 PMS 显示"在住"状态而预计当天退房的房间住客,其所住房间习惯上被称为预离客房(Due-out Room)。

2. 宾客退房超时的应对

酒店的标准退房时间并没有明确的法律法规限定,酒店将退房时间设置在 12:00 是比较普遍的。但也有些酒店规定退房时间为 11:00,对超过规定时间退房的宾客,酒店可能会考虑收取一定费用。有经验的宾客如果不能按照酒店规定的退房时间退房,往往会主动到前台要求免费延长一段时间,酒店的员工能否答应,往往与酒店的客房入住率及市场需求有很大关系。

3. 预离客房管理注意事项

(1) 关注 PMS 内"预离店"的房态。前台员工需要密切关注 PMS 内"预离店"的房态,在退房时间过后房态依然显示"在住"的,应及时联系宾客了解具体情况。一方面,计划退房的宾客尽早退房,酒店便可尽早清理房间以便安排下一位抵店宾客入住;另一方面,也避免出现房间该退而没退还因此生成相应费用但宾客又拒付进而投诉的现象。

(2) 谨慎处理宾客延住要求。酒店当天的预抵店宾客拥有优先住店权,尤其是保证安排已提供担保的预订宾客房间。

(3) 提前查看预退房间账目状况。对于房间结账项目又多又繁杂的,前台需要提前准备好支持文件,准备应答宾客可能有的疑问,高效完成退房流程。

※小资料——延住需求处理

酒店宾客在住店期间产生的房费及其他相关费用并不是都由住店宾客本人在退房时结清,有些是宾客所在公司与酒店财务部门按协议定期结算,有些由第三方负责支付,还有一些宾客的部分住宿费用由住宿宾客本人支付而另一部分则由其所在公司或第三方支付,给宾客办理延住时一定要查看 PMS 里的结账提示及说明,必要时要跟相关销售人员澄清。因延住可能产生的额外费用必须获得结账方许可后方可延房。此外,有些酒店只是从收益管理的角度考虑,拒绝以很优惠的折扣房价入住的宾客的延住要求,从而导致宾客不满。从长远考虑,宾客满意度不仅仅影响酒店的声誉,对酒店的价格也有着至关重要的影响,酒店收益管理策略不能只考虑当下的收益而忽略客人的满意度,优质的收益管理也包括优质的客人满意度。

实践操作 ▼

前台员工与预离店宾客沟通退房过程的标准程序见表 7-14。

表7-14 与预离店宾客沟通退房事宜的标准程序

步骤(Steps)		怎样做/标准(How/Standard)	提示(Tips)
(1) 致电宾客		·使用礼貌用语询问:您好,××先生/女士,我是×××,请问您会按计划在今天12点前退房吗?或者:您好,××先生/女士,我是×××,现在已经过了退房时间,您的房间还没退,请问您的退房计划有变吗?	·首选致电宾客房间电话,宾客不在房间时才考虑联系其手机,将对宾客的打扰程度降到最低 ·询问客情时,语气应温和,态度要友好,尽量保证不会引起宾客误会
(2) 按宾客回复的不同情况加以处理	① 宾客回复:我没在酒店,很快就回去退房	·确认宾客回店具体时间:您方便说大概几点回到酒店吗?如果您超过12点但可以在××点返回,我在系统标注一下,以免您产生超时住宿费用 ·必要时说明超时所发生的费用	·如此回复应对宾客,既可确保酒店按时收回房间,又易使宾客感觉到酒店很关注其个人利益 ·需跟进此间房态直至退房
	② 宾客回复:我已经离开	·立刻查看PMS内宾客账目是否结清,必要时追缴相关费用 ·确认宾客房间是否还有个人物品,并知会宾客此房间将做退房处理 ·与宾客沟通后需通知客房部马上查房,在确保房内无宾客遗留物品或其他异常状况后在PMS中做退房处理	·若是宾客已离店但尚有未结账目,与宾客沟通时一定要态度温和,不急不躁,尽量以宾客方便的方式收缴欠款
	③ 宾客回复:我还没确认要不要退房	·若PMS当前房态无法满足宾客延住需求,则需立即跟宾客解释清楚,以免耽误宾客下一个行程安排 ·若PMS当前房态可满足宾客延住需求,则答应宾客需求,同时讲清延住房的价格是否有变化,并与宾客确认延住房的付款人、付款方式等事项	·可根据入住率情况提供给宾客一定时间延迟退房,免收费用 ·与宾客商定其要延住的最迟时间点,并说明超时后酒店或按延房处理,或按退房处理,以及超时后房间不退所产生的费用
(3) 持续联系仍无法联系上宾客		·若已超过酒店退房标准时间,且持续联系仍无法联系到宾客,应通知客房部查看宾客房内是否还留有物品 ⊙若房内无宾客遗留物品,客房部可安排员工打扫房间,前台按退房处理 ⊙若房内仍有宾客物品,则需前台不断联系宾客,直至事情处理清楚 ·若宾客账目尚未结清,则追缴费用	·联系不到宾客,客房内又无宾客物品,前台应试图用其他方式通知宾客:酒店将按其原定退房时间在PMS内操作退房 ·此外,酒店须确认宾客住店期间是安全的(必要时查看酒店监控系统,确认宾客离店时间等相关细节)

※学生实训——宾客预离查询

将学生按照4~5人分为一组,按表7-15的内容练习电话联系宾客是否会按时退房的场景,一个扮演宾客,一个扮演酒店员工,其他学生作为观察者给出观察意见和建议,角色可以互换。

子任务3　客房超预订控制

基础知识 ▼

1. 客房超预订的原因和目的

客房超额预订(Over Booking),多被酒店称为"超预订",是指酒店某一天已接受预订的房间数量超过了酒店的最大可售房的数量。客房超预订的原因一般有三种:一是经常会有宾客临时取消预订,甚至取消时酒店没有足够长的售卖窗口期将取消的客房再卖出去;二是宾客的预订没有取消但宾客并没按预订的日期来酒店入住(No-Show),而且也不是担保预订;三是宾客临时改变行程而提前退房离店等。这些情况的出现导致酒店客房被空置而损失收入。超预订的主要目的就是防止这些可能发生的状况导致空房空置,以改善酒店客房空置率,从而提高酒店经济效益。

2. 超预订的"度"

超预订会存在一定的风险,一旦宾客预订了,抵店后没有足够房间提供给宾客住,宾客就会投诉甚至会起诉酒店,严重影响酒店的社会形象和口碑。因此酒店要恰当控制超预订单,并制定预案妥善处理因超预订产生的失约行为。超预订的比例一般控制在10%~20%,具体比例因不同酒店而不同。

超预订既是酒店经营者胆识和能力的表现,又是一种风险行为。因此,超预订应该有个"度"的限制,以免出现因"过度超订"而使预订宾客不能入住,或因"超订不足"而使客房闲置。因此,搞好超订房要解决两个问题,一是如何确定超订房的数量,二是一旦超订过度该如何补救。这个"度"的掌握是客房超预订管理成功与否的关键,它应是有根据的,这个根据来自员工经验,来自对市场的预测和对客情的分析。

3. 超预订的数量及比例的确定

计算酒店某一日超预订的房间数量,有一个大致的计算公式:

超预订房间数＝预计临时取消房数＋预计不抵店房数＋提前离店房数－延期退房房间数

另外,该公式中等式右边四项可基于对历史数据的监测和分析做出估算,越逼近入住日宾客变化趋向稳定,估算越趋向准确。在酒店估算当日超预订房间数时,如果能精细管理酒店当日应到店预订和当日应退房的住客情况,等式右边的四项基本可以准确估算出来(预计不抵店房数,也就是 No-show 房数,要过完夜审后才是准确的)。如果所有未抵店的预订宾客都提供了担保,这意味无论宾客来不来,房间宾客都已经支付了,酒店不存在损失房费的问题,此时预计不抵店房数可以估算为零。

如果超预订房间数转化为占酒店可卖房的比例,一般控制在5%~20%,具体情况会受到以下因素影响:

(1) 当估算"超预订房间数"时一定要清楚是哪一天(暂且用 N 表示)的超订数,估算时离第 N 天越近,超预订比例数按常规应该相应调低;

(2) 酒店已有预订来源,主要考虑团队房数和散客房数,这是估测上面计算公式右边四项的考虑因素之一;

(3) 市场需求情况,以及竞争对手酒店的预订情况。

4. 酒店对自身失约行为的处理

如果酒店出现失约行为,酒店方面应该做到:诚恳向宾客道歉,以求宾客的谅解;立刻联系附近相同档次或更高档次的酒店安排宾客入住;根据宾客的情绪反馈和责任划定确定房费是否由酒店支付;安排免费车辆送宾客到相应酒店,如果宾客属于连住,征求宾客同意是否次日选择回原来的酒店入住,如果宾客同意,次日安排车辆接宾客回原来的酒店,并由值班经理负责按照 VIP 规格接待。

5. 酒店对团队预订失约行为的控制

团队,一般分为旅游团队和会议团队。酒店团队预订有时归酒店销售部受理,有时归酒店前厅部。但无论是哪个部门负责,团队的预订都得注意契约精神,团队用房数量较多、时间集中,一旦做不到精细管理,可能就会出现"团队客户失约",这样酒店的利益会受到比较大的影响,因此酒店可以做好预防与管理。如果是不可控因素导致的失约,如新冠疫情的防控导致的团队不能出行,酒店通常是得不到赔偿的。除此以外,团队的"失约",买方都应向酒店赔偿。

6. 酒店对散客预订失约行为的控制

接受预订时,必须了解相关信息,如预订人的姓名、入住宾客的姓名、联系方式、预计抵达时间等,声明并坚持没在确切入住时间的预订只保留至当日 18:00,逾期不到时视为自动取消。视情况收取一定比例的定金。如在抵达当日才通知取消的,预付款应视为赔偿金来处理。建立预订信誉等级与定金款额相挂钩。

实践操作 ▼

根据工作需要,完成客房超预订及失约行为处理操作(见表 7-15)。

表 7-15 客房超预订及失约行为处理规范

步骤(Steps)	怎样做/标准(How/Standard)	提示(Tips)
(1) 资料准备	·根据酒店过去的预订情况,收集各种比率数据(如预订取消率、预订未到率、提前离店率、续住率等) ·准备客房预测表 ·准备宾客预订原始表格	·同时准备往年同期的相关报表,或者相应要素的比例 ·预订处应与总台、市场销售部密切联系,确保信息的准确
(2) 计算超预订房	·根据各种数据,结合酒店实际,计算出某一时间酒店超预订房数	·根据每家酒店的实际经营数据确定超预订比例
(3) 做好超预订失约行为的防范措施	·提前与宾客核对确认预订 ·确认酒店周边同类型的酒店订房情况 ·准备好处理失约行为的各种理由 ·联系车队准备车辆	·在散客预订的日期1~2天前确认,团队宾客提前一周确认,可避免和减少失约行为的发生 ·建立领班/主管审查制度

续表

步骤(Steps)	怎样做/标准(How/Standard)	提示(Tips)
(4) 处理宾客对酒店失约行为的投诉	• 向宾客诚恳道歉并说明情况,请求其谅解 • 立即与其他同等级的酒店联系,请求援助 • 免费提供交通工具和第一夜超额的房费 • 保留宾客相关信息,便于提供邮件及查询服务 • 征得宾客同意,做好搬回酒店时的接待工作 • 以 VIP 的礼遇安排宾客住店 • 向预订委托人致歉,并致谢援助的酒店	• 对宾客的包容和理解表示感谢 • 升档即升格,责任明显属于酒店方的,可以给宾客升档或者免费 • 若酒店只有比宾客原预订标准低的房间,则可采用"降档"法
(5) 资料归档整理	• 将预订失约行为的预订表格和处理结果归档并输入电脑	• 资料及时归档,有利于为后期超额预订工作提供历史数据
(6) 分析超预订成效	• 理性分析超预订的成效和预订失约行为的原因及后果	• 出现失约行为时,分析损失和收益的比例

※学生实训——超预订计算+"失约"处理

(1) 超预订计算。酒店有客房 600 间,未来 10 月 18 日续住房数为 200 间,预计离店房数为 100 间,该酒店预订取消率通常为 8%,预订未到率为 5%,提前离店率为 4%,延期住店率为 6%。试问,就 10 月 18 日而言,该酒店:应该接受多少超预订?最佳超预订率为多少?一共可接受多少预订?

(2) "失约"处理。宾客王先生预订了酒店一间双人标准间两天,但当宾客抵店时酒店所有标准间均已被出租,酒店还有豪华间、套间等房间。请两人为一组模拟完成酒店超订标准间的"失约"处理。

◆项目小结

本项目以前厅数字营销和前台增销管理两大模块,分别介绍了数字营销渠道选择、网络点评监督管理、流量的获取与转化、市场信息收集整理以及前厅收益控制、前台增销施策和房间状态管控的知识要求与技能规范,为配合酒店市场销售部的工作,完成前厅对客服务和主要任务奠定了基础。

◆应用与提高

案例分析 ▼

最后一间房——总统套房

A 酒店在暑期旺季的某一天,除了酒店的总统套房,其余房间都已经被预订而且每间房都提供了担保,酒店在 OTA 平台开放的最高房型为行政套房,总统套房并没有在 OTA 平台公开售卖,如果此时继续开放酒店在 OTA 的售卖,意味着可能会有宾客在 OTA 平台订了行政套房,到酒店入住时可能要免费升级到总统套房,如果要关掉酒店在 OTA 平台上的售卖,酒店当天可能不会满房。已经过了下班时间(下午 5:00),这时前厅经理与收益管理经理还在为是否关掉OTA平台的房间售卖产生了争执。

前厅经理：关掉今天酒店在OTA平台上的售卖，我们只剩一间总统套房，我需要留给可能的Walk-in宾客，还有一间房的宾客无法满足其大床要求而要调整到双床房，如果有宾客强烈反对甚至投诉，可能也要升级到总统套房。

收益经理：我想还是开着，我可以把行政套房的价格开到最高价，接近总统套房七折的价格，如果有人订了，对酒店今天的房价会有很大帮助。我们总有办法解决宾客单、双床的投诉，比如多送个早餐等，总统套房的历史卖价平均不到六折，现在已经快6:00了，有消费能力的宾客应该都安排好今天的住房了，我们无法确认还会不会有高消费能力的Walk-in宾客，所以还是把所有渠道打开，预订从哪里来都好，关键是根据经验，即便所有的预订宾客都提供了担保，依然有2%~3%（4~5间房）的宾客会No-Show，所以我不认为今晚会有什么风险。

请仔细阅读上述情景描述，以旁观者的身份，阐述继续开放OTA售卖和关掉OTA的理由。

课内实训

A酒店有600间房，昨天晚上共有450间房被占用，其中包括两间自用房，房间总收入为人民币350 000元。请计算如下收益指标：(1)酒店昨晚入住率；(2)酒店昨晚平均房价；(3)酒店昨晚平均每间可卖房收入。

课外拓展

1. 调查当地任意10家酒店，看看是否雇用专职收益管理经理或收益管理总监。

2. 选择当地任意两家酒店，查看其都在哪些社交媒体开立账号；对两家酒店在某个具体社交媒体账号（如抖音）的粉丝数量做对比，并对其所产生的阅读量的原因进行分析。

3. TripAdvisor（猫途鹰）公司的一项研究表明，71%的旅行者认为酒店管理者针对评价做出回应是很重要的。那么，酒店前厅OTA运营人员应该如何有效回复OTA平台的宾客点评呢？针对OTA平台中宾客的差评、中评及好评，前厅OTA评论处理的技巧有哪些？

附录1：前厅运营管理职业技能等级框架设计

国家教育部就1+X证书酒店运营管理职业技能标准及培养事项做了说明，并对专业类工作任务、操作类工作任务、管理类工作任务做了框架设计（见附表）。

附表：前厅运营管理职业技能等级框架设计

技能领域	职业形象表现	客户关系管理	安全管理	专项操作	对客服务	住宿接待	人力资源管理	文件编制	质量管理	预算及成本管理
	专业类任务			操作类任务			管理类任务			
高级			宾客突发事件处置方案制定(5分)		团队管家服务(5分)		人员工作质量评估(6分)	前厅服务科技创新创意(5分)	服务场景和产品设计(5分)	月/季/年经营(5分)
高级			公共场所安全管理预案制定(5分)		贴身管家服务(5分)		职业健康心理管理(6分)	制定服务标准(8分)	接待中常见问题的处理(5分)	前厅营销方案(6分)
高级			前厅卫生安全管理预案制定(5分)		金钥匙服务(5分)		培训规划(6分)	作业指导书编写(8分)	服务质量分析与改进(6分)	前厅经营预算(6分)
中级		宾客意见表设计分析(4分)		会议室服务(5分)	客房预订管理(25分)	会员管理(5分)	会议主持(6分)			运营易耗品的申购(5分)
中级		投诉处理(6分)		互联网服务(5分)	访客接待(25分)	宾客信息安全管理(5分)	班次安排(6分)			前厅销售商品盘点及申购(5分)
中级		宾客心理分析(6分)		订票及邮件服务(5分)	问讯服务(25分)	房态管控(5分)	岗位技能培训(6分)			专项设备及月盘点与申购(5分)
初级	前厅服务语言使用(5分)	客户资料建立(5分)	宾客突发事件处置(5分)	商务办公设备操作(5分)	行李及贵重物品保管服务(5分)	VIP接待(5分)				
初级	服务礼仪表现(5分)	宾客意见征询(5分)	公共场所安全管理(5分)	公安系统上传操作(5分)	礼宾服务(25分)	团体接待(5分)				
初级	职业角色认知(5分)	网络服务平台维护(5分)	前厅卫生安全管理(5分)	前厅客房管理系统操作(5分)	电话总机服务(25分)	普通散客住宿接待(5分)				

附录 2：教材修编团队简介

本着"有组织的团队作战"原则，在"校企联通、双元共建、岗课赛证融通新型手册式教材"的旗帜指引下，本次《前厅数字化运营实务》的出版采用"双主编"制，组建了一个人员结构合理、治学严谨的"四强"（责任心强、组织性强、经验度强、纠错力强）专业团队。

第一主编毛江海，拥有35年的中高职旅游及酒店管理专业教育教学及其管理经历与经验，为海南经贸职业技术学院旅游管理专业高级讲师、校聘教授，历任学校教务处副处长、学术委员会副主任、培训中心主任等。曾任海南省高等学校高职高专旅游类专业教学委员会主任委员、海南省职业教育师资培训中心执行主任、海南省第三职业技能鉴定所所长、海口经济学院旅游学院副院长、海口旅游职业学校外事服务专业教研组组长、国家旅游局2010年全国旅游饭店服务技能大赛决赛项目裁判、海南省职业院校技能大赛高职高专组命题专家和评委、海南省首届导游电视大奖赛决赛出题人（唯一）、海口市旅游发展委员会数届旅游饭店服务技能大赛项目裁判长、三亚市第11届旅游服务技能大赛副总裁判长等。

第二主编周桂兰，北京中瑞酒店管理学院教学质量评估中心教学督导，高级工程师，酒店管理专业校聘副教授，拥有30余年国际品牌酒店的筹开和经营管理及业务教学、培训经历与经验。曾在希尔顿、万豪、雅高及马哥孛罗等国际酒店管理集团旗下的酒店任副总经理、业主代表、企业所属地酒店总经理及中国旅游饭店业协会人力资源分会副秘书长；曾被 Hotel Magazine（酒店杂志）评为中国北方区酒店亮点人物，被中国饭店协会评为全国酒店业优秀女企业家。

第一副主编孙丽，青岛恒星科技学院旅游学院酒店管理专业副教授，香港理工大学饭店旅游管理学院博士；拥有20余年酒店实践管理经历与经验，曾先后在香格里拉、洲际及万豪国际酒店管理集团等旗下不同城市不同品牌的酒店工作过，精通酒店市场营销及收益管理，其研究领域为新技术背景下的酒店营销，以及旅游与文化的交叉领域。

第二副主编朱若郁，三亚国光豪生度假酒店总经理，全国旅游标准化专家库成员，国家级旅游饭店星评员，中国旅游饭店协会理事，海南大学国际旅游与公共管理学院客座教授、硕士研究生导师，海南省旅游协会副会长等；拥有30余年高星级酒店管理工作经验，在政务（国宾馆）、商务、会员制、休闲度假、产权等各类型酒店及酒店管理公司的前期策划、开业筹备、运营管理方面具有全业态的工作经历与经验。

本次教材修编工作还有两位场外指导：南京旅游学院酒店与旅游管理专业的教授汝勇健女士以及东南大学出版社的高级编辑张丽萍女士。汝教授是本教材姊妹篇《客房数字化运营》的主编，对本教材的任务名称、逻辑顺序、数字化信息材料的取舍等方面做了非常专业的指导。从本教材第1版到现在最新版一直给予厚爱的张编辑，则在本教材定位的准确性、内容的前瞻性、文字的简练性等方面起到了积极有效的提示和促进作用。

参考文献

[1] 毛江海.前厅服务与管理实务[M].2版.南京:东南大学出版社,2013.
[2] 北京首都旅游集团有限公司.前厅运营管理(初级)[M].北京:中国旅游出版社,2021.
[3] 北京首都旅游集团有限公司.前厅运营管理(中级)[M].北京:中国旅游出版社,2021.
[4] 陈明,李俊.酒店管理与数字化运营概论[M].北京:旅游教育出版社,2022.
[5] 张洁,武晓鹏.基于"1+X"证书制度背景下高职酒店前厅课程改革初探[J].科技视界,2021(31):111-112.
[6] 李勇,钱晔.数字化酒店:技术赋能+运营变革+营销升级+管理转型[M].北京:人民邮电出版社,2021.
[7] Kimes S E. The basics of yield management[J]. Cornell Hotel and Restaurant Administration Quarterly,1989,30(3):14-19.
[8] 蒋代波.职业教育1+X证书制度:时代背景、制度功能与落地策略[J].职业技术教育,2019,40(12):13-17.
[9] 彭钿.关于在《前厅服务与管理》课程教学中应用酒店Opera系统的几点思考[J].当代教育实践与教学研究(电子刊),2018(2):68-69.
[10] 沈晨仕.饭店前厅服务与管理[M].北京:中国人民大学出版社,2021.
[11] 铁玲,贺湘辉.前厅服务与管理[M].北京:中国人民大学出版社,2021.
[12] 党印.酒店收益管理[M].北京:经济科学出版社,2020.
[13] 中国饭店协会,北京众荟信息技术股份有限公司.2021年中国住宿业市场网络口碑报告(精华版)[R].北京:中国饭店协会,2021.
[14] 鲁银梭,李文川,沈玉燕.基于SPOC在线教学的课程建设与教学设计[J].中国教育信息化(基础教育),2020(11):42-46.
[15] 国家市场监督管理总局,国家标准化管理委员会.旅游饭店星级的划分与评定:GB/T 14308—2023[S].北京:中国标准出版社,2023.
[16] 四川省市场监督管理局.智慧旅游饭店建设指南:DB51/T 2916—2022[S].出版者不详,2022.

后 记

本教材首次出版距今已有17年。2007年8月,《前厅服务与管理》由东南大学出版社英明策划出版后,得到有关专家、大专院校、从业人员以及广大读者的充分肯定和好评,荣获了2008年度华东地区大学优秀教材二等奖,2013年2月,本教材又作为21世纪高职高专旅游与酒店管理专业"十二五"规划教材进行了修订,并更名为《前厅服务与管理实务(第2版)》出版。纵观我国高职高专职业教材过去25年的改革发展历史,笔者可以自豪地说:这本教材的前两个版本,无论是在高职高专技能型教材创新理念、教材定位和编写原则上,还是在教材体例设计和模块任务选配上,均在当时一定范围和程度上引导了我国高职高专同类教材的改革趋向。

如今,距离本教材第2版的出版也已11年,我国酒店行业的发展突飞猛进,尤其是新时代数字化酒店"技术赋能+运营变革+营销升级+管理转型"的趋势更是如火如荼;学界和教育界有关职业教育的"三教"改革成果和新时代社会主义"思政教育""教育思政"的研究成果也层出不穷。另外,《国务院关于印发国家职业教育改革实施方案的通知》(国发〔2019〕4号)和《教育部等四部门印发〈关于在院校实施"学历证书+若干职业技能等级证书"制度试点方案〉》(教职成〔2019〕6号)的精神和要求,也使得旧作改造工作迫在眉睫。

为进一步强化新时代社会主义价值观引导下的学生职业道德和职业精神培养,加强思政育人、实践育人,强化专业教学与培训的实践性、开放性、职业性和时代性,突出人才的德能融合培养,强调人才的岗位指向性和适应性,亦为反映新时代酒店业数字化发展和职业教育"三教"改革的新动向,在策划编辑张丽萍女士的热情呼吁下,笔者正式于2021年底开始组建"校企联合"下的教材修编团队。后经三番淘汰,由起初的7人调至现在的4人,最终确定了组团原则:采用"双主编制",主编与副主编中的第一人为职业院校酒店管理专业教师,有副教授以上职称;第二人为酒店企业高管精英,具有高品质教育情怀和较为丰富的院校教学督导经历和酒店岗位培训经验。至此,开始了对第2版教材进行大幅度修订的工作,并再次更名为《前厅数字化运营实务》。

本次修订自2022年秋至2024年8月六易其稿,其中仅目录任务(含子任务)的提炼与修改就达20余次。希望通过这次修订,力求将本教材打造成高职高专酒店与旅游管理专业类核心课程及"三教"改革的标志性成果之一。

毛江海
2024年8月于江苏邳州慈母家